Dictionnaire anecdotique
des
SURNOMS
et des
SOBRIQUETS

Michel Bracquart

Dictionnaire anecdotique des SURNOMS et des SOBRIQUETS

MA EDITIONS
6, rue Emile Dubois
75014 Paris

L'auteur tient à remercier
Charles Barbier
de son concours et de ses encouragements
inspirés par l'amitié

Mise en page et fabrication C et J.-B. Duméril
ISBN 2 86 676 242 8

Présentation

Les mots « surnom » et « sobriquet » expriment la même idée, mais avec des nuances qui leur appartiennent en propre.

Le premier est un nom ajouté ou substitué, d'une manière simple, au prénom ou au patronyme de quelqu'un. Il sert à distinguer une famille ou un individu des personnes qui portent le même nom ; à rappeler un trait de leur aspect physique, de leur caractère, une circonstance particulière de leur vie, leur plus haut fait, le domaine dans lequel ils se sont illustrés ou, tout bonnement, leur origine.

Le Romain Scipion, vainqueur de Carthage, reçut le surnom d'« Africain ». La Convention, qui comptait deux députés du nom de Prieur, surnomma celui qui venait de Champagne « Prieur de la Marne » et le natif d'Auxonne « Prieur de la Côte-d'Or ». Hector Berlioz fut surnommé « le Bonaparte de la musique » et Dumont d'Urville « le Lévrier des mers ». On appelait familièrement le général de Gaulle « le Grand Charles ».

Avec le temps et à force de répétition, certains titres, spécialement les titres honorifiques (« As des as », « Père du froid », « Prince des poètes », « Prince des gastronomes ») finissent par être regardés comme des surnoms ; de même quelques rôles marquants, quelques pseudonymes, diminutifs, abréviations ou initiales (« l'Ange bleu », « Casque d'or », « Garance », « B.B. », « Bébel »).

Le mot « sobriquet » est d'étymologie obscure. On connaît son sens primitif : « coup sous le menton ». Il est devenu une sorte de surnom, une épithète burlesque appliquée par dérision, par moquerie, à un personnage, pour le rendre plus ou moins ridicule, ou pour le discréditer.

Dans le petit peuple ces surnoms prennent souvent pour cibles des gens dont l'autorité est mal supportée (supérieur, patron, professeur, sous-officier...) ou dont le succès et les richesses excitent l'envie. Autrefois dans certains villages chaque famille avait le sien, qui se transmettait de génération en génération.

L'origine d'un sobriquet se trouve dans la malignité de son auteur autant que dans les défauts de corps ou d'esprit, réels, apparents ou supposés de celui qui en est affublé. C'est un portrait en charge, réduit à sa plus simple expression. Incisif, cocasse, narquois, rosse, déformant, indélébile, il est au surnom ce que la caricature est au dessin.

Tout naturellement les maîtres du sobriquet sont les polémistes, les écrivains d'humeur, les rédacteurs de publications satiriques, les chansonniers, les humoristes ; pour ne pas remonter trop haut : Voltaire, Jules Barbey d'Aurevilly, Henri Rochefort, Léon Bloy, Willy, Henri Béraud, Léon Daudet, Jean Galtier-Boissière, Henri Jeanson, André Ribaud, Pierre-Jean Vaillard, Thierry Le Luron, Philippe Bouvard, François Brigneau...

L'auteur des « Diaboliques » appelait Hugo « le Polyphème du pathos ». Daudet baptisa Gambetta et Zola respectivement « le Borgne sonore » et « le Grand Fécal ». A l'équipe du Canard enchaîné on doit, entre mille, « l'Amer Michel » (Debré), « Madame de Maintenant » (Yvonne de Gaulle), « Messméralda » (Gilberte Messmer), « Rikikissinger » (Michel Jobert) et « Sancho Pansu » (Raymond Barre).

Les sobriquets sont dans l'air comme les histoires belges et les contrepèteries. Il est souvent malaisé d'en connaître les auteurs. Quel humoriste, de Jean Rigaux, de Robert Lamoureux ou de Monsieur Tout-le-Monde eut l'idée du plaisant « Bourreau de mes thunes » ? Qui forgea ces petits chefs-d'œuvre du genre, que sont « Imbu roi », « le Raccommodeur de vaillances », « le Commandant Couche-tôt », « la Montagne de Gorgonzola » ?

* *
*

La manie de surnommer est si bien ancrée dans le cœur de l'homme qu'on la retrouve aux époques les plus reculées et chez tous les peuples de la terre.

Elle décoche ses flèches sans distinction de couleur, de rang ou de fortune. Elle ne respecte ni la tiare ni la pourpre. Elle manque rarement son coup.

Elle éclate ou transparaît sous les noms patronymiques : Legros, Legrand ou Lehideux, Boulanger, Dubois, Piedvache ou Boit-sans-soif...

Elle atteint les domaines et les objets les plus divers sans rien perdre de sa fantaisie créatrice. Babylone était « la Grande Prostituée » et Carcassonne « la Pucelle du Languedoc ». Si Martigues est la seule « Venise provençale », trois villes au moins se disputent le titre de « Venise du

Nord ». Une dynastie qui régna sur l'Angleterre pendant plus de trois siècles doit son nom au comte d'Anjou Geoffroy V qui portait, dit-on, une branche de genêt à sa coiffure. « La Gueuse » est un terme injurieux par lequel les partisans des anciens régimes désignent la République. Pendant la Première Guerre mondiale, un obusier géant allemand fut surnommé « la Grosse Bertha » en l'honneur de Madame Krupp. Dans la langue verte, la guillotine est « la Bascule à Charlot », du nom d'un exécuteur des hautes œuvres.

* *
*

Il faut savoir s'imposer des limites. Pour ce dictionnaire, seuls ont été retenus les surnoms de personnes.

Têtes couronnées, écrivains et savants, vedettes de la politique, du sport et du spectacle, personnalités diverses s'y succèdent, au hasard de l'ordre alphabétique. Approximativement cinq mille en tout. Autant de contemporains que d'hommes des siècles passés.

Si beaucoup de ces personnages sont simplement égratignés, quelques-uns sont traités d'une manière sévère. Le poète l'a dit : « Aucun chemin de fleurs ne conduit à la gloire ». Quiconque sort de l'ombre pour se pousser sous les projecteurs se met dans le cas d'être brocardé, chansonné, imité, caricaturé, transformé en marionnette ou en masque de carnaval. Il s'expose de la même manière à être désigné publiquement par un ou plusieurs sobriquets. C'est la rançon de la réussite et de la popularité. C'est aussi la mesure de l'une et de l'autre.

Le général Alcibiade, élève favori de Socrate, sans cesse inquiet de sa renommée, cherchait à occuper l'attention des Athéniens par tous les moyens possibles. Il fit couper à ras la queue de son chien. L'animal lui avait coûté sept mille drachmes.

Le surnom ne demande ni tant d'efforts ni tant d'argent, et son action est bien autrement efficace et durable.

Réduits à leurs seuls noms, Pépin le Bref, Berthe au grand pied, Richard Cœur de lion, Louis le Hutin, Charles le Téméraire et Henri le Balafré seraient tombés dans l'oubli. Charlemagne, qui portait ostensiblement moustache, mais avait le menton glabre, fut couronné « Empereur à la barbe fleurie » par les trouvères trois siècles après sa mort. Il ne s'en porte que mieux. Bayard doit un surcroît de célébrité posthume au « Chevalier sans peur et sans reproche », Henri IV au « Vert Galant » et Bossuet à « l'Aigle de Meaux ».

De nos jours les échotiers, les chroniqueurs, les commentateurs de la presse à sensation et de la presse tout court, ainsi que les animateurs des émissions de radio et de télévision, nomment deux fois pour une, par jeu, les personnalités qui ont la chance de posséder un sobriquet.

Sur l'antenne de Radio Montmartre, station de la chanson française et de l'accordéon, on n'annonce jamais un virtuose du piano à bretelles sans faire suivre son nom d'un surnom. Publicité double pour l'interprète.

Aux Etats-Unis le sobriquet fait souvent partie intégrante du nom ou du pseudonyme d'un boxeur, d'un jazzman ou de quelque autre star, les rehaussant considérablement : « Little Brother » Montgomery, « Cat » Anderson, Ray « Sugar » Robinson, par exemple.

Qui ne tombera d'accord ? Trenet ne serait pas tout à fait Trenet sans « le Fou chantant ». « B.B. » a plus de sex-appeal que Bardot. Margaret Thatcher n'a pas l'autorité de « la Dame de fer ». « Bébel » est plus populaire que Belmondo. Zitrone n'occupe pas tout à fait autant de place sur le petit écran que « Big Léon ». « Le Milliardaire rouge » a plus de notoriété et de millions que Monsieur Doumeng...

De ces vérités premières, les conseillers des hommes politiques, comme les managers des artistes et des champions, ont un sentiment aigu. Avec une négligence feinte, ils laissent courir sur leurs vedettes le plus grand nombre possible de ragots, de chansons, de caricatures et de sobriquets. Ils en fabriquent au besoin. N'est pas imité, crayonné ou surnommé qui veut.

* *
*

La consécration, pour un nom déjà fameux, est d'entrer dans la composition de surnoms nouveaux.

On trouvera dans cet ouvrage une douzaine de « Napoléons », huit « Bayards » et six « Homères », plusieurs « Raphaëls », plusieurs « Cicérons », plusieurs « Voltaires »...

Pour les manuels de littérature, Goldoni est « le Molière italien », Swift « le Rabelais de l'Angleterre » et Walter Scott « le Shakespeare du roman ». En 1955 on appelait Raymond Kopa « le Napoléon du football ». Hier Raymond Barre était « le Joffre de notre économie ». Aujourd'hui le Syrien Hafez el-Assad est « le Bismarck du Proche-Orient ».

* *
*

Certains contemporains en passe d'acquérir la notoriété, d'autres qui montent avec peine l'escalier du vedettariat, et quelques-uns de ceux qui sont parvenus au sommet de la célébrité s'apercevront, à l'examen, que leurs surnoms ou leurs sobriquets ne sont pas mentionnnés dans ce dictionnaire. Ils taxeront l'auteur d'ignorance ou de légèreté. La plume leur démangera de le rappeler aux bienséances. Ils lui garderont une pointe de rancune.

* *
*

Un dernier point : toute énumération devenant à la longue fastidieuse, celle-ci est fréquemment coupée de notes et d'anecdotes se rapportant aux personnages cités et à leurs surnoms.

A

l'**Abate Ciccio** [l'Abbé Grassouillet] : *Francesco SOLIMENA,* peintre italien
l'**Abbé** : *HUGUES,* comte de Paris et duc de France
l'**Abbé Batifole** : *l'abbé MUGNIER,* par Huysmans
l'**Abbé Brel** : *Jacques BREL,* par Georges Brassens
l'**Abbé Fanfreluche** : *l'abbé de CHOISY*

> Il se frisait les cheveux, les ornait de papillotes, se serrait la taille, arborait bagues et bracelets, se lavait la gorge avec de l'eau de veau et de la pommade de pieds de mouton, en bref, il n'avait jamais de bonheur plus grand que quand on le prenait pour une femme.
>
> (Julien Teppe)

---

l'**Abbé fou** : *FARIA,* personnage d'Alexandre Dumas Père
l'**Abbé Liszt** : *Franz LISZT*
l'**Abbé Pierre** : *Henri GROUÈS*
l'**Abbé de la Rivière** : *Louis BARBIER,* évêque de Langres
l'**Abbé de Saint-Pierre** : *Charles CASTEL,* écrivain français
l'**Abbé Tempête** : *l'abbé BREMOND,* historien français
l'**Abbé Tempête** : *RANCÉ,* religieux français
l'**Abeille des fleurs héraldiques** : *Marcel PROUST,* par l'abbé Mugnier
Abounaparte : *le général BONAPARTE,* par les Egyptiens
l'**Achille** : *ALBERT III,* électeur de Brandebourg
l'**Acide ascétique** : *François MAURIAC*
l'**Acteur qui fait pschitt** : *Henri ROLLAN*
Adam le Roi : *Adam ADENET,* trouvère brabançon
l'**Administrateur** : *HUGH,* magistrat anglais

l'**Admirable** : *CHRISTINE,* vierge

l'**Admirable** : *James CRICHTON,* savant écossais

l'**Admirable** : *Jan VAN RUUSBROEC ou RUYSBROEK,* théologien et écrivain brabançon

Adolphe Raté : *Adolphe RETTÉ,* poète français, par Willy

l'**Adonis du cyclisme** : *Georges SENFFTLEBEN*

l'**Aérien** : *Jules PERROT,* danseur français, par Théophile Gautier

l'**Affable** : *CHARLES VIII,* roi de France

l'**Affreux Jojo** : *Georges MARCHAIS*

l'**Africain** : *ALPHONSE V,* roi de Portugal

l'**Africain** : *CONSTANTIN,* médecin italien

l'**Africain** : *GORDIEN 1er,* empereur romain

l'**Africain** : *LÉON,* géographe arabe

l'**Africain** : *le maréchal LYAUTEY*

l'**Africain** : *SCIPION,* homme politique et général romain

l'**Africain** : *VICTORIN,* écrivain latin

l'**Agatha Christie de Radio-France** : *Germaine BEAUMONT*

l'**Agité** : *Marco da GAGLIANO,* compositeur italien

l'**Agité du bocal** : *Jean-Paul SARTRE*

« L'Agité du bocal » est le titre d'un pamphlet de Louis-Ferdinand Céline contre le célèbre philosophe existentialiste. De son côté Céline avait été trépané à la suite d'une blessure de guerre !

---

l'**Agité du neutron** : *Louis LEPRINCE-RINGUET,* par le Canard enchaîné

l'**Agneau** : *ÉRIC ou ERIK III,* roi de Danemark

Ahenobarbus [Barbe rousse] : *Lucius DOMITIUS,* ancêtre d'une famille plébéienne de Rome

l'**Aigle de Bakou** : *Garry GASPAROV,* joueur d'échecs soviétique

l'**Aigle de Meaux** : *BOSSUET*

« L'Aigle de Meaux n'est qu'une oie »,
osait dire Gustave Flaubert.

---

l'Aigle de Patmos : *saint JEAN L'ÉVANGÉLISTE,* apôtre
l'Aigle de Selléide : *BOTZARIS,* héros grec
l'Aigle solitaire : *Charles LINDBERGH*
l'Aigle de Tolède : *Federico BAHAMONTÈS,* coureur cycliste espagnol
l'Aiglon : *le duc de REICHSTADT*
Aigos : *ALEXANDRE IV,* roi de Macédoine
l'Aîné : *Lambert Sigisbert ADAM,* sculpteur français
l'Aîné : *Gyula ANDRASSY,* homme politique hongrois
l'Aîné : *ARMAND,* acteur français
l'Aîné : *François BERTIN,* publiciste français
l'Aîné : *Louis-Nicolas BESCHERELLE,* grammairien français
l'Aîné : *Bon BOULLONGNE ou BOULOGNE,* peintre français
l'Aîné : *Pierre BOUTEILLER,* compositeur français
l'Aîné : *Jean-Baptiste CANAVAS,* violoncelliste d'origine italienne
l'Aîné : *George COLMAN,* dramaturge anglais
l'Aîné : *Constant COQUELIN,* comédien français
l'Aîné : *Michel CORNEILLE,* peintre et graveur français
l'Aîné : *Jean COTELLE,* peintre français
l'Aîné : *Lucas CRANACH,* peintre et graveur allemand
l'Aîné : *Charles CUPIS,* musicien français
l'Aîné : *Étienne-Grégoire DAMOREAU,* organiste français
l'Aîné : *DU BUISSON,* musicien français
l'Aîné : *André DUPIN,* magistrat et homme politique français
l'Aîné : *Jean-Pierre DUPORT,* violoncelliste français
l'Aîné : *Maximilien GARDEL,* danseur et chorégraphe français
l'Aîné : *Jean de GARLANDE,* théoricien français de la musique
l'Aîné : *Étienne-François GEOFFROY,* médecin et chimiste français
l'Aîné : *Pierre GILLIER,* compositeur français
l'Aîné : *Jean-Baptiste JANSON,* violoncelliste et compositeur français
l'Aîné : *Pierre-Louis de LACRETELLE,* jurisconsulte français
l'Aîné : *Louis LAGRENÉE,* peintre français
l'Aîné : *Jean-Marie LECLAIR,* compositeur et violoniste français
l'Aîné : *Pierre-François LEVASSEUR,* violoncelliste français
l'Aîné : *John MILTON,* compositeur anglais
l'Aîné : *Pierre MIROGLIO,* violoniste italien

l'Aîné : *Louis-Gabriel MOREAU,* peintre français
l'Aîné : *Antoine MOULINIÉ,* chanteur français
l'Aîné : *NAUDÉ,* compositeur français
l'Aîné : *PHILIDOR,* musicien français
l'Aîné : *Wilhelm Friedrich PIXIS,* musicien allemand
l'Aîné : *Franz POURBUS ou PORBUS,* peintre flamand
l'Aîné : *Friedrich PRELLER,* peintre allemand
l'Aîné : *Bertin QUENTIN,* violoniste français
l'Aîné : *Jean QUINAULT,* comédien et musicien français
l'Aîné : *ROSNY,* écrivain français
l'Aîné : *Gabriel-Bernard SEURRE,* sculpteur français
l'Aîné : *Louis TESTELIN,* peintre et graveur français
l'Aîné : *Pierre VERMONT,* compositeur français
l'Aînée : *AGRIPPINE,* princesse romaine
l'Aînée : *ANTONIA,* princesse romaine
l'Aînée : *FAUSTINE,* impératrice romaine
l'Aînée : *Mademoiselle QUINAULT,* actrice française
l'Aînée : *Mademoiselle SAINVAL,* actrice française
l'Ajourné : *FERDINAND IV,* Roi de Castille et de Léon
Akhénaton [le Serviteur du disque solaire] : *AMÉNOPHIS IV,* roi d'Égypte
Alain les Belles Feuilles : *Alain PEYREFITTE,* par le Canard Enchaîné
l'Albane : *Michaël GROSS,* nageur allemand
l'Alceste de Fontenay-aux-Roses-et-aux-Épines : *Paul LÉAUTAUD*
l'Alceste du rire : *Jean-Jacques SEMPÉ*

Qui ne connaît aujourd'hui le petit homme de Sempé, perdu, noyé dans la foule de ses congénères, écrasé par les cités tentaculaires, robotisé par les H.L.M., la télévision, la publicité ou le snobisme ?

(le Crapouillot)

---

l'Alcibiade d'Allemagne : *ALBERT,* margrave de Brandebourg
Alcide [Petit-fils d'Alcée] : *HÉRACLÈS*
Alessandro della Viola : *Alessandro MERLO,* violiste et compositeur italien

l'**Alexandre Dumas de la critique :** *Émile FAGUET,* par Antoine Albalat
l'**Alfred de Musset du cabaret :** *Henri DICKSON,* chansonnier français
l'**Algérien de mardi gras :** *Pierre LOTI,* par Edmond de Goncourt
l'**Allemand :** *NOTKER DE SAINT-GALL,* écrivain suisse de langue allemande
les **Amants de Teruel :** *Diego de MARCILLA et Isabelle de SEGURA*

Dans l'église San Pedro de Teruel (en Aragon) on peut voir deux cercueils de verre renfermant les momies des « Amants » que chantèrent les poètes espagnols du XIIIe siècle.

---

les **Amants de Vérone :** *Roméo MONTAIGU et Juliette CAPULET*
l'**Amazone du Boulangisme :** *Madame LAGUERRE*
l'**Amazone de la Liberté :** *THÉROIGNE DE MÉRICOURT*

Dès 1789, elle participa à toutes les journées révolutionnaires habillée en amazone, un pistolet à la ceinture et un sabre au côté. Dépassée en violence par les poissardes des Halles, elle fut fouettée publiquement sur la terrasse des Feuillants.

---

l'**Amazone de Remy de Gourmont :** *Natalie CLIFFORD BARNEY*
l'**Ambroise Paré de l'Espagne :** *ARCAEUS,* chirurgien espagnol
l'**Ame du rond :** *Vincent VOITURE,* écrivain français
l'**Amer** [Gorki] **:** *Alexis Maximovitch PECHKOV,* écrivain russe
l'**Amer Michel :** *Michel DEBRÉ,* par le Canard enchaîné

Ministre d'État chargé de la Défense nationale après les événements de mai 1968, Michel Debré s'en prit à certains étudiants sursitaires. On fit cette épitaphe :

> Atteint d'un mal inguérissable
> Debré rendit bientôt l'esprit :
> La camarde était favorable
> A la suppression des sursis.

---

l'Amer Michel bis : *Michel ROCARD*

l'Américain : *Claude FOURNIER,* révolutionnaire français

l'Américain : *Ralph JOHNSON,* personnage d'Alain Robbe-Grillet

l'Américain : *Jacques MAISONROUGE,* industriel français

l'Américain : *William MOTTI,* athlète français

l'Ami de Dieu : *saint JEAN L'ÉVANGÉLISTE,* apôtre

l'Ami des hommes : *le marquis de MIRABEAU,* économiste français, père du célèbre homme politique

l'Ami du peuple : *MARAT*

C'est sur la proposition du peintre David, qui avait peint un « Marat assassiné », que les restes de « l'Ami du peuple » furent déposés au Panthéon... provisoirement.

---

l'Amiral : *Olivier de KERSAUSON,* par Philippe Bouvard

l'Amiral de bateau-lavoir : *l'amiral MUSELIER* par Henri Béraud

l'Amiral Courbette : *l'amiral DARLAN,* par Jean Galtier-Boissière

l'Amoureux : *MACIAS,* poète espagnol

l'Amuseur public numéro un : *GEORGIUS*

Qui sont Labélure, Peaudarent, Isaac, Trouffigne, Legâteux et Cancrelas ? — Les élèves du « Lycée Papillon », le plus célèbre des quinze cents sketches écrits et chantés par Georges Guibourg, alias Georgius.

---

l'Anacharsis des boudoirs : *Étienne de LANTIER,* écrivain français

l'Anacréon de la guillotine : *BARÈRE DE VIEUZAC,* homme politique français

l'Anacréon de la peinture : *Francesco ALBANI,* peintre italien

l'Anacréon de la Suède : *Charles-Michel BELLMANN,* poète scandinave

l'Anacréon du Temple : *l'abbé CHAULIEU,* poète français

l'Ancien : *APOLLINAIRE,* rhéteur grec

l'Ancien : *ARNOBE,* apologiste chrétien d'Afrique

l'Ancien : *George BARRET,* peintre anglais

l'Ancien : *Jan BREUGHEL ou BRUEGHEL ou BRUEGEL,* peintre flamand

l'Ancien : *Pieter BREUGHEL ou BRUEGHEL ou BRUEGEL,* peintre flamand

l'Ancien : *Hans BURGKMAIR,* peintre et graveur allemand

l'Ancien : *CATON,* homme politique romain

l'Ancien : *Pieter CLAEISSENS,* peintre flamand

l'Ancien : *COSME DE MÉDICIS,* prince florentin

l'Ancien : *Lorenzo COSTA,* peintre italien

l'Ancien : *Lucas CRANACH,* peintre et graveur allemand

l'Ancien : *CYRUS,* fondateur de l'empire grec

l'Ancien : *DENYS,* tyran de Syracuse

On sait l'histoire de Damoclès, ce courtisan qui vantait constamment le bonheur des princes, et l'enviait. Denys l'invita à un festin et ordonna à ses serviteurs de le traiter comme lui-même. Tout à coup Damoclès, levant les yeux, vit au-dessus de sa tête une épée nue attachée au plafond par un crin de cheval...

---

l'Ancien : *ÉDOUARD 1er,* roi du Wessex

l'Ancien : *Ferdinand ELLE,* peintre français

l'Ancien : *Nicolas ESELER,* architecte allemand

l'Ancien : *Stefano FABRI,* compositeur italien

l'Ancien : *Rueland FRUEAUF,* peintre autrichien

l'Ancien : *GAMALIEL HA ZAKEN 1er,* docteur juif

l'Ancien : *Jan Pauwell GILLEMANS,* peintre flamand

l'Ancien : *Denis GODEFROY,* jurisconsulte français

l'Ancien : *GORDIEN 1er,* empereur romain

l'Ancien : *Urs GRAF,* peintre suisse

l'Ancien : *HAAKON IV,* roi de Norvège

l'Ancien : *HÉRON,* savant d'Alexandrie

l'Ancien : *HILLEL,* docteur juif

l'Ancien : *Hans HOLBEIN,* peintre et dessinateur allemand

l'Ancien : *Nicolas HUET,* peintre français

l'Ancien : *HUGH THE DESPENSER,* favori anglais

l'Ancien : *Johann Baptist LAMPI,* peintre autrichien

l'**Ancien** : *Pierre LEGROS,* sculpteur français
l'**Ancien** : *saint MACAIRE*
l'**Ancien** : *Aldo MANUCE,* imprimeur vénitien
l'**Ancien** : *Mathieu MÉRIAN,* graveur suisse
l'**Ancien** : *Frédéric MOREL,* imprimeur et érudit français
l'**Ancien** : *Jean Auguste NAHL,* sculpteur allemand
l'**Ancien** : *PAMPA,* poète indien
l'**Ancien** : *PÉPIN DE LANDEN,* maire du palais
l'**Ancien** : *Jean PETITOT,* miniaturiste suisse
l'**Ancien** : *PHILOSTRATE,* rhéteur grec
l'**Ancien** : *PLINE,* naturaliste et écrivain latin
l'**Ancien** : *Franz POURBUS ou PORBUS,* peintre flamand
l'**Ancien** : *Artus QUELLINUS ou QUELLIN,* sculpteur flamand
l'**Ancien** : *REINMAR,* trouvère allemand
l'**Ancien** : *Ludger RING,* peintre allemand
l'**Ancien** : *Antonio SANGALLO,* architecte italien
l'**Ancien** : *SARGON,* roi d'Akkad
l'**Ancien** : *saint SIMÉON STYLITE*
l'**Ancien** : *Filippo STROZZI,* banquier florentin
l'**Ancien** : *SYRLIN,* sculpteur et graveur allemand
l'**Ancien** : *TARQUIN,* roi de Rome
l'**Ancien** : *Nicodemus TESSIN,* architecte suédois
l'**Ancien** : *Johann Heinrich TISCHBEIN,* peintre allemand
l'**Ancien** : *Willem VAN DE VELDE,* peintre hollandais
l'**Ancien** : *Jan VAN KESSEL,* peintre flamand
l'**Ancien** : *Dario VAROTARI,* peintre et architecte italien
l'**Ancien** : *Gaspar Pieter VERBRUGGEN,* peintre flamand
l'**Ancien** : *Hermann VISCHER,* sculpteur allemand
l'**Ancien** : *Peter VISCHER,* sculpteur allemand
l'**Ancien** : *Lucas VORSTERMAN,* graveur flamand
l'**Ancien** : *Jacob de WET,* peintre hollandais
l'**Ancienne** : *FAUSTINE,* impératrice romaine
l'**Ancienne** : *sainte MÉLANIE*
l'**Ancienne** : *THÉODORA,* dame romaine

l'Ange de l'assassinat : *Charlotte CORDAY*

Elle était l'arrière-petite-nièce de Corneille. C'est sa douceur impassible jusque sur l'échafaud qui la fit appeler par Lamartine « l'Ange de l'assassinat ». Au comte de Pontécoulant qui refusait de la défendre, elle écrivit : « Doucet de Pontécoulant est un lâche. »

---

l'Ange blanc : *Madame BOUGLON,* amie de Jules Barbey d'Aurevilly

l'Ange blanc : *Francisco PINO,* catcheur

l'Ange bleu : *Marlène DIETRICH*

l'Ange de l'école : *saint THOMAS D'AQUIN*

l'Ange exterminateur : *Léon BLOY,* par Rachilde

l'Ange gardien d'Anatole France : *Madame de CAILLAVET*

l'Ange gardien de la Hongrie : *ÉLISABETH DE WITTELSBACH,* impératrice d'Autriche-Hongrie

l'Ange malin : *M. HENRI,* policier français

l'Ange de la mort : *Josef MENGELE,* criminel de guerre nazi

l'Ange de la paix : *saint FIDÈLE*

l'Ange de la paix : *saint LÉONCE*

Ange Politien : *Angelo AMBROGINI,* humaniste et poète italien

l'Ange du ring : *Jean SNEYERS,* boxeur belge

l'Ange vert : *Dominique ROCHETEAU*

l'Anguille : *Maurice COUVE DE MURVILLE*

l'Animal : *Frank FLETCHER,* boxeur américain

l'Animal sans tête : *Sékou TOURÉ,* homme d'État guinéen, par Léopold Sédar Senghor

Anne Braillard : *Anne GAILLARD*

Anne la Terreur : *Anne GAILLARD*

On est allé jusqu'à la traiter d'« Hitler en jupon ». Dans une émission quotidienne de France Inter, elle prit naguère la défense du consommateur avec beaucoup de courage, d'autorité et... d'emportement.

Anôcharvân [A l'âme immortelle] **:** *CHOSROÊS ou KHOSRÔ 1er,* roi de Perse

l'**Antéchrist :** *MEURSAULT,* personnage d'Albert Camus

l'**Antiquaire :** *Simone del POLLAIOLO,* architecte italien

Antonin des conseils : *saint ANTONIN*

l'**A peu près grand homme :** *WILLY,* écrivain français, par Rachilde

Apion [le Maigre] **:** *PTOLÉMÉE,* roi de Cyrénaïque

l'**Apollon chrétien :** *saint SÉBASTIEN*

l'**Apostat :** *JULIEN,* empereur romain

l'**Apôtre :** *saint JEAN L'ÉVANGÉLISTE*

l'**Apôtre :** *saint PHILIPPE*

l'**Apôtre de l'Allemagne :** *saint BONIFACE*

l'**Apôtre de l'Allemagne :** *saint FRIDOLIN*

l'**Apôtre de l'Andalousie :** *JEAN D'AVILA,* prédicateur espagnol

l'**Apôtre de l'Angleterre :** *saint AUGUSTIN DE CANTERBURY*

l'**Apôtre des Ardennes :** *saint HUBERT*

l'**Apôtre bien aimé :** *saint JEAN L'ÉVANGÉLISTE*

l'**Apôtre de l'Europe unie :** *saint JEAN DE CAPISTRAN*

l'**Apôtre des Frisons :** *saint WILFRID*

l'**Apôtre des Gaules :** *saint DENIS*

l'**Apôtre des gentils :** *saint PAUL*

l'**Apôtre des Indes :** *saint FRANÇOIS XAVIER*

Débarqué à Goa le 6 mai 1542, ce missionnaire jésuite déploya durant dix ans la plus vive ardeur de pionnier dans l'Inde, Malacca, les Moluques et le Japon. Il y parcourut près de cent mille kilomètres à pied.

---

l'**Apôtre des Indiens :** *John ELIOT,* missionnaire anglais

l'**Apôtre des lépreux :** *Raoul FOLLEREAU,* juriste français

l'**Apôtre des lettres et du pardon :** *l'abbé MUGNIER,* par Lucien Descaves

l'**Apôtre des Moluques :** *Antonio GALVAM ou GALVAO,* gouverneur portugais

l'**Apôtre des nations :** *saint PAUL*

l'**Apôtre des Noirs** : *Pierre CLAVER*

l'**Apôtre du Nord** : *saint ANSCHAIRE*

l'**Apôtre du Nord** : *saint HYACINTHE*

l'**Apôtre du Nord** : *saint OSCAR*

l'**Apôtre de la paix** : *Aristide BRIAND*

l'**Apôtre de Paris** : *saint DENIS*

l'**Apôtre de Rome** : *saint PHILIPPE NÉRI*

l'**Apôtre de la tolérance** : *FÉNELON,* par Émile FAGUET

l'**Apôtre du Vivarais** : *saint JEAN-FRANÇOIS RÉGIS*

les **Apôtres slaves** : *saint CYRILLE et saint MÉTHODE*

l'**Apulée des temps modernes** : *RESTIF ou RÉTIF DE LA BRETONNE,* écrivain français

Aquaviva [Né à Aquaviva] : *Carlo de VINCENTIIS,* violoniste italien

l'**Arabe** : *PHILIPPE,* empereur romain

Aragonzesse : *Elsa TRIOLET,* par Jean Galtier-Boissière

D'origine russe, elle était la belle-sœur de Maïakowski. Louis Aragon la rencontra en 1928 et l'épousa. Un poème de lui, intitulé « Les yeux d'Elsa », contient cet alexandrin :

Les yeux d'Elsa les yeux d'Elsa les yeux d'Elsa.

---

l'**Araignée** : *LOUIS XI,* roi de France

Sans cette définition du dictionnaire : « On appelait « fillettes du roi » les lourdes chaînes dont Louis XI faisait charger les prisonniers politiques », la phrase suivante, copiée dans un manuel d'histoire de France, pourrait être comprise de travers : « Le Roi fit enfermer le cardinal de La Balue à la cave avec des fillettes. »

---

l'**Araignée des montagnes** : *Patrick EDLINGER*

l'**Araignée noire** : *Mark BRELAND,* boxeur américain

l'**Araignée noire** : *Milton McCRORY,* boxeur américain

l'**Araignée noire** : *Lev YACHINE,* footballeur soviétique

l'**Arbitre du bon goût** : *le chevalier de MÉRÉ,* écrivain français
l'**Arbitre des élégances** : *BRUMMELL,* dandy anglais
l'**Arbitre des élégances** : *PÉTRONE,* écrivain latin
l'**Archange** : *le comte de LA ROCHEJAQUELEIN,* chef vendéen
l'**Archange** : *Josef MENGELE,* criminel de guerre nazi
l'**Archange** : *Jean MERMOZ*
l'**Archange** : *Daniel SERENO,* personnage de Jean-Paul Sartre
l'**Archange de la paix** : *Aristide BRIAND*
l'**Arche du Testament** : *saint ANTOINE DE PADOUE*

C'est pour sa science de l'Écriture sainte que Grégoire IX lui donna ce surnom. Il fut le plus grand savant prédicateur de son temps et sa réputation de sainteté était telle qu'il fut canonisé un an après sa mort. Aujourd'hui on ne voit plus en lui que le patron des objets perdus !

---

l'**Archer des Cieux** : *MOTECUHZOMA 1er,* souverain aztèque
l'**Archimandrite** : *DOROTHÉE,* écrivain ascétique chrétien
l'**Archiprêtre** : *Arnaud de CERVOLE,* chef de bande français
l'**Archiprêtre de Cythère** : *l'abbé de VOISENON,* écrivain français
l'**Archiprêtre de Hita** : *Juan RUIZ,* écrivain espagnol
l'**Ardent Solliciteur des muses incommodées** : *BOISROBERT,* poète français
l'**Aréopagite** : *saint DENYS,* évêque d'Athènes
l'**Argenta** : *JACOPO FILIPPO,* enlumineur italien
la **Argentina** : *Antonia MERCÉ Y LUQUE,* danseuse et chorégraphe espagnole
la **Argentinita** : *Incarnación LOPEZ JULVES,* danseuse et chorégraphe espagnole
l'**Ariel des temps modernes** : *SHELLEY,* poète anglais
l'**Aristophane moderne** : *Samuel FOOTE,* acteur et auteur comique anglais
l'**Aristote du XIXe siècle** : *Georges CUVIER*
l'**Aristote portugais** : *Pedro de FONSECA,* philosophe portugais
l'**Arlésienne du Kremlin** : *Constantin TCHERNENKO*

l'Arménien : *LÉON V,* empereur d'Orient
l'Arsène Lupin des bijouteries : *Bruno SULAK*
Arthénice : *la marquise de RAMBOUILLET*

« Arthénice » est l'anagramme de « Catherine », prénom de la célèbre « précieuse »

---

l'Art pitre des élégances : *Paul LÉAUTAUD*

« Ce soir, aux Bouffes-Parisiens, avec Billy... Il faisait un tel froid que j'ai pris le parti de mettre deux vestons. »

(Journal littéraire)

« ... deux vestons l'un sur l'autre, le plus long en dessous, de manière qu'il dépasse. Ces vestons, qu'on devine achetés dans la confection, prennent sur les épaules de leur propriétaire une façon d'être personnelle, ample, presque élégante. »

(André Billy)

---

l'As des as : *René FONCK-* titre honorifique
l'As des as : *Georges GUYNEMER*
l'As des as : *Charles NUNGESSER*
Asametleu [le Grand] : *SOLIMAN ou SULEYMAN II,* sultan ottoman
Ascensius : *Jodocus BADIUS,* imprimeur et humaniste belge
l'Ascète au beurre : *Jean JAURÈS*
l'Asiatique : *ANTIOCHOS XIII,* roi de Syrie
l'Asiatique : *SCIPION,* consul romain
l'Assassin du Michigan : *Stanley KETCHEL,* boxeur américain
l'Assassin de Manassa : *Jack DEMPSEY,* boxeur américain

Dempsey-Carpentier, le « match du siècle » eut lieu le 2 juillet 1921 à Jersey-City. Sur les Grands Boulevards à Paris une foule immense attendait... Des avions survoleraient Paris en lançant des fusées rouges si le Français était vainqueur, blanches s'il était vaincu. Le résultat « fit pleurer dans les chaumières. »

---

l'Astrologue: *ALBERT III,* duc d'Autriche
l'Astronome: *ALPHONSE X,* roi de Castille et de Léon
Atatürk [le Père de tous les Turcs]: *MUSTAFA KEMAL*
l'Athanase de l'Occident: *saint HILAIRE DE POITIERS*
l'Athée: *AETIOS ou AETIUS,* hérétique d'Antioche
l'Athée: *DIAGORAS,* philosophe grec
l'Athée de Senlis: *LINIÈRES ou LIGNIÈRES,* poète français
Atheling [Illustre]: *EDGAR,* roi anglo-saxon
l'Athénien: *ALEXANDRE,* peintre grec
l'Athénien: *PHILOSTRATE,* écrivain grec
l'Athlète du Christ: *ÉTIENNE III,* prince de Moldavie
l'Athlète aux pieds nus: *Zola BUDD,* athlète sud-américaine
l'Atlas: *DANTON*
l'Atlas de la Révolution: *MIRABEAU*
Attar [le Droguiste]: *FARID AL-DIN,* poète mystique grec
Attila: *Mark HATELEY,* footballeur anglais
l'Attila du rock: *Albert KOSKI*
l'Attlee français: *Félix GOUIN*
l'Augure: *MUCIUS SCAEVOLA,* consul romain
Auguste: *PHILIPPE II,* roi de France

Il doit son surnom au fait d'être né au mois d'août, le « mois d'Auguste »: exactement le 21 août 1165.

---

l'Auguste: *EBERHARD 1er,* comte de Wurtemberg
Aulète [le Joueur de flûte]: *PTOLÉMÉE XII,* roi d'Égypte
l'Aumônier: *JEAN,* patriarche d'Alexandrie
l'Aumônier du Portalet: *Ambroise-Marie CARRÉ*
l'Austère: *Henri BRISSON,* homme politique français
l'Autobus du Racing: *Géo ANDRÉ,* athlète français

l'**Autrichienne** : *MARIE-ANTOINETTE*

Marie-Antoinette au collier me gâche Marie-Antoinette décollée.

(Henry de Montherlant)

---

l'**Aventureux** : *Robert III de LA MARCK,* homme de guerre français

l'**Aveugle** : *BÉLA II,* roi de Hongrie

l'**Aveugle** : *DIDYME,* théologien chrétien

l'**Aveugle** : *HENRI,* poète écossais

l'**Aveugle** : *JEAN 1er,* roi de Bohême

l'**Aveugle** : *Francesco LANDINO,* compositeur italien

l'**Aveugle** : *LOUIS III,* empereur d'Occident

l'**Aveugle** : *VASSILI II,* grand-prince de Moscou

l'**Aveugle d'Adria** : *Luigi GROTO,* écrivain italien

l'**Aveugle clairvoyante** : *la marquise du DEFFAND*

Le 12 octobre 1772, elle écrivait à Voltaire : « Mon état de Quinze-Vingt n'est pas mon plus grand malheur : je me console de ne rien voir, mais je m'afflige de ce que j'entends... »

---

l'**Aveugle de Ferrare** : *Francesco BELLO,* écrivain italien

l'**Aveugle d'Ionie** : *HOMÈRE*

Avida dollars : *Salvador DALI*

« Avida dollars » est l'anagramme de « Salvador Dali », trouvée par André Breton.

Avignonnais-la-Vertu : *Agricol PERDIGUIER,* chansonnier français

l'**Avisé** : *ROBERT,* aventurier normand

Avji [le Chasseur] : *MAHOMET IV,* sultan ottoman

l'**Avocat des pauvres** : *saint YVES DE BRETAGNE*

l'**Avvocato** [l'Avocat] : *Gianni AGNELLI,* industriel italien

l'**Aztec** : *Jack de BARANCY,* personnage d'Alphonse Daudet

le **Bab** [la Porte] : *MIRZA ALI MOHAMMED,* chef religieux perse

Babar : *Raymond BARRE*

Babe [Bébé] : *Irving RUSIN,* jazzman américain

Babet la bouquetière : *le cardinal de BERNIS*

Voltaire, ayant lu les « Saisons » écrivit : « Cela est plein de verdure, de roses, de lis, de pivoines. Cet homme est Babet la bouquetière. »

Baby [Bébé] : *Warren DODDS,* jazzman américain

Baby : *LAURENCE,* danseur à claquettes américain

Baby : *LOVETT,* jazzman américain

Baby Doc : *Jean-Claude DUVALIER,* homme d'État haïtien

le **Babylonien** : *DIOGÈNE,* philosophe grec

Baby-Toc : *Laurent FABIUS,* par Thierry Le Luron

le **Bachelier de la Volga** : *Pierre HERVÉ,* homme politique français

Badingaulle : *le général de GAULLE,* par Moisan

Badinguet : *NAPOLÉON III,* par Henri Rochefort

Badinguet est le nom de l'ouvrier maçon dont Louis-Napoléon emprunta les vêtements de travail pour s'évader du fort de Ham, le 25 mai 1846.

Baha Allah [Splendeur de Dieu] : *MIRZA HUSSEIN ALI NOURI,* chef religieux perse

Balbubus [le Bègue] : *NOTKER,* moine suisse

le **Bailli** : *Henry-Louis CAYSSAC,* mari du « Fléau », par Paul Léautaud

le **Balafré** : *François 1er de LORRAINE,* duc de Guise

le **Balafré** : *Henri 1er de LORRAINE,* duc de Guise

le **Balafré** : *Charles NUNGESSER,* aviateur français

Ballamou : *Édouard BALLADUR,* par le Canard enchaîné

les **Balzac de la chanson** : *BÉNECH et DUMONT,* par Raymond Legrand

le **Balzac de la guerre d'Indochine** : *Lucien BODARD,* par Henri Amouroux

il **Bamboccio** [le Pantin] : *Pieter VAN LAAR ou LAER,* peintre hollandais

la **Banban** : *Gervaise COUPEAU,* personnage d'Émile Zola

le **Banquier de dieu** : *Michele SINDONA,* homme d'affaires italien

la **Banquière des années folles** : *Marthe HANAU*

Bapak Malaysia [le Père de la Malaysia] : *ABD AL-RAHMÂN,* homme politique malais

Barbe fourchue : *SVEN 1er,* roi de Danemark

Barbe longue : *CONSTANTIN IV,* empereur d'Orient

Barbe à poux : *Édouard DRUMONT,* publiciste français

Barbe en zinc : *Sadi CARNOT*

Les parlementaires ne parvenant pas à se mettre d'accord sur le nom d'un candidat à la présidence de la République, Clemenceau lança celui de Carnot, avec ce commentaire : « Il n'est pas bien fort, mais il porte un nom républicain... A défaut de mieux. »

Barbe-Bleue : *Gilles de RAIS*

le **Barbe-Bleue de Gambais** : *LANDRU*

le **Barbe-Bleue du microsillon** : *Eddie BARCLAY,* par le Crapouillot

---

Il ne s'est marié que sept fois. Comme Liz Taylor et Gloria Lasso.

---

le **Barbe-Bleue du theâtre** : *Robert HOSSEIN,* par le Crapouillot

Barberousse : *AROUDJ,* corsaire turc

Barberousse : *Lucius DOMITIUS,* ancêtre d'une famille plébéienne de Rome

Barberousse : *FRÉDÉRIC 1er,* empereur germanique

Barberousse : *KHAÏR EL-DIN,* corsaire turc

la **Barbichette** : *Paul RAMADIER*

le **Barbu** : *BAUDOUIN IV,* comte de Flandre

le **Barbu** : *EBERHARD V,* duc de Wurtemberg

le **Barbu** : *Émile FRÉZOT,* basketteur français

le **Barbu** : *GEOFFROI III,* comte d'Anjou

le **Barbu** : *GODEFROY IV,* duc de Basse-Lorraine

le **Barbu** : *JOSEPH,* moine et écrivain bulgare

Barca [l'Éclair, la Foudre, l'Orage] : *AMILCAR ou HAMILCAR,* général carthaginois

Barca : *ASDRUBAL ou HASDRUBAL,* général carthaginois

Bar-Cocheba [Fils de l'étoile] : *SIMON,* patriote juif

Barfort [Aux jambes ou aux pieds nus] : *MAGNUS III,* roi de Norvège

Bar-Hebraeus [Fils d'Hébreu] : *ABOU EL-FARADJ IBN EL-IBRI,* philosophe syriaque

le **Baron** : *Jo PRIVAT,* accordéoniste français

le **Baron de Cormatin** : *Pierre DEZOTEUX,* chef chouan

le **Baron de la Guerre** : *Johann THUGUT,* homme politique autrichien

le **Baron de Vienne** : *FRED FREED,* compositeur de chansons, par Maurice Chevalier

le **Barrès protestant** : *André GIDE*

le **Barthole espagnol** : *Diego COVARRUBIAS Y LEYVA,* jurisconsulte espagnol

Bas-de-cuir : *Nathy BUMPPO,* personnage de Fenimore Cooper

le **Basque bondissant** : *Jean BOROTRA*

Le premier (d'après l'ordre alphabétique) de nos mousquetaires est si fier du surnom que lui valut son jeu acrobatique, qu'il veille à ce qu'il soit bien reproduit dans chaque nouvelle édition du « Who's who ».

Bass : *Ernest HILL,* jazzman américain

le **Bassan** [Né à Bassano] : *Jacopo DA PONTE,* peintre italien

le **Bassan espagnol** : *Pedro ORRENTE,* peintre espagnol

la **Bastardella** [la Bâtarde] : *Lucrezia AGUJARI,* cantatrice italienne
Bastiano di Bologna : *Sebastiano SERLIO,* architecte italien
Bataclan : *Alexandre MILLERAND*
le **Batailleur** : *ALPHONSE 1er,* roi d'Aragon et de Navarre
le **Batailleur** : *LOUIS VI,* roi de France
le **Bâtard** : *AUDEFROID,* trouvère artésien
le **Bâtard** : *DARIOS ou DARIUS II,* roi de Perse
le **Bâtard** : *GUILLAUME 1er,* duc de Normandie et d'Angleterre
le **Bâtard** : *PTOLÉMÉE XII,* roi d'Égypte
le **Bâtard de Marat** : *Jules VALLÈS,* par Léon Bloy
le **Bâtard d'Orléans** : *Jean DUNOIS,* homme de guerre français
la **Bâtarde** : *ÉLISABETH 1re,* reine d'Angleterre
le **Bâtisseur de cathédrales** : *Mgr VERDIER*
Baudouin à la Hache : *BAUDOUIN VII,* comte de Flandre
le **Bayard de 1914** : *ALBERT 1er,* roi des Belges
le **Bayard de l'armée française** : *le maréchal OUDINOT*
le **Bayard de la démocratie** : *Armand BARBÈS,* révolutionnaire français, par Pierre-Joseph Proudhon
le **Bayard huguenot** : *LA NOUE,* homme de guerre français
le **Bayard de l'Inde** : *James OUTRAM,* général anglais
le **Bayard polonais** : *le prince PONIATOWSKI*

Cet officier polonais fut fait maréchal de France sur le champ de bataille de Leipzig. Chargé de protéger la retraite de l'armée, il reçut cinq blessures avant de se noyer accidentellement en traversant l'Elster. « Ponia » est l'un de ses descendants.

---

le **Bayard de la République** : *le général BEAUPUY*
le **Bayard des Temps modernes** : *MAC-MAHON*

Porté à la présidence de la République, il déclara que pendant sept ans il saurait faire respecter l'ordre de choses légalement établi. Un journal d'opposition fut condamné pour avoir publié cette information :

« Le maréchal de Mac-Mahon, duc de Magenta, président de la République, est arrivé à Lyon à cheval. Il a l'air intelligent, le cheval. »

---

le **Bazaine de l'opposition** : *Valéry GISCARD D'ESTAING,* par Alain Mayoud

le **Bazardier de Mexico** : *Paul REYNAUD*

Sa famille avait fait fortune au Mexique.

B.B. : *Brigitte BARDOT*

Un chansonnier disait : « Le seul bébé par lequel on aimerait être réveillé la nuit. »

Bean : *Coleman HAWKINS,* jazzman américain

le **Béarnais** : *HENRI IV,* roi de France

le **Beau** : *ASDRUBAL ou HASDRUBAL,* général carthaginois

le **Beau** : *BRUMMELL,* dandy anglais

le **Beau** : *DÉMÉTRIOS,* roi de Macédoine

le **Beau** : *EDWY ou EADWIG,* roi anglo-saxon

le **Beau** : *FRÉDÉRIC,* empereur germanique

le **Beau** : *JEAN II,* tsar de Bulgarie

le **Beau** : *le duc de LAUZUN*

le **Beau** : *Paolo MALATESTA,* condottiere italien

le **Beau** : *PHILIBERT II,* duc de Savoie

le **Beau** : *PHILIPPE 1er,* roi de Castille et des Pays-Bas

Beau Cadet : *le marquis d'ARGENSON,* écrivain et homme politique français

Beauclerc : *HENRI 1er,* roi d'Angleterre

le **Beauf** : *Roger HANIN*

François Mitterrand et Roger Hanin ont épousé respectivement Danielle Gouze et Christine Gouze-Renal.

---

le **Beau Félisque** : *Félix FAURE*

Beau Jack : *Sydney WALKER,* boxeur américain

le **Beau Serge** : *Christian DAVID,* truand français

le **Beau Soleil** : *VLADIMIR,* héros russe

le **Beau Ténébreux** : *AMADIS DE GAULE*

le **Beau Ténébreux** : *Jean de TINAN,* romancier français

le **Beau Ténébreux** : *Oger de GOMBAULD,* poète français

le **Beau-père de l'Europe** : *CHRISTIAN IX,* roi de Danemark

Bébé : *LA HARPE,* écrivain français

Bébel : *Jean-Paul BELMONDO*

Si l'on mélange les lettres de « Jean-Paul Belmondo », on peut obtenir : « Une jambe d'Apollon ».

Bécassin : *René PLEVEN,* par Jean-André Faucher

Il était ministre de la Défense nationale aux sombres heures de Diên Biên Phû. On disait : « Qui voit Pleven voit ses peines. Cet homme dont on dit un bien fou... »

---

le **Bedeau du dieu Goethe** : *Johann Peter ECKERMANN,* littérateur allemand, par Jules Barbey d'Aurevilly

le **Beethoven français** : *Hector BERLIOZ*

le **Beethoven de la prose française** : *Gustave FLAUBERT,* par François Coppée

le **Bègue** : *ÉRIC ou ERIK XI,* roi de Suède

le **Bègue** : *LOUIS II,* roi de France

le **Bègue** : *MICHEL II,* empereur d'Orient

le **Bègue** : *NOTKER,* moine suisse

le **Bel** : *CHARLES IV,* roi de France

le **Bel** : *GEOFFROI V,* comte d'Anjou et du Maine

le **Bel** : *JEAN,* chroniqueur belge
le **Bel** : *PHILIPPE IV,* roi de France
le **Bel Alexandre** : *Alexandre STAVISKY*

Sa mort est restée mystérieuse. La manchette du Canard enchaîné est célèbre : « Stavisky se suicide d'un coup de revolver qui lui a été tiré à bout portant. »

Bel-Ami : *le général BOULANGER*
Bel-Ami : *Georges DUROY,* personnage de Guy de Maupassant
la **Belle Agnès** : *Agnès SOREL,* favorite de Charles VII
la **Belle Amazone** : *Marie-Anne CHARETTE,* sœur de chef vendéen
la **Belle de Baltimore** : *Élizabeth PATTERSON,* femme de Jérôme Bonaparte
la **Belle des belles** : *la comtesse de BUSSY*

Elle ressemblait à Agnès Sorel. Elle eut une liaison avec Mirabeau.

---

la **Belle Bonnard** : *Abel BONNARD,* essayiste français
la **Belle de Châteauneuf** : *Renée de RIEUX,* maîtresse du futur Henri III
Belle Chevelure : *HARALD 1er,* roi de Norvège
la **Belle Cordière** : *Louise LABÉ,* poétesse française

Elle était mariée avec le riche cordier lyonnais Ennemond Perrin.

---

la **Belle Corisande** : *la comtesse de GUICHE,* maîtresse du futur Henri IV
la **Belle au cou de cygne** : *ÉDITH,* maîtresse du roi anglo-saxon Harold II
la **Belle Émilie** : *la marquise du CHÂTELET*

La marquise du Deffand a donné de l'amie de Voltaire ce portrait : « Une femme grande et sèche, sans cul, sans hanches, la poitrine étroite, deux petits tétons arrivant de fort loin, de gros bras, de grosses jambes, des pieds énormes, le teint noir, rouge, échauffé, les dents clairsemées et extrêmement gâtées. »

---

la **Belle Ferronnière** : *Mme LE FERRON,* maîtresse de François 1er

la **Belle Fosseuse** : *Françoise de MONTMORENCY,* maîtresse d'Henri IV

la **Belle d'Inde** : *Mme GRAND ou GRANT,* femme de Talleyrand

la **Belle Indienne** : *Françoise d'AUBIGNÉ,* future marquise de Maintenon

la **Belle Laure** : *Laure de NOVES,* dame provençale aimée de Pétrarque

la **Belle Liégeoise** : *THÉROIGNE DE MÉRICOURT,* révolutionnaire française

la **Belle de Ludre** : *Marie-Isabelle de LUDRE,* maîtresse de Louis XIV

la **Belle Mag** : *Mme de STEINHEIL,* dernière maîtresse du président Félix Faure

la **Belle Odalisque** : *la princesse BIBESCO*

la **Belle Otero** : *Caroline OTERO,* demi-mondaine de la Belle époque

---

On disait aussi : « la Belle Otarie ».

---

la **Belle Parricide** : *Béatrice CENCI,* dame romaine

la **Belle Rebelle** : *Louise LABÉ,* poétesse française

la **Belle Stuart** : *Frances Teresa STUART,* maîtresse du roi d'Angleterre Charles II

la **Belle de Zuylen** : *Mme de CHARRIÈRE,*
femme de lettres française d'origine hollandaise

Bellilotte : *Pauline FOURÉS, née BELLISLE,* maîtresse de Napoléon Bonaparte

le **Belliqueux** : *ALBERT,* margrave de Brandebourg

le **Bénédictin de l'Hôtel de Ville** : *Georges LEMARCHAND,*
homme politique français

Benisius : *Giovanni BOTERO,* écrivain italien

Benjamin l'Inconstant : *René BENJAMIN,* écrivain français,
par Lucien Descaves

Beppe : *Giuseppe SARONNI,* coureur cycliste italien

le **Berceur de coffres-forts** : *Valéry GISCARD D'ESTAING,*
alors ministre des Finances, par Roland Bacri

Béré : *Pierre BÉRÉGOVOY*

Bergamasco [Né à Bergame] : *Guglielmo de GRIGI,* sculpteur et architecte italien

le **Berquin allemand** : *CAMPE,* écrivain allemand

Berthe au grand pied : *BERTHE ou BERTRADE*

Elle était la femme de Pépin le Bref et la mère de Charlemagne. « Elle avait un pied plus grand que l'autre et réciproquement. »

(Perle relevée dans une copie d'élève).

Berthopire : *André BERTHOMIEU,* cinéaste français, par le Canard enchaîné

la **Bête** : *le marquis d'ARGENSON,* homme politique français

la **Bête** : *John MUGABI,* boxeur ougandais de Miami

Bezruc [Manchot] : *Vasek VLADIMIR,* poète tchèque

Bhadur [Brave] : *TIPPOU SAHIB,* sultan du Mysore

Bibbiena [Né à Bibbiena] : *Giovanni Maria GALLI,* architecte italien

Bibendum : *Maurice BIDERMANN,* industriel français

Bibi : *Maurice BIRAUD*

Bibi : *JUPILLON,* personnage d'Edouard et Jules de Goncourt

Bibiche : *Claude POMPIDOU*

On parlait de la Société des Amis de la Bibiche.

---

le **Bibliophile Jacob** : *Paul LACROIX,* érudit français

le **Bibliothécaire** : *ANASTASE,* antipape

Bicou : *Emmanuel VITRIA*

« Il nous enterrera tous », disent de lui ses cardiologues.

---

le **Bien-Aimé** : *CHARLES VI,* roi de France

le **Bien-Aimé** : *LOUIS XV,* roi de France

On disait devant M. Le Gallick, supérieur de Saint-Sulpice, que le roi était mort de la petite vérole. « Il n'y a rien de petit chez les grands », répliqua-t-il.

---

le **Bien-Bon** : *l'abbé de COULANGES,* oncle de Mme de Sévigné

le **Bienfaisant** : *ALPHONSE III,* roi d'Aragon et de Sicile

le **Bienfaiteur** : *ANTIOCHOS VII,* roi de Syrie

le **Bienfaiteur** : *PTOLÉMÉE III,* roi d'Égypte

le **Bienfaiteur** : *PTOLÉMÉE VII,* roi d'Égypte

le **Bien-Servi** : *CHARLES VII,* roi de France

Il fut servi par Jeanne d'Arc, La Hire, Xaintrailles, Richemont, Jacques Cœur, les frères Bureau...

Big : *Charlie GREEN,* jazzman américain

Big Bill : *William Lee Conley BROONZY,* chanteur de blues et guitariste américain

Big Boy : *Arthur CRUDUP,* chanteur de blues et guitariste américain

Big Boy : *Frank GOUDIE,* jazzman américain

Big Chief : *Russell MOORE,* jazzman de race rouge

Big Eye Louis : *Louis NELSON,* jazzman américain

Big Léon : *Léon ZITRONE*

Big Mac : *John Mc ENROE*

Big Maceo : *Major MERRYWEATHER,* jazzman américain

Big Nick : *George NICHOLAS,* jazzman américain

Big Sid : *Sidney CATLETT,* jazzman américain

le **Bigame** : *MATHEOLUS,* poète français

la **Bigote** : *sainte GERMAINE*

Bigoudis : *Henri KRASUCKI*

Bill : *William MOTTI,* athlète français

Billy : *William BONEY,* tueur américain

Binbin : *Alexis PIRON,* écrivain français

Le rival de Voltaire composa lui-même son épitaphe : Ci-gît Piron, qui ne fut rien, pas même académicien.

---

le **Bing Crosby français :** *Jean SABLON*
Biquet : *Jean ROBIC*
Bird [l'Oiseau] **:** *Charlie PARKER*
Biscop : *saint BENOÎT,* bénédictin anglo-saxon
le **Bismarck du Proche-Orient :** *Hafez el-ASSAD*
the **Bitch** [la Chienne] **:** *Joan COLLINS,* actrice anglaise
Bix : *Léon BEIDERBECKE,* jazzman américain
Blaatand ou Blâtand [Dent bleue] **:** *HARALD II,* roi de Danemark
the **Black Uhlan :** *Max SCHMELING,* boxeur allemand
le **Blaireau :** *Bernard HINAULT*
le **Blanc :** *HUGUES,* comte de Paris et duc de France
le **Blanc :** *TIRANT,* héros catalan
la **Blanche :** *DURGA,* déesse hindoue
la **Blanche :** *VARUNA,* déesse hindoue
la **Blanche Hermine :** *Raymond POINCARÉ*
Blanches Mains : *HUMBERT 1er,* comte de Savoie
le **Blanqui du nationalisme :** *Jacques SIDOS*
Blind [Aveugle] **:** *John DAVIS,* jazzman américain
Blind : *Willie JOHNSON,* chanteur de spirituals et guitariste américain
Blind Blake : *Arthur PHELPS,* chanteur de blues et guitariste américain
Blind Boy : *Fulton ALLEN,* chanteur de blues et guitariste américain
Blind Lemon : *Lemon JEFFERSON,* chanteur de blues et guitariste américain
la **Blonde :** *ISEUT ou ISEULT*
Bloody Mary [Mary la Sanglante] **:** *MARIE TUDOR,* reine d'Angleterre
Blot l'Esprit : *le baron de BLOT,* chansonnier français

« Ses chansons avaient le diable au corps », a écrit Mme de Sévigné.

Blue : *Bobby BLAND,* chanteur de blues américain
Boanergès [Fils du tonnerre] : *saint JACQUES LE MAJEUR,* apôtre
Boanergès : *saint JEAN L'ÉVANGÉLISTE,* apôtre
Bobo : *Zlobodan ZINOJINOVIC,* tennisman yougoslave
le **Boccace napolitain** : *MASUCCIO SALERNITANO,* conteur italien
le **Boccador** : *Dominique de CORTONE,* architecte italien
Boccaperta [Bouche ouverte] : *saint JOSEPH DE COPERTINO*

Certes il avait l'air niais et perpétuellement distrait, mais il attirait les foules par ses exercices de lévitation, ses extases et ses miracles.

---

le **Bocuse belge** : *Raymond HENRION,* restaurateur belge
le **Bœuf** : *Philippe SELLA,* rugbyman français
le **Bœuf bouilli de la poésie française** : *BÉRANGER,* par Gustave Flaubert
le **Bœuf habitué à la charrue** : *BOSSUET*

Il écrivait ses sermons à genoux, comme saint Charles Borromée.

Bogie : *Humphrey BOGART*
le **Bohème** : *MYSLIWECZK,* compositeur tchèque
le **Bohémien** : *Antonio SOLARIO ou SOLARI,* peintre italien
la **Boiteuse** : *JEANNE DE PENTHIÈVRE,* duchesse de Bretagne
le **Boiteux** : *ALBERT II,* duc d'Autriche
le **Boiteux** : *CHARLES II,* comte de Provence et roi de Naples
le **Boiteux** : *Carlo FERRARI,* violoncelliste et compositeur italien
le **Boiteux** : *Godefroi d'HARCOURT,* homme de guerre normand
le **Boiteux** : *HENRI II,* empereur d'Allemagne
le **Boiteux** : *PRUSIAS 1er,* roi de Bithynie
le **Boiteux** : *TAMERLAN,* conquérant asiatique
Bojangles : *Bill ROBINSON,* danseur à claquettes américain
le **Bombardier** : *Gerd MÜLLER,* footballeur allemand
le **Bombardier marocain** : *Marcel CERDAN*

le **Bombardier noir** : *Joe LOUIS*

Il fut champion du monde des poids lourds pendant onze ans, huit mois et sept jours.

---

la **Bombinette juvénile** : *Michaela FIJINI,* skieuse suisse
la **Bombe** : *Rita HAYWORTH*
la **Bombe anatomique** : *Jayne MANSFIELD*

Elle avait disparu au large des îles Bahamas. Le lendemain un journal titrait : « La star et ses compagnons sont retrouvés... seins et saufs. »

---

la **Bombe atomique suédoise** : *Anita EKBERG*
le **Bon** : *ALPHONSE VII,* souverain espagnol
le **Bon** : *ALPHONSE IX,* roi de Castille
le **Bon** : *Louis II de BOURBON,* prince français
le **Bon** : *CHARLES,* comte de Flandre
le **Bon** : *CHARLES III,* duc de Savoie
le **Bon** : *GUILLAUME II,* roi des Deux-Siciles
le **Bon** : *HAAKON 1er,* roi de Norvège
le **Bon** : *IVAN II,* grand-duc de Russie
le **Bon** : *JEAN II,* roi de France
le **Bon** : *JEAN III,* duc de Bretagne
le **Bon** : *MAGNUS 1er,* roi de Norvège
le **Bon** : *saint ODON ou ODA*
le **Bon** : *PHILIPPE III,* duc de Bourgogne
le **Bon** : *RENÉ D'ANJOU,* roi de Naples
le **Bon** : *RICHARD II,* duc de Normandie
le **Bon** : *ROBERT 1er,* comte d'Artois
le **Bon** : *ROBERT D'ANJOU,* roi de Naples
le **Bon Aventurier de la gauche** : *Max THÉRET,* homme d'affaires français

le **Bon Belge** : *Vincent HYSPA,* chansonnier français

Il était né à Narbonne... Par manière d'amusement, Rodolphe Salis, fondateur du Chat-Noir, présenta un soir Vincent Hyspa, « chansonnier belge ».

---

le **Bon Chevalier** : *Jacques de LALAING,* gentilhomme du Hainaut

le **Bon Génie de la Maison de Cobourg** : *Christian Friedrich STOCKMAR,* homme politique allemand

le **Bon Nègre** : *Alexandre DUMAS Père*

« Le seul écrivain de couleur à avoir des nègres blancs », a écrit Antoine Blondin. Pour ne citer que les principaux : Auguste Maquet, Gérard de Nerval, Anicet-Bourgeois, Émile Souvestre, Octave Feuillet...

---

le **Bon Roi Dagobert** : *DAGOBERT 1er,* roi des Francs

le **Bon Roi Henri** : *HENRI IV,* roi de France

Il n'a jamais dit : « Je veux qu'il n'y ait si pauvre paysan en mon royaume qu'il n'ait tous les dimanches la poule au pot. » C'est un de ses biographes qui inventa le mot près d'un siècle après sa mort.

---

le **Bon Roi René** : *RENÉ D'ANJOU,* roi de Naples

le **Bon Théo** : *Théophile GAUTIER*

Bonaparte en baudruche : *NAPOLÉON III,* par Henri Rochefort

le **Bonaparte des fourneaux** : *Jacques MAXIMIN,* restaurateur français

le **Bonaparte de la gauche** : *François MITTERRAND,* par Serge July

le **Bonaparte de la musique** : *Hector BERLIOZ*

Il mourut le 8 mars 1869 en murmurant :
« Quel talent je vais avoir demain. »

---

le **Bonhomme** : *Carlo GOLDONI,* auteur comique italien

le **Bonhomme** : *Jean de LA FONTAINE*

La Fontaine a « bonhomisé » les dieux de la Grèce. Il les a faits à son image, et on a ri de son bonhomme de Jupiter.

(Jules Barbey d'Aurevilly)

---

le **Bonhomme Richard** : *Benjamin FRANKLIN*

la **Bonne Dame de Loudun** : *Marie BESNARD*

la **Bonne Dame de Nohant** : *George SAND*

la **Bonne Fée barbue** : *Henry CHÉRON,* homme politique français

la **Bonne Fée des enfants** : *Chantal GOYA,* par Télé 7 Jours

la **Bonne Louise** : *Louise MICHEL,* révolutionnaire française

la **Bonne Reine** : *CLAUDE,* reine de France

Bonne-Maman : *Mme DENIS,* nièce de Voltaire

Bonnet d'âne : *Christian BONNET,* par le Canard enchaîné

Bonnet de nuit : *Jean ROYER*

Bonzoreil : *Michel DEBRÉ*

Boom-Boom : *Ray MANCINI,* boxeur américain

les **Boréades** [Fils de Borée] : *CALAÏS et ZÉTÈS,* héros grecs

le **Borgne** : *ANTIGONOS,* général macédonien

le **Borgne** : *Joseph BONAPARTE*

le **Borgne** : *Caius FABRICIUS,* consul romain

le **Borgne** : *HORATIUS,* héros légendaire romain

le **Borgne génial** : *Léon GAMBETTA*

le **Borgne sonore** : *Léon GAMBETTA,* par Léon Daudet

Tout enfant, Gambetta eut l'œil crevé par la pointe d'un couteau qu'un repasseur aiguisait sur sa meule : il s'était trop approché pour voir les étincelles.

---

le **Borromini français** : *Gilles-Marie OPPENORD,* architecte

le **Borysthénite**: *BION,* philosophe grec

« Borysthène » est le nom donné dans l'Antiquité au Dniepr.

---

le **Boss**: *Bruce SPRINGSTEEN,* chanteur américain

le **Bossu**: *GODEFROY,* duc de Basse-Lorraine

le **Bossu**: *Henri de LAGARDÈRE,* personnage de Paul Féval

le **Bossu**: *Edmond de LANCASTRE,* prince anglais

le **Bossu**: *PÉPIN,* fils de Charlemagne

le **Bossu**: *Cristoforo SOLARIO ou SOLARI,* sculpteur et architecte italien

le **Bossu d'Arras**: *ADAM DE LA HALLE,* trouvère français

le **Bossu de la reine de Suède**: *Carlo Ambrogio LONATI ou LUNATI,* compositeur italien

le **Bossuet italien**: *Gioacchino VENTURA DI RAULICA*

Bouboule: *Georges MILTON*

le **Bouc émissaire**: *Edgard PISANI*

le **Bouc et misère**: *Paul RAMADIER*

Bouche d'or: *DION,* rhéteur grec

Bouche d'or: *saint JEAN,* Père de l'Église d'Orient

Bouche ouverte: *saint JOSEPH DE COPERTINO*

Bouche tordue: *BOLESLAS III,* duc de Pologne

le **Boucher**: *AHMED,* pacha de Saint-Jean d'Acre

le **Boucher**: *Olivier de CLISSON,* connétable de France

le **Boucher d'Albacète**: *André MARTY,* homme politique français

le **Boucher des Balkans**: *Andrija ARTUKOVIC,* criminel de guerre croate

le **Boucher de la Convention**: *le général DUQUESNOY*

le **Boucher de Lyon**: *Klaus BARBIE*

le **Boucher de Phnom Penh**: *POL POT GALOTH*

le **Boucher royaliste**: *le maréchal de MONTLUC*

le **Boucher de Téhéran**: *le général OVEISSI*

Bouchon: *Françoise GIROUD*

Bouclettes: *Louis FERRARI,* accordéoniste français

Bouddha [l'Éveillé, le Sage]: *Siddhârta GAUTAMA,* fondateur du bouddhisme

Bouffe-la-Balle: *le général HULIN*

Commandant de la place de Paris en octobre 1812, il fit échouer la conspiration du général Malet. Celui-ci lui tira un coup de pistolet à la bouche.

---

le **Bouffon de la République** : *COLUCHE*

Bougnaparte : *Georges POMPIDOU,* par le Crapouillot

le **Bouillant Achille** : *ACHILLE,* héros grec

le **Boulanger de Nîmes** : *Jean REBOUL,* poète et boulanger français

le **Boulanger de Saint-Méen** : *Louis BOBET*

Boule: *Pieter BOEL,* peintre flamand

la **Boule de feu**: *Francisco GENTO,* footballeur espagnol

Boule de gomme: *Norbert MONDE,* personnage de Georges Simenon

Boule de Juif: *Joseph REINACH,* journaliste et homme politique français

le **Boulonnais**: *ALPHONSE III,* roi du Portugal

Boum-Boum: *Boris BECKER*

la **Bouquetière du Parnasse**: *le cardinal de BERNIS,* par Voltaire

le **Bourget du pauvre**: *Marcel PRÉVOST*

le **Bourguignon**: *Jacques COURTOIS,* peintre français

le **Bourguignon**: *François PERRIER,* peintre français

la **Bourrasque**: *MIRABEAU*

le **Bourreau d'Auschwitz**: *Josef MENGELE*

le **Bourreau de Béthune**: *Roger MOREAU,* catcheur français

le **Bourreau de la Commune**: *le général de GALLIFFET*

Il était le petit-fils du maréchal Ney et du banquier Laffitte. Ministre de la Guerre à la fin de l'affaire Dreyfus, il prononça le mot célèbre: « L'incident est clos. »

---

le **Bourreau de mes thunes**: *Jacques CANETTI,* par Robert Lamoureux

le **Bourreau de mes thunes**: *Valéry GISCARD D'ESTAING,* alors ministre des Finances, par Jean Rigaux

le **Bourrin des cœurs**: *FERNANDEL*

« Voilà le Fernand d'elles! », dit la belle-mère de Fernand Contandin. Elle venait de lui trouver un pseudonyme.

---

le **Bourru des cœurs**: *Georges BRASSENS*
Bout de chou: *Roger PIANTONI*
la **Boutiquière de Castres**: *Roger PEYREFITTE*
le **Boxeur aux oreilles de bébé**: *Idi AMIN DADA*
la **Boxeuse**: *Anne GAILLARD*
il **Braghettone**: *Daniele da VOLTERRA*

Ce peintre italien est connu surtout pour avoir couvert les nudités du « Jugement dernier » de la chapelle Sixtine.

Bras de fer: *BAUDOUIN 1er,* comte de Flandre
Bras de fer: *Pompeo GIUSTINIANI,* général génois
Bras de fer: *GUILLAUME,* comte normand
Bras de fer: *LA NOUE,* homme de guerre français
le **Brasseur d'affaires de l'Élysée**: *Max THÉRET*
le **Brave**: *ALBERT III,* duc de Saxe
le **Brave**: *ALPHONSE IV,* roi de Portugal
le **Brave**: *le chevalier de BOUTIÈRES,* homme de guerre français
le **Brave**: *CRILLON,* homme de guerre français
le **Brave**: *Jacques François Marc MAZAS,* officier français
le **Brave**: *MICHEL,* prince de Valachie
le **Brave**: *SANCHE IV,* roi de Castille et de Léon
le **Brave**: *TIPPOU SABIB,* sultan du Mysore
le **Brave des braves**: *CRILLON*

D'un champ de bataille où Crillon n'avait pu se trouver, Henri IV lui écrivit ce billet célèbre: « Pends-toi, brave Crillon ! Nous avons combattu à Arques, et tu n'y étais pas ! »

---

le **Brave des braves** : *le maréchal NEY*

Il fut fusillé le 7 décembre 1815 à l'aube. Face au peloton, il se montra le magnifique soldat qu'il avait été sur le champ de bataille. Il refusa de se laisser bander les yeux et de s'agenouiller : « Un homme comme moi ne se met pas à genoux. » Puis, ôtant son chapeau : « Soldats, droit au cœur ! »

---

le **Brave Général** : *le général BOULANGER*

le **Brave Langevin** : *Renée BORDEREAU,* héroïne de la chouannerie

Brèche-dent : *AHMED PACHA,* homme politique et capitaine turc

le **Bref** : *PÉPIN,* roi des Francs

le **Bref** : *ROBERT ou RUPERT,* empereur d'Allemagne

le **Brésilien de Nantes** : *José TOURÉ*

le **Breton** : *GUILLAUME,* chroniqueur et poète français

le **Breton d'Armorique** : *ADAM DE SAINT-VICTOR,* musicien français

le **Breton de Montmartre** : *Théodore BOTREL,* par Léon Durocher

le **Breton d'Outre-Manche** : *ADAM DE SAINT-VICTOR,* musicien français

Brid'oison : *Henri QUEUILLE,* homme politique français, par Roger Capgras

le **Brigand de Touchino** : *le second faux DIMITRI,* aventurier russe

le **Brillant** : *GEORGES,* roi de Géorgie

la **Brinvilliers de la Vienne** : *Marie BESNARD*

Brisa-Testa : *BORCHAMPS,* personnage du marquis de Sade

Britannicus : *TIBERIUS CLAUDIUS CAESAR,* prince romain

Il reçut ce surnom à la suite de la conquête de la Bretagne (Angleterre) par son père, l'empereur Claude.

---

il **Bronzino** : *Alessandro ALLORI,* peintre italien

il **Bronzino** : *Angiolo di COSIMO,* peintre italien

Bruegel d'Enfer : *Pieter BRUEGEL,* peintre flamand

Bruegel de Paradis: *Jan BRUEGEL, :* peintre flamand

Bruegel de Velours: *Jan BRUEGEL,* peintre flamand

le **Brummell de la IIIe République**: *Paul DESCHANEL*

Le 24 mai 1920, à quelques kilomètres de la gare de Montargis, un agent de surveillance des voies, André Radeau, fut hélé par un homme en pyjama, sans chaussures ni chaussettes, qui lui déclara simplement : « Je suis le Président de la République. » Il était tombé de son wagon particulier. Sceptique, Radeau conduisit l'homme chez la garde-barrière qui trancha : « Après tout, c'est possible, il a les pieds propres. »

---

le **Brun**: *Jan Josef HOREMANS,* peintre flamand

le **Brun**: *Hugues IX de LUSIGNAN,* homme de guerre français

Bruscambille: *DESLAURIERS,* comédien de l'hôtel de Bourgogne

Brusco: *Cornelis VAN POELENBURGH,* peintre hollandais

Bubber: *James MILEY,* jazzman américain

Bubu: *Raymond BUSSIÈRES*

Bubu de Montparnasse: *Maurice BELU,* personnage de Charles-Louis Philippe

le **Bûcheron du tennis**: *Jimmy CONNORS*

Buck: *Wilber CLAYTON,* jazzman américain

Bud: *Lawrence FREEMAN,* jazzman américain

Budd: *Albert JOHNSON,* jazzman américain

Buddy: *Narcisse CHRISTIAN,* jazzman américain

Buddy: *JOHNSON,* jazzman américain

Buffalo Bill: *William CODY*

L'un de ses nombreux « exploits » : en 1876, il tua en duel le chef cheyenne Main-Jaune puis le scalpa.

Bugs: *John HAMILTON,* jazzman américain

le **Bulgaractone** [le Tueur de Bulgares]: *BASILE II,* empereur d'Orient

le **Bulldozer**: *Jacques CHIRAC,* par Georges Pompidou et Michel Jobert

le **Bulldozer de Chirac**: *Jacques TOUBON*
le **Bulldozer du Sénat**: *René MONORY*
Bumps [Au coup de hanche sensuel]: *Hubert MYERS,* jazzman américain
il **Buranello**: *Baldassare GALUPPI,* compositeur italien
il **Burattinaio** [le Montreur de marionnettes]: *Licio GELLI,* politicien italien
le **Buster Keaton de l'Assemblée**: *Louis MERMAZ*
Buteau: *Joseph FOUAN,* personnage d'Émile Zola
Butter: *Quentin Leonard JACKSON,* jazzman américain
le **Byron féminin**: *Mrs NORTON,* écrivain anglais

C

le **Cabotin mondain**: *Jean-Claude BRIALY*

Cacatilina: *Eugène FROT,* homme politique français, par Léon Daudet

Cadet: *Michel de BÉTHUNE,* luthiste français

Cadet: *Joseph CANAVAS,* violoniste d'origine italienne

Cadet: *Ernest COQUELIN,* comédien français

Cadet: *Jean-Marie LECLAIR,* violoniste et compositeur français

Cadet: *Jean-Henri LEVASSEUR,* violoncelliste français

Cadet: *Jean-Baptiste MIROGLIO,* violoniste italien

Cadet: *Hubert Julien NAVOIGILLE,* violoniste et compositeur français

Cadet: *PHILIDOR,* musicien français

Cadet: *Friedrich Wilhem PIXIS,* musicien allemand

Cadet: *Jean-Baptiste QUENTIN,* violoniste français

Cadet de marine: *François CHARETTE,* chef vendéen

Cadet la Perle: *le comte d'HARCOURT,* homme de guerre français

Cadette: *Mlle QUINAULT,* comédienne française

Cadette: *SAINVAL,* actrice française

Cadum: *Henri BARD,* footballeur français

Caecus [l'Aveugle]: *Francesco LANDINO,* compositeur italien

le **Caïd**: *Georges GUÉTARY,* par Mistinguett

la **Caille**: *Marcel LANGILLER,* footballeur français

Caillot de sang: *Joseph CAILLAUX,* par Léon Daudet

Le 16 mars 1914, Mme Caillaux abattit Gaston Calmette, le directeur du Figaro, de cinq coups de revolver. Le quotidien menaçait de publier les lettres intimes du ministre des Finances.

---

le **Caissier de chez Rothschild**: *Georges POMPIDOU,* par Pierre Dominique
la **Caissière de chez Potin**: *Carmen TESSIER*

Les potins de la Commère faisaient la joie des lecteurs du « France-soir » de Pierre Lazareff. On disait: « Encore un ragot de casé. »

Calamity Anne: *Anne GAILLARD*
Calamity Jane: *Jane FONDA*
Calamity Jane: *Francine GOMEZ,* femme d'affaires française
Calaphate [Fils d'un calfat]: *MICHEL V,* empereur d'Orient
Calculus: *GUILLAUME DE JUMIÈGES,* moine et historien français
Caliban alcoolique: *TOULOUSE - LAUTREC,* par Robert de Montesquiou
le **Caliban du socialisme**: *PROUDHON,* par Jules Barbey d'Aurevilly
le **Calife d'un jour**: *al-MO'TAZZ,* poète et musicien arabe
Caligula: *CAIUS CAESAR GERMANICUS,* empereur romain

Il passa son enfance dans un camp militaire de Germanie où les soldats lui donnèrent le sobriquet de « Caligula », c'est-à-dire « Bottillon ».

---

le **Caligula des carrefours**: *MARAT,* par Chateaubriand
la **Callas de la java**: *Rosalie DUBOIS*
le **Calligraphe**: *THÉODOSE II,* empereur d'Orient
le **Callot hollandais**: *Johann VAN LUYCKEN ou LUYKEN,* graveur hollandais
la **Calotte chantante**: *le père DUVAL*

Le ciel en soit loué! je vis en bonne entente
Avec le père Duval, la Calotte chantante,
Lui, le catéchumène
Et moi l'énergumène:
Il me laisse dire merde, je lui laisse dire amen.

(Georges Brassens)

---

le **Camard**: *SOCRATE*

Camomille Doucet: *Camille DOUCET,* auteur dramatique français

le **Campionissimo**: *Gino BARTALI*

le **Campionissimo**: *Fausto COPPI*

le **Canaletto**: *Antonio CANAL,* peintre italien

Canaletto le Jeune: *Bernardo BELLOTTO,* peintre italien

le **Cananéen**: *saint SIMON,* apôtre

le **Cannibale**: *Eddy MERCKX*

le **Canonnier numéro un**: *Vahid HALILHODZIC,* footballeur yougoslave

Capet: *HUGUES,* roi de France

Capet: *LOUIS XVI,* roi de France

Louis XV, son grand-père, lui avait pourtant donné cet avis: « Sachez vous faire craindre, si vous ne voulez pas avoir à craindre. »

---

le **Capitaine Canon**: *Napoléon BONAPARTE*

le **Capitaine courageux**: *Jean BARATTE,* footballeur français

le **Capitaine à Dac**: *Francis BLANCHE*

le **Capitaine Fracasse**: *Jacques CHIRAC*

le **Capitaine Fracasse**: *le baron de SIGOGNAC,* personnage de Théophile Gautier

le **Capitaine Fracasse de la politique**: *Michel PONIATOWSKI,* par Patrick Poivre d'Arvor

le **Capitaine**: *Thomas Mayne REID,* écrivain anglais

le **Capitaine parisien**: *VICTOR,* personnage d'Honoré de Balzac

Capitolinus: *Marcus MANLIUS,* consul romain

Caporal: *Jean MACQUART,* personnnage d'Emile Zola

le **Cappadocien**: *ARCHÉLAOS,* général grec

il **Cappuccino**: *Bernardo STROZZI,* peintre italien

Capricornus: *Samuel BOCKSHORN,* compositeur allemand

le **Capucin botté**: *le général de CASTELNAU*

Caracalla: *Marcus BASSIANUS,* empereur romain

Il fut surnommé « Caracalla », du nom du manteau gaulois qu'il portait.

---

le **Caravage** [Né à Caravaggio]: *Polidoro CALDARA,* peintre italien
le **Caravage**: *Michelangelo MERISI ou MERIGHI ou AMERIGHI,* peintre italien
le **Caravage espagnol** : *Francesco ZURBARAN,* peintre espagnol
le **Cardeur des consciences** : *al-HALLAJ,* mystique persan
le **Cardinal** : *Édouard BALLADUR*
le **Cardinal** : *HENRI,* roi de Portugal
le **Cardinal d'Amboise**: *Georges d'AMBOISE,* prélat et homme politique français
le **Cardinal d'Angleterre**: *William ALLEN,* prélat anglais
le **Cardinal de Bouillon**: *Évrard de LA MARCK,* prélat et aventurier français
le **Cardinal de Châtillon**: *Odet de COLIGNY,* prélat français converti au calvinisme
le **Cardinal d'Espagne**: *Pedro Gonzalez de MENDOZA,* prélat espagnol, conseiller des « rois catholiques »
le **Cardinal infant**: *FERNDINAND,* vice-roi de Catalogne
le **Cardinal de Sion**: *Matthaüs SCHINER ou SCHINNER,* prélat et patriote suisse
le **Cardinal valet**: *le cardinal de LA VALETTE,* homme de guerre français

---

Son attachement absolu à Richelieu lui valut ce sobriquet. C'est lui qui releva le courage du ministre lors de la journée des Dupes.

---

le **Cardinal d'York**: *Henry Benedict Maria Clement STUART,* duc d'York
le **Carême du Second Empire**: *Jules GOUFFÉ,* cuisinier français
le **Carl Lewis du rugby**: *Serge BLANCO,* par le Journal du Dimanche
Carobert: *CHARLES 1er ROBERT,* roi de Hongrie
Carteromaco: *Niccolo FORTEGUERRI ou FORTIGUERRA,* érudit italien
le **Caruso de l'armée américaine**: *Mario LANZA*
Casimir le Mineur: *Jean CASIMIR-PERIER*

Casque d'or: *Jean Pierre RIVES,* par Roger Couderc

Casque d'or: *Simone SIGNORET*

Casse-noisettes: *Sylvain PONS,* personnage d'Honoré de Balzac

Castor: *Simone de BEAUVOIR,* par Jean-Paul Sartre

le **Castro de la Calédonie**: *Éloi MACHORO*

Cat: *William ANDERSON,* jazzman américain

Cateau la Borgnesse: *Mme de BEAUVAIS*

> Un jour que le jeune roi sortait de son bain, elle l'entraîna dans sa chambre, se troussa rapidement et lui donna sa première leçon d'amour. Louis XIV avait quinze ans, Mme de Beauvais, quarante deux.
>
> (Guy Breton).

---

le **Catholique**: *ALPHONSE 1er,* roi des Asturies

le **Catholique**: *FERDINAND II,* roi d'Aragon et de Sicile

le **Catholique**: *FERDINAND V,* roi de Castille

le **Catholique**: *RÉCARÈDE 1er,* roi des Wisigoths

la **Catholique**: *ISABELLE 1re,* reine de Castille

la **Catholique**: *MARIE TUDOR,* reine d'Angleterre

le **Caton de l'Amérique**: *Samuel ADAMS,* révolutionnaire américain

le **Cavalier d'Arpin**: *Giuseppe CESARI,* peintre italien

le **Cavalier Bernin**: *Gina Lorenzo BERNINI,* sculpteur et architecte italien

le **Cavalier Breydel**: *Karel BREYDEL,* peintre flamand

le **Cavalier Marin**: *Giambattista MARINO ou MARINI,* poète italien

le **Cavalier rouge**: *Henri de BOURNAZEL,* officier français

le **Cavalier Tempesta**: *Pieter MULIER,* peintre hollandais

---

> Il est surtout connu pour ses tableaux de marines et de tempêtes. « La Grande Tempête » est au musée d'Amiens.

C.C. le feu: *Claudia CARDINALE*

la **Célimène de la maternité**: *Mme de SÉVIGNÉ,* par Jules Barbey d'Aurevilly

le **Cellini espagnol**: *Juan ARPHE,* orfèvre espagnol

le **Cénobiarque**: *Saint THÉODOSE*
le **Censeur**: *CATON*, homme politique romain
le **Centenaire**: *MALATESTA DA VERUCHIO*, condottiere italien
le **Cérémonieux**: *PIERRE IV*, roi d'Aragon
le **Cervantès portugais**: *Manuel de SOUZA*, historien portugais
le **César de Carnaval**: *Benito MUSSOLINI*, par Jean Galtier-Boissière
César frileux: *Marcel DASSAULT*, par François Mauriac
Césarion [Fils de César]: *PTOLÉMÉE XV*, roi d'Égypte
il **Cesenato** [Né à Cesena]: *Giovanni Battista BIONDI*, compositeur italien
la **Chahuteuse mystique**: *Berthe de COURRIÈRES*, égérie de plusieurs écrivains, par Jean Lorrain
le **Chameau**: *Claude DOURTHE*, rugbyman français
le **Chamfort allemand**: *Georg Christoph LICHTENBERG*, écrivain allemand
le **Chamfort du VIe arrondissement**: *Paul LÉAUTAUD*, par Edmond Jaloux
le **Champion du siècle**: *PELÉ*
le **Chancelier de fer**: *BISMARCK*
la **Chandelle d'Arras**: *Maximilien de ROBESPIERRE*

> Loin de tous les plaisirs et des distractions des autres hommes, indifférent aussi bien à l'argent qu'aux femmes ou à la bonne chère, il menait une existence d'ascète rigide dans une modeste chambre de la maison du menuisier Duplay, rue Saint-Honoré.
>
> (Michel Mourre)

---

le **Chanoine**: *Christophe SCHMID*, écrivain allemand
le **Chansonnier**: *THIBAUD IV*, roi de Navarre
Chantecler: *Jacques CHIRAC*, par Leffel
Chanteglaire: *Jean CAU*, par Yvan Audouard
le **Chanteur dentifrice**: *Julio IGLESIAS*
le **Chanteur des ruts**: *Serge GAINSBOURG*
la **Chanteuse aux yeux de braise**: *Line CLÉVERS*
le **Chantre d'Achille**: *HOMÈRE*
le **Chantre d'Ascra**: *HÉSIODE*
le **Chantre d'Ausonie**: *VIRGILE*

le **Chantre du baroque**: *TRISTAN L'HERMITE,* écrivain français
le **Chantre d'Elvire**: *Alphonse de LAMARTINE*

Julie Bouchaud des Hérettes avait épousé en 1804 le célèbre physicien Jacques Charles qui avait trente-huit ans de plus qu'elle. Sous le nom d'Elvire, elle fut l'inspiratrice du « Lac ».

---

le **Chantre d'Énée**: *VIRGILE*
le **Chantre de la femme**: *Jules MASSENET,* par Camille Saint-Saëns
le **Chantre des Géorgiques**: *VIRGILE*
le **Chantre d'Henri**: *VOLTAIRE*
le **Chantre d'Ilion**: *HOMÈRE*
le **Chantre d'Ionie**: *HOMÈRE*
le **Chantre des Jardins**: *l'abbé DELILLE,* poète français
le **Chantre de la mort**: *SOLOGOUB,* écrivain russe
le **Chantre de la négritude**: *Léopold Sédar SENGHOR*
le **Chantre des races opprimées**: *Walter SCOTT,* par Maurice Barrès
le **Chantre râleur de la franchouillardise profonde**: *Michel SARDOU,* par le Canard enchaîné
le **Chantre des revanchards**: *Paul DÉROULÈDE*

L'auteur des « Chants du Soldat » ne fut pas que le velléitaire revanchard et chauvin qu'on a trop souvent dépeint; mais son œuvre témoigne de plus de ferveur patriotique que de dons littéraires. Ce qui faisait dire à Maurice Barrès: « J'ai bien envie d'ouvrir une souscription pour lui offrir une grammaire. »

(Henry Coston)

---

le **Chantre des rivières et des bois**: *William Cullin BRYANT,* écrivain américain
le **Chantre de Roland**: *l'ARIOSTE,* poète italien
le **Chantre de la rue**: *Aristide BRUANT*
le **Chantre de Téos**: *ANACRÉON,* poète grec
le **Chantre thébain**: *PINDARE,* poète grec

le **Chantre de la Thrace**: *ORPHÉE*
le **Chantre d'Ulysse**: *HOMÈRE*
le **Charbonnier**: *ALI DAMAT PACHA,* homme politique turc
Charlemagne: *CHARLES 1er,* roi des Francs
et empereur d'Occident
Charles le Dérisoire: *le général de GAULLE,* par André Figueras
le **Charles homme géant**: *le général de GAULLE*
Charles le Temporaire: *le général de GAULLE,* par Jean Effel
le **Charron**: *Augé GAILLARD,* poète artisan français
le **Chartreux**: *DENYS,* auteur mystique flamand
le **Chasseur**: *MAHOMET IV,* sultan ottoman
le **Chasseur**: *PHILIBERT 1er,* duc de Savoie
le **Chasseur**: *PRUSIAS II,* roi de Bithynie
le **Chasseur de comètes**: *Jean-Louis PONS,* astronome français
le **Chasseur de diamants**: *Valéry GISCARD D'ESTAING*
le **Chasseur de nazis**: *Simon WIESENTHAL,* avocat autrichien
le **Chaste**: *ALPHONSE II,* roi des Asturies
le **Chat**: *Sepp MAÏER,* footballeur allemand
Château-Chirac: *Jacques CHIRAC,* par le Canard enchaîné
le **Châtelain de Nangis**: *Pierre PERRET*
Chatte mouchetée: *Erasmo de NARNI,* condottiere italien
Chaud au combat: *Henry PERCY,* homme de guerre normand
le **Chauve**: *BAUDOUIN II,* comte de Flandre
le **Chauve**: *CHARLES II,* roi de France et empereur d'Occident
le **Chauve**: *PROCOPE,* chef hussite
le **Chauve**: *RAOUL,* moine et chroniqueur bourguignon
le **Chauve de charme**: *Yul BRYNNER*

On disait: « C'est un œuf que les femmes couvent du regard. »

---

le **Chauve chevelu**: *Arthur MARCEL-LEGAY,* chansonnier français
le **Chauve échevelé**: *Paul MARIÉTON,* poète français
de langue d'oc

le **Che Guevara de la Nouvelle-Calédonie**: *Éloi MACHORO*
Chênecerf: *Jean-Madeleine SCHNEITZHÖFFER,* compositeur français
Cherche-au-monde: *CERCAMON,* jongleur et troubadour gascon
Chéri: *Fred PELOUX,* personnage de Colette
Chéri Bibi: *Roger PIGEOT,* catcheur français
Chéron-Vie chère: *Henry CHÉRON*

Ministre de l'Agriculture dans le dernier cabinet Poincaré, il lança deux formules qui eurent du succès: « L'épi sauvera le franc » et « Le blé, c'est l'or ».

---

le **Cheval**: *Joaquim CRUZ,* athlète brésilien
le **Cheval du Hook-Stroot**: *Clyde LOVELETTE,* basketteur américain
le **Chevalier**: *Johann Baptist LAMPI,* peintre autrichien
le **Chevalier**: *Peter LELY,* peintre hollandais
le **Chevalier Bayard**: *Raymond POINCARÉ*
le **Chevalier Braillard**: *Georges MARCHAIS,* par Jacques Faizant
le **Chevalier à la Charrette**: *LANCELOT DU LAC,* personnage du « cycle breton »
le **Chevalier errant**: *DON QUICHOTTE*
le **Chevalier au Lion**: *YVAIN,* personnage du « cycle breton »
le **Chevalier de la Manche**: *DON QUICHOTTE*
le **Chevalier Nicolino**: *Nicola GRIMALDI,* castrat italien
le **Chevalier de Parcieux**: *RIVAROL*
le **Chevalier Paul**: *Paul de SAUMUR,* marin français
le **Chevalier Pierrot**: *SAINT-RÉJANT,* conspirateur royaliste français
le **Chevalier rouge**: *Amilcare CIPRIANI,* homme politique italien
le **Chevalier de Saint-George**: *Jacques STUART,* prince écossais
le **Chevalier sans peur et sans reproche**: *BAYARD*
le **Chevalier sans reproche**: *le général BARBAZAN*
le **Chevalier sans reproche**: *Jacques de LALAIN ou LALAING,* homme de guerre français
le **Chevalier sans reproche**: *Louis II de LA TRÉMOILLE,* homme de guerre français

le **Chevalier à la Triste Figure**: *DON QUICHOTTE*

> Ayant donné un nom à son cheval, il voulut s'en donner un à lui-même. Il trouva « Quijote » qui signifie « cuissard, armure de la cuisse ». Et il fut par son nom soudé à son armure.
>
> (Cervantès)

---

la **Chevalière Balthazar**: *Geneviève PRÉMOY,* héroïne française

le **Chevelu**: *CLODION ou CHLODION,* chef franc

la **Chèvre**: *le marquis d'ARGENSON,* écrivain et homme politique français

Chew: *Leon BERRY,* jazzman américain

la **Chica**: *Fermina MARQUEZ,* personnage de Valery Larbaud

Chick: *William WEBB,* jazzman américain

le **Chien**: *Francesco DANDOLO,* doge de Venise

le **Chien rhéteur**: *ZOÏLE,* sophiste grec

Chien-Caillou: *Rodolphe BRESDIN,* dessinateur et graveur français

le **Chieur d'encre**: *Jules RENARD,* par sa mère

> Tout le monde ne peut pas être orphelin.
>
> *(Poil de Carotte)*

---

le **Chiffonnier de la littérature**: *l'abbé TRUBLET,* par l'abbé de Voisenon

le **Chinois**: *Lucien BODARD*

le **Chinois**: *André GIDE*

le **Chinois d'Anzin**: *Michel BERNARD,* coureur à pied français, par Michel Jazy

Chlore ou Chlorus [le Pâle]: *CONSTANCE 1er,* empereur romain

Chobry [le Vaillant]: *BOLESLAS 1er,* roi de Pologne

Chodka [le Vieux Constructeur]: *SINAN,* architecte turc

le **Chopin des concierges**: *Richard CLAYDERMAN*

Chose légère: *l'abbé DELILLE,* poète français

le **Chouan**: *Jean COTTEREAU*

> Le cri de ralliement de Jean Cottereau imitait le cri du chat-huant.

---

la **Chouette**: *Mme de BRUGNOL,* amie de Balzac
le **Christ de l'art**: *Gustave FLAUBERT*
le **Christ de la littérature**: *Gustave FLAUBERT,* par Antoine Albalat

---

Dumas fils disait: « Flaubert varlope une forêt, pour faire chaque tiroir de ses meubles. »

---

le **Christ de Montfavet**: *Georges ROUX*
le **Christ des singes**: *Joseph MÉRY,* écrivain français
Chrysologue [Parole d'or]: *saint PIERRE,* docteur de l'Église
Chrysorroas [Qui roule de l'or]: *saint JEAN DAMASCÈNE,* Docteur de l'Église
Chrysostome [Bouche d'or]: *DION,* rhéteur grec
Chrysostome: *saint JEAN,* Père de l'Église d'Orient
Chubby [Joufflu]: *Greig Stewart JACKSON,* jazzman américain
Chuck: *Charles Edward BERRY,* chanteur de blues et guitariste américain
Ciccio [Grassouillet]: *Alberto ASCARI,* coureur automobile italien
le **Cicéron chrétien**: *LACTANCE,* apologiste chrétien
le **Cicéron espagnol**: *Augustin ARGUELLES,* homme d'État espagnol
le **Cicéron de la médecine**: *CELSE,* médecin romain
le **Cid Campeador**: *Rodrigo DIAZ DE BIVAR*

Bien loin d'être le type de toutes les vertus chevaleresques, il paraît n'avoir été qu'une sorte de terrible chef de bande, s'enrôlant à la solde des roitelets chrétiens ou musulmans qu'il rançonnait ou servait tour à tour.

(Gustave Merlet)

---

le **Cid canadien**: *Pierre LE MOYNE D'IBERVILLE,* colonisateur français
le **Cid du ring**: *Robert VILLEMAIN*
la **Cigale nationale**: *Eugénie BUFFET,* chanteuse française
la **Cigogne larmoyante**: *Alphonse de LAMARTINE,* par Lautréamont
Cigoli [Né à Cigoli]: *Ludovico CARDI,* peintre italien
le **Cinglé d'Hollywood**: *Jerry LEWIS*

les **Cinq Messieurs de Francfort**: *Les ROTHSCHILD*

la **Circé de l'Élysée**: *Mme STEINHEIL,* dernière maîtresse du président Félix Faure

le **Citoyen de Genève**: *Jean-Jacques ROUSSEAU*

le **Citoyen de l'humanité**: *Anacharsis CLOOTS,* révolutionnaire d'origine prussienne

le **Clair**: *Jan Josef HOREMANS,* peintre flamand

le **Claude Bernard russe**: *PAVLOV,* physiologiste russe

le **Claude Lorrain anglais**: *Augustus Wall CALLCOTT,* peintre anglais

Cleanhead [Crâne lisse]: *Eddie WINSON,* jazzman américain

le **Clément**: *JEAN VI,* roi de Portugal

la **Cléopâtre de Bonaparte**: *Pauline FOURÈS*

le **Clerc**: *CONRAD,* prêtre franconien

le **Clerc**: *GUILLAUME,* poète normand

le **Clerc universel**: *le pape JEAN XXI*

Climaque [De l'Échelle]: *Saint JEAN,* auteur ascétique grec

Clo-clo: *Claude FRANÇOIS*

Les fonctionnaires du Ministère des Finances lui ayant fait des misères, Claude François mélangea les lettres de son nom, ce qui donna: « Râle donc au fisc ».

Clyde Cumulus: *Clyde LOVELETTE,* basketteur américain

le **Cobra**: *Donald CURRY,* boxeur américain

Coccinelle: *Jacques Charles DUFRESNOY,* acteur français

Coccinelle: *Mme JOHNSON,* femme d'un président des États-Unis

le **Cocher de M. de Verthamont**: *ÉTIENNE,* chansonnier français

le **Cochon**: *l'évêque CAUCHON*

Il mourut subitement, alors qu'il était en train de se raser. On disait: « Le Cochon est mort en se râclant la couenne. »

---

le **Cochon de Médan**: *Émile ZOLA,* par Léon Cladel

la **Cochonnière**: *le marquis de LA FARE,* poète français

le **Cocker triste**: *Roger GICQUEL*
Cocles [le Borgne]: *HORATIUS,* héros légendaire romain
le **Cocu magnifique**: *BRUNO,* personnage de Fernand Crommelynck
Cœur de lion: *RICHARD 1er,* roi d'Angleterre

Il s'est vanté d'être capable de fendre d'un seul coup d'épée un Sarrasin dans son armure.

Cœur d'or: *Berthe SYLVA*
Cognatowski: *Michel PONIATOWSKI,* par le Canard enchaîné
le **Colbert de la Russie**: *le comte de CANCRIN*
la **Colère**: *Étienne de VIGNOLLES,* capitaine français
Colin de Bruxelles: *DE COUTER ou COTER,* peintre flamand
le **Colin froid**: *Valéry GISCARD D'ESTAING,* par Jean-Edern Hallier
la **Collégienne de la chanson**: *Marie-José NEUVILLE*
le **Colonel**: *Charles LANGLOIS,* peintre français
le **Colonisateur**: *SANCHE 1er,* roi de Portugal
la **Colonne du Portique**: *CHRYSIPPE,* philosophe grec
le **Colosse à l'âme de rossignol**: *Alexander CALDER,* par Juan Miro
le **Combattant suprême**: *Habib BOURGUIBA*
Comestor [le Mangeur de livres]: *le chanoine PIERRE,* érudit français
le **Commandant Couche-tôt**: *NOUNOURS*

« Bonne nuit, les petits », disait-il, d'une voix... caverneuse.

---

le **Commandatore**: *Enzo FERRARI,* industriel italien
la **Commère**: *Carmen TESSIER*
la **Commère tragique**: *Léon CLADEL,* écrivain français, par François Coppée
le **Commis voyageur de la République**: *Léon GAMBETTA*
le **Compère des ténèbres**: *Charles Robert MATURIN,* écrivain irlandais, par Lautréamont
Compilon, compilon: *Edmond PILON,* écrivain français
le **Composeur gaillard**: *Guillaume COQUILLARD,* poète français

le **Compositeur toqué**: *HERVÉ*

le **Comte**: *Jean de GRIBALDY,* coureur cycliste et directeur sportif français

le **Comte d'Albany**: *Charles Édouard STUART,* prince écossais

le **Comte de Monte-Cristo**: *Edmond DANTÈS,* personnage d'Alexandre Dumas père

le **Comte rouge**: *AMÉDÉE VII,* comte de Savoie

le **Comte vert**: *AMÉDÉE VI,* comte de Savoie

Il s'était présenté dans un tournoi qu'il donnait à Chambéry avec une armure et une livrée vertes.

---

la **Comtesse au Cœur innombrable**: *Anna de NOAILLES*

Comus: *Philippe LEDRU,* physicien et prestidigitateur français

le **Conciliateur**: *TURGOT* - d'abord titre d'un pamphlet

Turgot fut seulement vingt mois contrôleur général des Finances. « Il avait contre lui les seigneurs et les épiciers ».

(Michelet)

Après son renvoi il écrivit à Louis XVI: « N'oubliez pas, Sire, que c'est la faiblesse qui a mis la tête de Charles 1er d'Angleterre sur le billot. »

---

le **Confesseur**: *saint ÉDOUARD,* roi d'Angleterre

le **Confesseur**: *saint MAXIME*

le **Confesseur**: *saint MÉTHODE*

le **Confesseur**: *THÉOPHANE,* historien grec

le **Confesseur des duchesses**: *l'abbé MUGNIER*

la **Confesseuse du sexe**: *Ménie GRÉGOIRE,* par le Crapouillot

le **Confluent de Chateaubriand et de Balzac**: *Gustave FLAUBERT,* par Alphonse Daudet

le **Connétable de la baliverne**: *Aurélien SCHOLL,* chroniqueur français

le **Connétable du Déclin**: *Georges MARCHAIS,* par Jacques Faizant

le **Connétable du Déclin**: *le maréchal PÉTAIN,* par Jean Galtier-Boissière

le **Connétable de France**: *le général de GAULLE,* par Winston Churchill

le **Connétable des grattouilles**: *Jean-Marie LE PEN,* par Lucien Bodard
le **Connétable des lettres**: *Jules BARBEY D'AUREVILLY*
le **Connétable de la table**: *Prosper MONTAGNÉ,* cuisinier français
le **Conquérant**: *ALPHONSE 1er,* roi de Portugal
le **Conquérant**: *GUILLAUME 1er,* duc de Normandie et roi d'Angleterre
le **Conquérant**: *HUAYNA CAPAC,* empereur inca
le **Conquérant**: *JACQUES 1er,* roi d'Aragon
le **Conquérant**: *MAHOMET ou MEHMET II,* sultan ottoman
le **Conscrit**: *THÉODORE,* soldat martyr
le **Consolateur**: *Pierre MANOUK,* moine et théologien arménien
le **Constant**: *JEAN,* prince et électeur de Saxe
le **Constructeur**: *SOLNESS,* personnage d'Enrik Ibsen
le **Consul de Dieu**: *saint GRÉGOIRE 1er,* pape
le **Contemporain capital**: *André GIDE,* par André Rouveyre
la **Contemporaine**: *Ida de SAINT-ELME,* actrice française
Contract [le Perclus]: *HERIMANN DE BEHRINGEN,* musicien allemand
le **Contrefait**: *ALBERT II,* duc d'Autriche
Coppi conforme: *Eddy MERCKX*
Copronyme [l'Ordurier]: *CONSTANTIN V,* empereur d'Orient

Il avait, lors de son baptême, souillé les fonts baptismaux.

Coquelin de Tarascon: *RAIMU,* par Henri Jeanson
le **Corbeau**: *Emilio BUTRAGUENO,* footballeur espagnol
le **Cordial Médiocre**: *Gaston DOUMERGUE,* par Louis Barthou
el **Cordobès** [le Cordouan]: *Manuel BENITEZ,* matador espagnol
la **Corinne du clavier**: *Marie PLEYEL*
le **Corneille des boulevards**: *PIXÉRÉCOURT*
le **Corrège** [Né à Corregio]: *Antonio ALLEGRI*
le **Corrège florentin**: *CIGOLI,* peintre italien
le **Corsaire noir**: *Jules BARBEY D'AUREVILLY*
Cortone [Né à Cortone]: *Pietro BERRETTINI,* peintre et architecte italien

le **Cosaque**: *Charles NUNGESSER*

Le 8 mai 1927, il disparut avec François Coli à bord du biplan « L'Oiseau blanc » au-dessus de l'Atlantique Nord en essayant de réaliser la liaison Paris-New York sans escale. Un journal du soir, « La Presse », annonça l'arrivée à New York de Nungesser et Coli.

Cosette: *EUPHRASIE,* personnage de Victor Hugo

le **Cosmopolisson**: *LEWIS,* personnage de Paul Morand

Côte de fer: *EDMOND II,* roi d'Angleterre

Coumourgi [le Charbonnier]: *ALI DAMAT PACHA,* homme politique turc

Count [le Comte]: *William BASIE,* jazzman américain

le **Couple**: *Maurice CHEVALIER et MISTINGUETT*

le **Couple idéal de l'opérette**: *Marcel MERKÈS et Paulette MERVAL*

le **Courageux**: *BAUDOUIN,* comte de Hainaut et de Flandre

le **Courageux**: *TAMM,* peintre allemand

le **Courbé**: *: ABBON,* moine de Saint-Germain-des-Prés

Courrier en sûreté: *Charles LINDBERGH*

Court Nez: *GUILLAUME,* héros de l'épopée française

le **Court sur pattes des surpattes**: *Paul ANKA*

le **Courtaud-scie**: *Richard ANTHONY*

Courteheuse [Courtecuisse]: *ROBERT II,* duc de Normandie

le **Cousin Jacques**: *BEFFROY DE REIGNY,* chansonnier français

le **Cousin Pons**: *Sylvain PONS,* personnage d'Honoré de Balzac

la **Cousine Bette**: *Élisabeth FISCHER,* personnage d'Honoré de Balzac

le **Couturier de l'Espace**: *Pierre CARDIN*

« L'Espace » a été créé au début des années 70. Cette épitaphe est de la même époque:

Sous une pierre du jardin
Un couturier dort dans sa caisse,
Mais cette boîte, au juste, qu'est-ce?
— Le dernier espace Cardin.

---

la **Couturière**: *Palamède de CHARLUS,* personnage de Marcel Proust le **Crabe**: *Gilles GAHINET,* navigateur français

le **Crabe aux yeux bleus**: *Olivier de KERSAUSON,* par Geneviève Dormann

Cranach [Né à Kronach]: *Lucas MULLER,* peintre et graveur allemand

le **Crapaud**: *Giovanni BOLDINI,* peintre italien

le **Crapaud**: *Paul LÉAUTAUD,* par Guillaume Apollinaire

On croit me faire une grande injure. J'ouvre le dictionnaire: « CRAPAUD, animal utile qui détruit la vermine ».

---

le **Crapaud fielleux**: *MARAT*

le **Créateur de la peinture**: *MASACCIO,* peintre italien

le **Crébillon du boulevard**: *CUVELIER DE TRYE,* auteur dramatique français

le **Crêpu**: *BOLESLAS IV,* duc de Pologne

la **Cressonnette**: *Édith CRESSON*

le **Creux**: *José-Maria de HEREDIA,* par Léon Daudet

Çri [la Splendeur]: *LAKSMI,* déesse hindoue

Crieur de la Marne: *PRIEUR DE LA MARNE,* homme politique français

le **Criminel du siècle**: *Andrew NILSEN*

Cripure de la raison tique: *François MERLIN,*
personnage de Louis Guilloux - Contrepèterie

Rabelais a bien écrit, lui: « Femme molle à la fesse » pour « Femme folle à la messe ».

---

le **Crocodile**: *René LACOSTE*

Il fut surnommé « le Crocodile » en raison de sa ténacité sur les courts, comme le rappellent les chemises qu'il a créées.

---

le **Croisé** : *Edmond de LANCASTRE,* prince anglais

il **Cronaca** [l'Antiquaire] : *Simone del POLLAIOLO,* architecte italien le **Croquant**: *JACQUOU,* personnage d'Eugène le Roy

Croquechenille: *l'abbé de LA MARE ou LA MARRE,* auteur dramatique français, par Mlle Quinault

le **Croque-mort de la nation**: *Adolphe THIERS*

Crouchback [le Croisé]: *Edmond de LANCASTRE*

le **C.R.S. en congé de maladie**: *Roger GICQUEL*

le **Crucifié du traversin**: *Charles AZNAVOUR*

le **Cruel**: *BOLESLAS II,* roi de Pologne

le **Cruel**: *CHRISTIAN II,* roi de Danemark, de Norvège et de Suède

le **Cruel**: *HENRI VI,* empereur d'Allemagne

le **Cruel**: *PIERRE 1er,* roi de Castille et de Léon

le **Cruel**: *PIERRE 1er,* roi de Portugal

le **Cruel**: *RAMIRE II,* roi d'Aragon

le **Cruel**: *SÉLIM 1er,* sultan ottoman

Ctistès [le Fondateur]: *MITHRIDATE 1er,* strape perse

le **Cuisinier**: *Lucas CORNELISZ,* peintre hollandais

Cul d'oignon: *Ferdinand HAUDOUIN,* personnage de Marcel Aymé

> Ses maîtres étaient contents de lui, mais ses condisciples ne l'aimaient pas, et il eut la chance qu'on le surnommât « Cul d'oignon », ce qui peut suffire à donner, pour toute une vie, soif de considération, d'honneurs et d'argent.
>
> *(La Jument verte)*

---

le **Cul-de-jatte**: *Georges COUTHON,* homme politique français

le **Culottier**: *le pape PIE IV*

> Il fit couvrir par le peintre Daniele da Volterra les nudités du « Jugement dernier » de la chapelle Sixtine.

Cunctator [le Temporisateur]: *FABIUS,* homme politique romain

le **Cupidon de l'Empire**: *le maréchal SÉBASTIANI DE LA PORTA*

le **Curé d'Ars**: *saint Jean-Baptiste-Marie VIANNEY*

le **Curé des chiffonniers**: *Daniel FONTAINE,* prêtre français le **Curé d'Étrépigny**: *Jean MESLIER,* écrivain français

le **Curé du Grand Nord**: *Roger BULIARD,* prêtre français

le **Curé Meslier**: *Jean MESLIER,* écrivain français

le **Curé de Meudon**: *RABELAIS*

> Le premier livre de « Pantagruel » parut à Lyon en 1532. L'auteur en était Alcofribas Nasier, anagramme de François Rabelais.

Cursor: *Lucius PAPIRIUS,* homme politique romain

le **Cuvier anglais**: *Richard OWEN,* naturaliste anglais

le **Cycliste**: *Michel AUDIARD*

le **Cyclone**: *Abraham APPEL,* footballeur hollandais

le **Cyclope**: *ANTIGONOS,* général macédonien

le **Cyclope**: *DANTON*

le **Cygne de l'Académie**: *PLATON*

le **Cygne de l'Avon**: *SHAKESPEARE*

> Shakespeare et Cervantès sont morts le même jour: 23 avril 1616.

---

le **Cygne de Byzance**: *André CHÉNIER*

> Le poète, dont le seul crime était d'avoir protesté contre les excès de la Terreur, mourut guillotiné deux jours avant la chute de Robespierre. On cite souvent le mot qu'il prononça, en se frappant le front, sur la charrette qui le conduisait au supplice: « J'avais pourtant quelque chose là! »

---

le **Cygne de Cambrai**: *FÉNELON*

le **Cygne de Dircé**: *PINDARE,* poète grec

le **Cygne de Mantoue**: *VIRGILE*

le **Cygne de Padoue**: *Francesco ALGAROTTI,* écrivain italien le **Cygne de Pesaro**: *ROSSINI*

Curieusement, il naquit un 29 février et mourut un vendredi 13.

---

le **Cygne thébain**: *PINDARE*

le **Cynique**: *DIOGÈNE,* philosophe grec

Un jour Alexandre passant à Corinthe eut la curiosité de voir Diogène qui y était pour lors. Il le trouva assis au soleil occupé à raccommoder son tonneau avec de la glu. Il lui demanda s'il désirait quelque chose: « Oui, répondit Diogène, que tu t'ôtes de mon soleil. »

---

le **Cyrénaïque**: *ARISTIPPE,* philosophe grec

D

le **Dab** : *Jacques COLLIN,* personnage d'Honoré de Balzac
les **Dalton du textile** : *les frères WILLOT*
le **Damascène** [né à Damas] : *APOLLODORE,* architecte grec
le **Damascène** : *saint JEAN,* Docteur de l'Église
la **Dame de Beaujeu** : *ANNE DE FRANCE,* princesse capétienne
la **Dame de Beauté** : *Agnès SOREL*

Charles VII combla sa favorite de présents, dont la seigneurie de Beauté-sur-Marne.

---

la **Dame en blanc** : *Camille DALLERAY,* personnage de Colette
la **Dame blanche** : *NABUCET,* personnage de Louis Guilloux
la **Dame blanche** : *Giulia OCCHINI,* maîtresse de Fausto Coppi

---

L'Italie des années 50 ne pardonna pas au « campionissimo » sa liaison avec la femme du docteur Locatelli. Le petit Faustino, né en Argentine où sa mère s'était réfugiée, ne put jamais porter le nom de Coppi.

---

la **Dame blanche de Saint-Germain** : *Cora VAUCAIRE*
la **Dame en bleu** : *Lucienne BOYER*
la **Dame aux camélias** : *Marguerite GAUTIER,* personnage d'Alexandre Dumas fils
la **Dame de cœur** : *Corazon AQUINO,* femme politique philippine
la **Dame de fer** : *Margaret THATCHER*
la **Dame de fer indienne** : *Indira GANDHI*

la **Dame de fer de Quiberon** : *Marie-Josée LAROCHE-BOBET*
la **Dame Defferre** : *Edmonde CHARLES-ROUX*
la **Dame aux gorilles** : *Diane FOSSEY,* zoologiste française
la **Dame des Merciens** : *ÉTHELFLEDA,* princesse anglo-saxonne
la **Dame régnante** : *Mme de MAINTENON*

> Je lègue tous mes biens à mon épouse, à condition qu'elle se remarie. Ainsi il y aura tout de même un homme qui regrettera ma mort.
>
> *(Testament de Scarron)*
>
> Mme *Scarron, alias Mme de Maintenon, se remaria... avec Louis XIV.*

---

la **Dame de volupté** : *Madame de BOUFFLERS,* amie de Voltaire

---

> Elle composa elle-même son épitaphe :
>
> Ci-gît dans une paix profonde
> Une dame de volupté
> Qui, pour plus de sécurité
> Fit son paradis en ce monde.

---

la **Dame de volupté** : *la comtesse de VERRUE*
le **Dandy du crime** : *Pierre-François LACENAIRE,* aventurier et poète français
le **Dandy crépusculaire** : *Jacques HIGELIN*
le **Dandy des grands chemins** : *Jean GALTIER-BOISSIÈRE,* journaliste français, par Henri Jeanson
le **Dandy impérial** : *ALEXANDRE 1er,* empereur de Russie, par Byron
le **Dandy de Ménilmuche** : *Maurice CHEVALIER*
le **Danois** : *OGIER,* héros de l'épopée française
le **Danseur** : *Jérôme JANSSENS,* peintre flamand
la **Danseuse** : *SALOMÉ,* princesse juive
la **Danseuse épileptique** : *POLAIRE,* chanteuse fantaisiste française

Dany le Rouge : *Daniel COHN-BENDIT*

« De Gaulle au musée ! De Gaulle à Sainte-Hélène ! », criaient les étudiants maoïstes en mai 68. « Le Rouquin à Pékin ! », répondaient les bourgeois.

---

le **D'Artagnan des affaires** : *Bernard TAPIE*
le **D'Artagnan du crayon** : *André GILL,* caricaturiste français
le **Dateur** : *RESTIF ou RÉTIF DE LA BRETONNE,* écrivain français
le **Débauché** : *DIODOTE,* roi de Syrie
le **Débauché puni** : *DON JUAN*
le **Débonnaire** : *ALPHONSE IV,* roi d'Aragon
le **Débonnaire** : *JEAN 1er,* roi de Suède
le **Débonnaire** : *LOUIS 1er,* empereur d'Occident
le **Debré de la gauche** : *Jean-Pierre CHEVÈNEMENT*
le **Débris** : *Philippe CASTELLI*

Sur R.T.L., il est le souffre-douleur des « Grosses Têtes ». Il en a pris son parti, disant : « On se jette sur moi comme les lions sur sainte Blandine. »

---

la **Décapsuleuse** : *Denise FABRE,* par Thierry Le Luron
le **Décius des Suisses** : *ARNOLD DE WINCKELRIED,* héros suisse
la **Déesse** : *Marilyn MONROE*
la **Déesse aux yeux pers** : *MINERVE*
le **Déhanché** : *Gianciotto MALATESTA,* condottière italien
le **Delacroix du cubisme** : *Georges VALMIER*
les **Délices du genre humain** : *TITUS,* empereur romain
Delon en large : *Lino VENTURA*

Il renonça au catch à la suite d'une blessure et devint organisateur de combats de boxe...

---

la **Demoiselle d'Avignon** : *Mireille MATHIEU*

le **Démon des Bleus** : *le général WESTERMANN*
le **Démon du Midi** : *PHILIPPE II,* roi d'Espagne
le **Dénicheur de saints** : *Jean de LAUNOY,* théologien et critique français
Denis le Flamand : *Denijs CALVAERT ou CALVART,* peintre flamand
Dents blanches : *Geneviève CLUNY,* actrice française
Dents blanches : *Jean LECANUET*
Dent bleue : *HARALD II,* roi de Danemark
Dent de combat : *HARALD,* roi danois à demi-légendaire
le **Député des concierges** : *Édouard FRÉDÉRIC-DUPONT*
le **Dernier Barde finnois** : *Elias LÖNNROT*
le **Dernier des Beaux** : *BRUMMELL,* dandy anglais
le **Dernier Chevalier** : *MAXIMILIEN 1er,* empereur germanique
le **Dernier des classiques**
et le premier des romantiques : *André CHÉNIER*

Sa devise littéraire est contenue dans cet alexandrin : « Sur des pensers nouveaux faisons des vers antiques. »

---

le **Dernier des Grecs** : *PHILOPOEMEN,* général grec
le **Dernier des Incas** : *ATAHUALPA,* souverain inca
le **Dernier des Mohicans** : *UNCAS,* personnage de Fenimore Cooper
le **Dernier des Romains** : *Caius CASSIUS LONGINUS,* par Brutus
le **Dernier Tant gros à Paris** : *Pierre DORIS*

Une rondeur sortie tout droit d'un dessin de Bellus.
(Jean Tulard)

D'où cette épitaphe :

Pour le cercueil de Doris
On laissa l'arbre ordinaire :
On trouva in extremis
Un baobab millénaire.

---

la **Dernière Guitare de la République** : *Édouard HERRIOT,* par Julien Benda le **Descartes de la physiologie** : *Claude BERNARD*

le **Désiré** : *LOUIS XVIII,* roi de France

le **Désossé** : *Jacques RENAUDIN,* danseur amateur français

the **Despenser** [l'Administrateur] : *HUGH,* magistrat anglais

le **Despote** : *STEFAN,* prince et poète Derbe

Destouches-Canon : *Louis Camus DESTOUCHES,* contrôleur général de l'artillerie française

le **Destructeur** : *Marcel THIL,* boxeur français

le **Détenu numéro un des prisons françaises** : *Lionel CARDON*

Deutsch de la Meurthe : *Henry DEUTSCH,* industriel français

le **Diable** : *ROBERT,* duc légendaire de Normandie

le **Diable boiteux** : *ASMODÉE,* personnage de Lesage

le **Diable boiteux** : *TALLEYRAND*

Il était évêque d'Autun à la Révolution. Lors de la fête de la Fédération, il célébra la messe au Champ-de-Mars parmi deux cents prêtres portant ceintures tricolores. En montant les marches de l'autel de la Patrie, il glissa ces mots à La Fayette : « Ah ! ça, je vous en prie, ne me faites pas rire. »

---

le **Diable roux** : *Daniel COHN-BENDIT*

le **Diacre** : *LÉON,* prêtre et historien byzantin

le **Diacre Pâris** : *François de PÂRIS,* ecclésiastique français

---

Dans le cimetière Saint-Médard à Paris, où il était enterré, se produisaient des « guérisons miraculeuses » et surtout des scènes d'hystérie collective. Jusqu'au jour où Louis XV fit graver sur la porte ces deux vers :

De par le Roi, défense à Dieu
De faire miracle en ce lieu !

Diadocos [le Successeur] : *DAMASKIOS,* philosophe grec

Diadocos : *PROCLUS,* philosophe grec

Diafoirus : *Jean-Jacques SERVAN-SCHREIBER,* par François Brigneau

le **Dickens juif** : *Israël ZANGWILL,* écrivain anglais

le **Dictateur** : *Pierre BOULEZ,* compositeur français
le **Dictateur rouge aux lunettes noires** : *le général JARUZELSKI*
Didine : *Denise GREY*
Didyme [Jumeau] : *saint THOMAS,* apôtre
Diego 1er : *Diego MARADONA*
Dieu : *ANTIOCHOS II,* roi de Syrie
le **Dieu** : *Thierry SABINE*
le **Dieu de la danse** : *Louis DUPRÉ*
le **Dieu de la danse** : *Gaétan VESTRIS*

A quelqu'un qui lui disait :
« Votre fils vous surpasse »,
il répondit :
« Je n'ai pas eu un aussi bon maître que lui. »

---

le **Dieu des Dieux** : *ZEUS*
le **Dieu de Genève** : *CALVIN*
le **Dieu Mars en personne** : *le général KLÉBER*

Il fut assassiné au Caire par un fanatique musulman le 14 juin 1800, le jour même de la bataille de Marengo. Napoléon a dit :

« Rien n'était beau comme Kléber un jour de bataille : c'était le dieu Mars en personne. »

---

le **Dieu de la montagne** : *Walter BONATTI,* alpiniste italien
Dieu le Père : *Aristide MAILLOL,* sculpteur français
le **Dieu du trapèze** : *Jules LÉOTARD,* acrobate français
la **Dilecta** : *Mme de BERNY,* amie d'Honoré de Balzac
la **Dine** : *Pierre COSTALS,* personnage d'Henry de Montherlant
les **Dioscures** [les Fils de Zeus] : *CASTOR et POLLUX*
la **Diseuse fin de siècle** : *Yvette GUILBERT*
Dis Pater [le Père des richesses] : *PLUTON*

la **Diva** : *Alice SAPRITCH,* par Philippe Bouvard

Elle a dit :
« Je ne fais pas de numéro, je suis un numéro. »

la **Diva du Nil** : *OUM KALSOUM,* chanteuse égyptienne
le **Divertissant** : *BAPTISTE,* chansonnier français
le **Divin** : *CLAUDE,* maître-verrier français
le **Divin** : *Fernando de HERRERA,* poète espagnol
le **Divin** : *FRANCESCO DA MILANO,* luthiste et compositeur italien
le **Divin** : *Luis de MORALES,* peintre espagnol
le **Divin marquis** : *le marquis de SADE*
le **Divin parleur** [Théophraste] : *TYRTAMOS,* philosophe grec
la **Divine** : *Vittoria COLONNA,* poétesse italienne
la **Divine** : *Greta GARBO*
la **Divine Comtesse** : *la comtesse de CASTIGLIONE,* maîtresse de Napoléon III
le **Dix-huit Brummell** : *Jean GALTIER-BOISSIÈRE,* journaliste français, par Henri Jeanson
la **Dixième muse** : *Juana Inès de la CRUZ,* religieuse et poétesse mexicaine
la **Dixième muse** : *Antoinette DESHOULIÈRES,* femme de lettres française
la **Dixième muse** : *Mme de GIRARDIN,* femme de lettres française
la **Dixième muse** : *Louise LABÉ,* poétesse française
la **Dixième muse** : *MARGUERITE D'ANGOULÊME*
la **Dixième muse** : *SAPHO ou SAPPHO,* poétesse grecque

Une tradition suspecte fait de Sapho une courtisane, une prêtresse du « vice lesbien ». Des affinités pour certaines de ses élèves percent dans ses vers...

Dizzy : *John Birks GILLESPIE,* jazzman américain
Djezzar [le Boucher] : *AHMED,* pacha de Saint-Jean-d'Acre
le **Docteur admirable** : *Roger BACON,* philosophe anglais

Il fut le premier à s'apercevoir que le calendrier julien était erroné.

le **Docteur angélique :** *saint THOMAS D'AQUIN*
le **Docteur éminent :** *saint ISIDORE*
le **Docteur extatique :** *DENYS,* auteur mystique flamand
le **Docteur de la grâce :** *saint AUGUSTIN*
le **Docteur illuminé :** *Raymond LULLE,* théologien et écrivain espagnol
le **Docteur illuminé :** *Jean TAULER,* mystique allemand
le **Docteur invincible :** *GUILLAUME D'OCCAM ou D'OCKHAM,* philosophe anglais
le **Docteur irréfragable :** *ALEXANDRE DE HALES,* théologien anglais
le **Docteur Knock des charcutières :** *Jean ROYER,* par Jean-Edern Hallier
le **Docteur marial :** *saint BERNARD DE CLAIRVAUX*
le **Docteur de la mort :** *Josef MENGELE,* criminel de guerre nazi, par le Meilleur
le **Docteur mystique :** *saint JEAN DE LA CROIX*
le **Docteur des nations :** *saint PAUL,* apôtre

Il avait approuvé la condamnation de saint Étienne et assisté à sa lapidation, gardant les vêtements de ceux qui lançaient des pierres. Le mourant adressait au ciel cette prière : « Seigneur, ne leur compte pas ce péché ! »

Puis ce fut le chemin de Damas : « Saul, Saul, pourquoi me persécutes-tu ? ». Saint Augustin a dit : « Si Étienne n'avait pas prié, l'Église n'aurait pas gagné Paul. »

---

le **Docteur profond :** *Thomas BRADWARDIN,* théologien anglais
le **Docteur séraphique :** *saint BONAVENTURE*
le **Docteur subtil :** *John DUNS SCOT,* théologien écossais
le **Docteur très chrétien :** *Jean de GERSON,* théologien et prédicateur français
le **Docteur très fondé :** *GILLES,* précepteur de Philippe le Bel
le **Docteur très profond :** *SCHALL,* missionnaire allemand
le **Docteur très résolu :** *Guillaume DURAND DE POURÇAIN,* dominicain et commentateur français
le **Docteur unique :** *GUILLAUME D'OCCAM ou D'OCKHAM,* philosophe anglais
le **Docteur universel :** *ALAIN DE LILLE,* théologien et philosophe anglais

Doctor Mellifluus [Doux comme miel] :
saint BERNARD DE CLAIRVAUX

le **Dogue** : *Jules VANDOOREN,* footballeur français

Doigts rapides : *Jimmy DAWKINS,* chanteur de blues et guitariste américain

Domenico d'Imola : *Domenico FERRETI,* peintre italien

le **Dominateur des Balkans** : *le feld-maréchal DIEBITSCH*

le **Dominiquin** : *Domenico ZAMPIERI,* peintre italien

le **Don Juan de l'accordéon** : *Bruno LORENZONI*

le **Don Juan de l'Élysée** : *Félix FAURE*

le **Don Juan des figures de rhétorique** : *Émile FAGUET,* critique littéraire français, par Léon Daudet

le **Don Juan des lavabos** : *Joseph PAUL-BONCOUR,* homme politique français, par Léon Daudet

le **Don Juan du Nord** : *Édouard DUPUY,* musicien français

le **Don Juan du pavé** : *Daniel COHN-BENDIT,* par Pierre-Jean Vaillard

le **Don Quichotte de Landerneau** : *Édouard LECLERC,* par le Crapouillet

le **Don Quichotte de la Marne** : *le général de GAULLE,* par Pierre-Jean Vaillard

la **Donna vampira** : *Sylvaine CHARLET,* actrice française

le **Donneur de richesses** : *HADÈS,* dieu grec

le **Dostoïevski des concierges** : *Georges DUHAMEL*

le **Douanier Rousseau** : *Henri ROUSSEAU,* par Alfred Jarry

---

Il fut commis de deuxième classe à l'octroi de Paris de 1869 à 1893.

Double-Mètre : *le général de GAULLE*

Doudou : *Édouard TENET,* boxeur français

Doumé : *Dominique BARATELLI*

Doumé : *Dominique COLONNA*

Les organisateurs ne pouvaient rêver d'un meilleur départ et d'un plus beau gagnant :

Dominique Colonna, l'ancien gardien de but de l'équipe de France de football, remporta seul le premier loto sportif, en octobre 1985.

---

le **Doux** : *IVAN II,* grand-prince de Moscou et de Vladimir

le **Doux** : *LOUIS III,* landgrave de Thuringe

le **Doyen des étudiants de France** : *Eugène CHEVREUL*

Le grand chimiste avait cent ans quand il se qualifia ainsi.

---

le **Dracula du body-building** : *Arnold SCHWARZENEGGER,* acteur américain d'origine autrichienne

le **Dragon de Bagnolet** : *Paul VILLARD,* catcheur français

la **Dragonne** : *Geneviève PRÉMOY,* héroïne française

le **Dresseur aux mains nues** : *Gilbert HOUCKE*

le **Droguiste** : *FARID AL-DIN,* poète mystique persan

le **Drôle** : *Pieter BREUGHEL ou BRUEGEL ou BRUEGHEL,* peintre flamand

la **Du Barry de Vaugirard** : *Mme STEINHEIL,* dernière maîtresse du président Félix Faure

le **Duc** : *Amédée DOMÉNECH,* rugbyman français

le **Duc bienfaisant** : *STANISLAS 1er LESZCZYNSKI,* roi de Pologne

le **Duc de Bouillon** : *Alexandre DUVAL,* restaurateur français

---

Un « bouillon » est un restaurant dont la spécialité était primitivement le bouillon.

---

le **Duc de fer** : *le duc de WELLINGTON*

le **Duc Va-de-bon-cœur** : *le duc d'ENGHIEN*

le **Duc de Vincennes** : *le marquis de CAULAINCOURT,* homme politique français

Dud : *Wilbur BASCOMB,* jazzman américain

le **Du Guesclin de la Pologne** : *Stefan CZARNIECKI*

Duke : *Edward Kennedy ELLINGTON,* jazzman américain

Duke : *John WAYNE*

Dum Dum : *Roland DUMAS*

Dupont des loges : *Édouard FRÉDÉRIC-DUPONT*

Il supprima le « cordon ». Avant lui on disait : « Cordon, s'il vous plaît », pour demander au concierge d'ouvrir la porte de l'immeuble.

Durand de Gros : *Joseph-Pierre DURAND,* physiologiste et philosophe français

Durasoir : *Marguerite DURAS*

la **Duse du music-hall :** *DAMIA*

E

l'**Ébranleur de la terre :** *POSÉIDON*
l'**Échanson des dieux :** *GANYMÈDE,* prince légendaire de Troie
l'**Éclair :** *AMILCAR ou HAMILCAR,* général carthaginois
l'**Éclair :** *ASDRUBAL ou HASDRUBAL,* général carthaginois
l'**Éclair :** *BAJAZET 1er,* sultan ottoman
l'**École des mimes :** *Anna JUDIC,* chanteuse française

« Un médaillon de Boucher peint par Raphaël », a dit d'elle l'un de ses biographes.

---

l'**École des Perses :** *saint ÉPHREM*
l'**Écologiste en habit vert :** *Maurice GENEVOIX*
l'**Écureuil :** *Nicolas FOUQUET ou FOUCQUET,* surintendant des Finances

---

Un « fouquet », en vieux français, est un écureuil.

---

l'**Écureuil :** *JEHANNOT,* compositeur français
Edom [le Roux] **:** *ESAÜ,* personnage biblique
l'**Égérie des Girondins :** *Madame ROLAND*

La haine des montagnards l'envoya à l'échafaud d'où elle adressa à la statue de la Liberté cet adieu ironique :

« O Liberté, que de crimes on commet en ton nom ! »

---

l'**Égoutier** : *Maxime DU CAMP,* écrivain français par Gustave Flaubert

l'**Égoutier de la littérature** : *RESTIF ou RÉTIF DE LA BRETONNE,* écrivain français

l'**Égyptien** : *ARABI PACHA,* homme politique égyptien

l'**Égyptien** : *Jean-François CHAMPOLLION*

*l'***Égyptien** : *saint MACAIRE*

l'**Égyptienne** : *sainte MARIE,* pénitente

Ejegod [Toujours Bon] : *ÉRIC ou ERIK 1er,* roi de Danemark

l'**Éléphant** : *Léon ZITRONE*

l'**Élève divin** : *Charles ROLLIN,* pédagogue et écrivain français

Éliacin : *Laurent FABIUS,* par Raymond Barre

Le nom d'Éliacin désigne souvent un enfant de naissance illustre, et qu'attend une brillante destinée après de grands dangers courus.

(Larousse)

---

l'**Éloquent** : *THÉMISTIOS,* philosophe et homme politique grec

Élysée-Moi : *le général de GAULLE*

l'**Éminence grisâtre** : *Pierre JUILLET,* conseiller de Georges Pompidou, par Louis Vallon

l'**Éminence grise** : *le père JOSEPH,* conseiller de Richelieu

l'**Éminence « grise »** : *Georges BIDAULT*

l'**Éminence grise du Tigre** : *Georges MANDEL*

On disait à l'époque :
« Quand Clemenceau p..., c'est Mandel qui pue. »

---

el **Empecinado** [l'Empoissé] : *don DIAZ,* révolutionnaire espagnol

l'**Empereur** : *Georges BESSE,* industriel français

l'**Empereur** : *FABRICE,* animateur d'émissions radiophoniques

l'**Empereur de l'accordéon** : *Augusto BALDI*

l'**Empereur de l'air** : *BLONDIN,* acrobate français

l'**Empereur à la barbe fleurie** : *CHARLEMAGNE*

l'**Empereur des biberons** : *CHAPELLE,* poète français

l'**Empereur du burlesque** : *d'ASSOUCI ou d'ASSOUCY,* poète français

l'**Empereur de la chanson** : *Tino ROSSI*

l'**Empereur des courts** : *John McENROE*

l'**Empereur des cuisiniers** : *Raoul ESCOFFIER*

l'**Empereur des nuits parisiennes** : *Jean-Marie RIVIÈRE*

l'**Empereur philosophe** : *MARC-AURÈLE*

Empiricus : *SEXTUS,* philosophe et médecin grec

l'**Empoissé** : *don DIAZ,* révolutionnaire espagnol

Emune [le Mémorable] : *ÉRIC ou ERIK II,* roi de Danemark

l'**Énana de l'Eure-et-Loir** : *Françoise GASPARD,* femme politique française

l'**Enchanteur** : *CHATEAUBRIAND*

Il fut toute sa vie aimé des femmes. On disait de lui dans sa vieillesse : « Quand il ne pourra plus marcher que sur des béquilles, elles viendront les lui porter. »

---

l'**Enchanteur** : *Alphonse DAUDET*

l'**Enchanteur** : *MERLIN,* personnage légendaire des romans de chevalerie

l'**Enchanteur** : *Ernest RENAN*

l'**Encuirassé** : *saint DOMINIQUE*

Ce prêtre italien portait à même la peau une cuirasse en mailles de fer qu'il ne quittait que pour se flageller. Il ne faut pas le confondre avec le saint Dominique espagnol.

---

l'**Enfant** : *LOUIS IV,* roi de Germanie

l'**Enfant** : *OTHON ou OTTON 1er,* duc de Brunswick

l'**Enfant** : *PTOLÉMÉE XIV,* roi d'Égypte

l'**Enfant chéri de la victoire** : *le maréchal MASSÉNA,* par Napoléon Bonaparte

l'**Enfant terrible de la boxe** : *Robert CHARRON*

l'**Enfant terrible de la nouvelle vague** : *François TRUFFAUT*

l'**Enfant terrible du royalisme** : *Bertrand MOLLEVILLE*

l'Enfant terrible de la télévision: *Jean-Christophe AVERTY*
l'Enfant à la voix d'or: *JOSELITO*
l'Enfermé: *Auguste BLANQUI*

Il resta trente-sept ans en prison, en tout ! Le 5 janvier 1881 son cercueil fut suivi jusqu'au Père-Lachaise par cent mille socialistes et libres penseurs. Eugène Pottier, l'auteur de « l'Internationale », composa pour lui cette épitaphe :

Contre une classe sans entrailles,
Luttant pour le peuple sans pain,
Il eut, vivant, quatre murailles,
Mort, quatre planches de sapin.

---

l'Enfoiré: *COLUCHE*

Il a réussi à faire du mot « enfoiré » un mot de passe, un mot gentil...

(Josiane Balasko)

---

l'Ennemi personnel de Jésus-Christ: *Anacharsis CLOOTS,* révolutionnaire d'origine prussienne, par lui-même
l'Ennemi public numéro un: *Émile BUISSON*
l'Ennemi public numéro un: *Jacques MESRINE*
l'Ennemi public numéro un: *Charles WILLOQUET*
l'Enroué vers l'or: *Charles AZNAVOUR*
l'Entrepreneur de démolitions: *Léon BLOY,* par lui-même
l'Entrepreneur de travelos publics: *Jean-Marie RIVIÈRE,* par Antoine Blondin
l'Épervier: *ANTIOCHOS,* prince syrien
l'Épicier de Landerneau: *Édouard LECLERC*
Épimane [l'Insensé]: *ANTIOCHOS IV,* roi de Syrie
Épiphane [l'Illustre]: *ALEXANDRE 1er,* roi de Syrie
Épiphane: *ANTIOCHOS IV,* roi de Syrie
Épiphane: *NICOMÈDE II,* roi de Bithynie
Épiphane: *PTOLÉMÉE V,* roi d'Égypte

Épiphane : *SÉLEUCOS VI,* roi de Syrie
l'Épouse polonaise de Napoléon 1er : *Marie WALEWSKA*
l'Époux infernal et la Vierge folle : *Paul VERLAINE et Arthur RIMBAUD*

Au mois de juillet 1873 à Bruxelles, Verlaine tira deux coups de pistolet sur son « ami » qui manifestait le désir de reprendre sa liberté. Il fut condamné à deux ans de prison.

---

l'Érasme français : *Guillaume BUDÉ*
l'Érasme de son temps : *ALCUIN,* théologien anglo-saxon
l'Ermite : *PIERRE,* religieux et croisé français
l'Ermite de Croisset : *Gustave FLAUBERT*
l'Ermite de Fontenay-aux-Roses : *Paul LÉAUTAUD*
l'Ermite de Francfort : *SCHOPENHAUER*
l'Ermite de Saint-Benoît : *Max JACOB*
l'Ermite de Saint-Vallier : *René VIETTO*
l'Ermite de Tournefeuille : *Gaston DOUMERGUE*
l'Errol Flynn de la série B : *Ronald REAGAN*

De 1937 à 1964, il tourna une cinquantaine de films. L'histoire dira s'il fut un grand président des États-Unis ; pour l'acteur, force est d'avouer qu'il se limita aux fonctions de modeste faire-valoir à la Warner. (Jean Tulard)

---

l'Érudit : *ALEXANDRE,* écrivain grec
l'Esclavon : *Andrea MELDOLLA,* peintre italien
l'Esculape de son siècle : *Gabriel FALLOPE,* chirurgien et anatomiste italien
l'Escurel [l'Écureuil]**:** *JEHANNOT,* compositeur français
l'Espagnole : *EUGÉNIE DE MONTIJO*
l'Espagnolet : *José de RIBERA,* peintre espagnol
l'Espiègle : *TILL,* héros populaire allemand
l'Espionne amoureuse : *Léonie LÉON,* maîtresse de Léon Gambetta

l'Esprit: *le baron de BLOT,* chansonnier français
l'Étapière: *Marie LOURDAIS,* héroïne de la guerre de Vendée
l'Éteigneur de réverbères: *Raymond POINCARÉ,* par Georges Clemenceau
l'Éternel Pintant: *GROVE,* dessinateur français
l'Éternel Pointant: *Henri SALVADOR*

Il chante: « Le travail, c'est la santé:
Rien faire, c'est la conserver. »
Il aime les boules provençales et le farniente.
D'où cette épitaphe:
Henri Salvador sous ce marbre
Est enfermé dans un tronc d'arbre:
Le menuisier, un rigolo,
L'a fait prisonnier du « bouleau ».

---

l'Éternel Second: *Raymond POULIDOR*
l'Éternel Second: *Louis THIÉTARD,* coureur cycliste français
l'Étoile du Nord: *CATHERINE II,* impératrice de Russie
l'Étranger: *NAPOLÉON 1er*
l'Étrangère: *Mme HANSKA, amie d'Honoré de Balzac*
l'Étrangère: *MARIE-ANTOINETTE*
Eukairos [l'Heureux]: *DÉMÉTRIOS III,* roi de Syrie
Eulenspiegel [l'Espiègle]: *TILL,* héros populaire allemand
Eupator [Né d'un père illustre]: *ANTIOCHOS V,* roi de Syrie
Eupator: *MITHRIDATE VI,* roi du Pont
Eupator: *PTOLÉMÉE VIII,* roi d'Égypte
Euphradès [l'Éloquent] : *THÉMISTIOS,* philosophe et homme politique grec
Eusébès [le Pieux]: *ANTIOCHOS X,* roi de Syrie
Eut-bu roi: *Alfred JARRY*

Jarry, invité pour la première fois dans une maison, tira son revolver, logea une balle dans le miroir du salon, qui s'étoila et, cela fait, s'assit et dit avec enjouement: « Maintenant que la glace est rompue, nous allons pouvoir causer. »

(Paul Reboux)

---

l'Évangéliste: *frère JEAN,* capucin français
l'Évangéliste: *saint JEAN,* apôtre
l'Évangéliste: *saint PHILIPPE,* diacre
l'Éveillé: *Siddhârta GAUTAMA,* fondateur du bouddhisme
l'Éveillé: *LOUIS VI,* roi de France
l'Évêque: *CONSTANTIN DE PRESLAV,* écrivain bulgare
l'Évêque de Montrouge: *l'abbé de VOISENON,* écrivain français
Évergète [le Bienfaiteur]: *ANTIOCHOS VII,* roi de Syrie
Évergète: *PTOLÉMÉE III,* roi d'Égypte
Évergète: *PTOLÉMÉE VII,* roi d'Égypte
l'Ex: *Valéry GISCARD D'ESTAING*
l'Exarque: *JEAN,* écrivain bulgare
l'Excrémentialiste: *Jean GENET*
l'Extra-terrestre: *Freddie SPENCER,* coureur motocycliste français
l'Extra-terrestre de la politique: *Raymond BARRE,* par lui-même
l'Extra-terrestre du stade: *Carl LEWIS*

F

le **Fabius Cunctator autrichien**: *le feld-maréchal DAUN*
Fabre d'Églantine: *Philippe FABRE,* poète dramatique français

Il avait gagné une églantine en métal précieux aux jeux Floraux de Toulouse.

Facho-Chirac: *Jacques CHIRAC*
le **Facteur Cheval**: *Ferdinand CHEVAL*

Avec des pierres de formes diverses ramassées au cours de ses tournées, cet employé des postes a construit jour après jour entre 1879 et 1922 un « Palais idéal » dans son jardin d'Hauterives. (Drôme).

Fafa-la-Tulipe: *Laurent FABIUS*
le **Fainéant**: *LOUIS II,* roi de France
le **Fainéant**: *LOUIS V,* roi de France
le **Fainéant**: *RODOLPHE III,* roi provençal
le **Fainéant**: *VENCESLAS,* roi de Bohême et empereur germanique
la **Faisane au bec acéré**: *Mme SIMONE,* par Henri Jeanson

Elle est morte dans la nuit du 17 au 18 octobre 1985, âgée de cent huit ans et demi.

le **Faiseur de rois**: *HUGUES,* comte de Paris et duc de France

le **Faiseur de rois**: *Richard NEVILLE,* comte de Warwick
la **Faiseuse de présidents**: *Florence HARDING*
Famine: *Jules FERRY*
Famine: *Pierre NICOLAS,* bassiste de Georges Brassens, par Georges Brassens
Fanfan la Manœuvre: *François MITTERRAND,* par André Ribaud
le **Fanfaron de vices**: *Jean LORRAIN,* écrivain français, par Rachilde
le **Fantômas du Goncourt 75**: *Émile AJAR,* par le Crapouillot

---

Romain Gary s'inventa un double littéraire (Émile Ajar), ce qui lui permit de remporter deux fois le prix Goncourt: « Les Racines du Ciel » (en 1956) et « La Vie devant soi » (en 1975).

Fa presto [Fais vite]: *Luca GIORDANO,* peintre italien
Faraud: *René COTTEREAU,* promoteur de la chouannerie
le **Farfadet**: *DESTOUCHES DE LANGOTIÈRE,* personnage de Jules Barbey d'Aurevilly
le **Farouche**: *ALEXANDRE 1er,* roi d'Écosse
Farrebouc : *Paul RAMADIER*
Fast Fingers [Doigts rapides]: *Jimmy DAWKINS,* chanteur de blues et guitariste américain
le **Fataliste**: *JACQUES,* personnage de Denis Diderot
Fatalitas: *Émile BUISSON,* gangster français
Fat Head [Grosse Tête]: *David NEWMAN,* jazzman américain
Fat Head: *George THOMAS,* jazzman américain
Fats [Bouboule]: *Antoine DOMINO,* jazzman américain
Fats: *Théodore NAVARRO,* trompette américain
Fats: *Thomas WALLER,* jazzman américain
al **Fatih** [le Conquérant]: *MAHOMET ou MEHMET II,* sultan ottoman
il **Fattore**: *Giovanni Francesco PENNI,* peintre italien
le **Faucon anti-mafia**: *Giovanni FALCONE,* juge italien
le **Faucon cubain**: *Kid GAVILAN,* boxeur américain
la **Fauvette du cubisme**: *Marie LAURENCIN*
la **Fauvette excitée**: *Anne GAILLARD*

le **Faux Dimitri**: *Grichka OTRÉPIEV,* aventurier russe

le **Faux Russe**: *Léo DANIDERFF*

Il était né à Angers en 1878 et s'appelait Ferdinand Niquet. Il composa la musique de cinq ou six cents chansons. On n'en a retenu qu'une: « Je cherche après Titine. »

---

les **Faux Époux Turenge**: *Alain MAFFART et Dominique PRIEUR*

la **Fée de la glace**: *Sonja HENIE*

la **Fée du swing**: *SADE,* chanteuse anglaise

le **Félibre de Paris**: *Paul ARÈNE,* écrivain provençal

la **Félibresse d'Arène**: *Léontine GOIRAND,* poétesse provençale

Félix le Tanneur: *Félix FAURE*

la **Femme sans homme**: *ÉLISABETH 1re,* reine d'Angleterre

la **Femme-Caoutchouc**: *Mary-Lou RETTON, gymnaste américaine*

le **Fénelon de l'Italie**: *Jean BONA,* écrivain ascétique italien

le **Fénelon du Nouveau Monde**: *William Ellery CHANNING,* prédicateur et pamphlétaire américain

le **Fermier George**: *GEORGE III,* roi anglais

le **Féroce**: *SÉLIM 1er,* sultan ottoman

Ferrand: *FERDINAND DE PORTUGAL*

Ferrandino: *FERDINAND II,* roi de Naples

la **Ferrarese** [Née à Ferrare]: *Francesca GABRIELLI,* cantatrice italienne

Ferry-Famine: *Jules FERRY*

Nommé maire de Paris le 16 novembre 1870, il porta la responsabilité des restrictions alimentaires imposées aux Parisiens pendant le siège.

Ferry-Tonkin: *Jules FERRY*

Ferry le Tonkinois: *Jules FERRY*

le **Feu follet**: *Fred ASTON,* footballeur français

le **Feu follet de la piste**: *LORIOT,* clown français

il **Fiammingo**: *Jan SOENS,* peintre hollandais
Fierebrace [Fier-à-bras]: *GUILLAUME IV,* duc d'Aquitaine
Fil de fer: *Georges GUYNEMER*

Il avait été refusé dans l'infanterie et dans la cavalerie en raison de sa faible constitution physique.

---

le **Filarète**: *Antonio AVERLINO,* architecte et sculpteur italien
la **Fille d'alliance de Montaigne**: *Mlle de GOURNAY*
la **Fille naturelle de Sarah Bernhardt et de Fouquier-Tinville**: *Anne GAILLARD*
la **Fille aux yeux d'or**: *Marie LAFORÊT*
Fils: *Claude CRÉBILLON,* romancier français
Fils: *Alexandre DUMAS*
Fils: *Giles FLETCHER,* poète anglais
Fils: *Joseph Barnabé L'ABBÉ,* violoniste français
Fils: *OUVRARD*
Fils: *Johann STRAUSS*
Fils de l'étoile: *SIMON,* patriote juif
Fils d'Hébreu: *ABOU EL-FARADJ IBN EL-IBRI,* philosophe et savant syriaque
Fils du tonnerre: *saint JACQUES LE MAJEUR,* apôtre
Fils du tonnerre: *saint JEAN L'ÉVANGÉLISTE,* apôtre
le **Financier**: *TURCARET,* personnage de Lesage
le **Finlandais volant**: *Keke ROSBERG,* coureur automobile finlandais
Fiscard destin: *Valéry GISCARD D'ESTAING*

V.G.E. a été longtemps ministre des Finances, ce qui lui valut cette épitaphe:

Ici repose en son cercueil
Giscard le ministre immuable.
Tous les Français ont pris le deuil,
Excepté les contribuables.

Flamand: *François DUQUESNOY,* sculpteur belge
la **Flamme à barbe**: *Fidel CASTRO*

le **Flaubert des ovnis**: *Jean-Claude BOURRET*

le **Fléau**: *Anne CAYSSAC,* maîtresse de Paul Léautaud

> Je suis parti. Elle m'a rattrapé rue de l'Ancienne-Comédie. De là jusqu'à la gare, sans souci des passants, les pires injures: « Maquereau, voyou, voleur, il a couché avec sa mère, est-il assez laid, aucune femme ne voudrait de lui... » Elle me saute au visage, m'enfonce ses ongles et me fait deux écorchures assez vives au cou et au menton...
>
> *(Journal particulier)*

---

le **Fléau des Anglais**: *Jean de BUEIL,* homme de guerre français

le **Fléau de Dieu**: *ATTILA,* par lui-même

le **Fléau des Espagnols**: *Jean-David NAU,* flibustier français

le **Fléau d'Homère**: *ZOÏLE,* sophiste grec

le **Fléau de l'humanité**: *NAPOLÉON 1er*

la **Fleur des dames**: *AGNÈS DE MÉRAN,* reine de France

la **Fleur des drôles**: *le comte d'ANTRAIGUES,* aventurier français

Fleur-de-Marie: *Marie de GEROLSTEIN,* personnage d'Eugène Sue

le **Florentin**: *François MITTERRAND*

le **Fol abbé**: *l'abbé MUGNIER,* par Huysmans

> L'abbé Mugnier, coqueluche des salons parisiens, déjeunait ou dînait en ville, plusieurs fois par semaine. « Il sera enterré dans une nappe », disait-on.

Folcoche: *Mme HERVÉ-BAZIN,* par son fils, dans le roman « Vipère au poing »

la **Folle**: *JEANNE,* reine de Castille

la **Folle de Chaillot**: *la comtesse AURÉLIE,* personnage de Jean Giraudoux

la **Folle de Chazot**: *Claude POMPIDOU*

le **Fonceur**: *Yvon PÉTRA,* tennisman français

le **Fondateur**: *MITHRIDATE 1er,* satrape perse

Fontanouille: *Joseph FONTANET*

le **Ford français**: *André CITROËN*

le **Forgeron de Sheffield**: *Ebenezer ELLIOT,* poète anglais

la **Fornarina** [La Fille du boulanger]: *Margherita LUTI,* maîtresse et modèle de Raphaël

le **Fort**: *ÉTIENNE XI,* tsar de Serbie

le **Fort**: *FRÉDÉRIC-AUGUSTE 1er,* électeur de Saxe

le **Fort**: *ROBERT,* ancêtre des Capétiens

le **Fort**: *ROBERT D'ORLÉANS,* duc de Chartres

le **Fort**: *SANCHE II,* roi de Castille et de Léon

le **Fort**: *SANCHE VII,* roi de Navarre

la **Fortune**: *LAKSMI,* déesse hindoue

le **Fortuné**: *JEAN IV,* roi de Portugal

le **Fortuné**: *MANUEL 1er,* roi de Portugal

le **Fou**: *CHARLES VI,* roi de France

> Le destin est plein d'ironie. A l'endroit précis où le roi de France perdit la raison se trouve actuellement l'asile d'aliénés du Mans.
>
> (Guy Breton)

---

le **Fou chantant**: *Charles TRENET*

le **Fou merveilleux**: *Michel MAGNE,* compositeur français, par Jean Cocteau

le **Fou pédalant**: *Gerrit SCHULTE,* coureur cycliste hollandais

le **Fou volant**: *Charles LINDBERGH*

le **Fou volant**: *René VIGNAL,* footballeur français

la **Foudre**: *AMILCAR ou HAMILCAR,* général carthaginois

la **Foudre**: *ASDRUBAL ou HASDRUBAL,* général carthaginois

la **Foudre**: *PTOLÉMÉE,* roi de Macédoine

la **Foudre**: *SÉLEUCOS III,* roi de Syrie

le **Foudre d'Italie**: *GASTON DE FOIX,* homme de guerre français

le **Fouet d'Homère**: *ZOÏLE,* sophiste grec

le **Foulon**: *PIERRE,* moine acémète à Constantinople

le **Fourbe d'Elsa**: *Louis ARAGON,* par André Breton

le **Foutre chantant**: *Serge GAINSBOURG*

Foutriquet: *Adolphe THIERS*

« Peut-on voir un plus étroniforme bourgeois? », demandait Gustave Flaubert à George Sand dans une lettre datée du mois d'octobre 1867.

Fra Angelico: *Guidolini di PIETRO,* peintre italien

Fra Diavolo: *Michele PEZZA,* aventurier italien

Fra Paolo: *Pietro SARPI,* historien vénitien

le **Français volant**: *René VIGNAL,* footballeur français

la **Française**: *MARGUERITE D'ANJOU,* reine d'Angleterre

Francesco Flammingo [François Flamand]:
François DUQUESNOY, sculpteur flamand

Il sculpta à vingt ans le « Manneken-Pis » de Bruxelles, puis alla s'établir à Rome. Là, changeant résolument de genre, il se mit à travailler pour le Bernin... au baldaquin de Saint-Pierre de Rome.

---

la **Franchise**: *LA ROCHEFOUCAULD,* par le Cardinal de Retz

le **Franchouillard du cinéma**: *Claude ZIDI*

François les Bas-Rouges: *François MITTERRAND*

la **Françoise Sagan du militaire**: *Jean LARTÉGUY,* par lui-même

Frauenlob [Louangeur des dames ou de Notre-Dame]:
Heinrich VON MEISSEN, poète allemand

French Lover: *Charles BOYER*

le **French Troubadour**: *Jean SABLON*

le **Frère André**: *Jean ANDRÉ,* peintre français

Frère Cosme: *Jean BASEILHAC,* chirurgien français

Frère Mitraillette: *Silvano GIROTTO,* moine italien

Frétillon: *Mlle CLAIRON,* actrice française

le **Frisé**: *Georges COURTELINE*

On le nommait ainsi à cause de ses mèches en « raides gousses de vanille ». (Paul Reboux)

le **Frison**: *ROBERT 1er*, comte de Flandre
le **Fumiste**: *Georges ROUAULT*

« Cirage, bitume et pâte à caviar », disait-on devant les tableaux du plus important des peintres religieux du XXe siècle.

---

le **Funambule**: *Serge BLANCO*, par Roger Couderc
le **Funèbre Échalas vert**: *Victor HUGO*, par Lautréamont

En 1877, un journal américain avait annoncé la mort de Victor Hugo. Huit ans plus tard, quand le poète mourut réellement, le même journal titra: « Victor Hugo est mort comme nous avions été les premiers à l'annoncer. »

---

le **Furet des comètes**: *Charles MESSIER*, astronome français
la **Furie de la Gironde**: *THÉROIGNE DE MÉRICOURT*
le **Fusilleur**: *Édouard DALADIER*, par Henri Béraud
le **Fusilleur de la Commune**: *le général de GALLIFFET*
le **Fusilleur de la rue Transnonain**: *Adolphe THIERS*

G

la **Gabriellina**: *Francesca GABRIELLI,* cantatrice italienne

le **Gabriello de l'époque**: *BALDY,* chanteur fantaisiste français, par Jacques-Charles

Gaby aux yeux verts: *Gabrielle DUPONT,* amie de Claude Debussy

Gainsbarre: *Serge GAINSBOURG*

le **Galésiote**: *saint LAZARE*

le **Galien français**: *Jean FERNEL,* astronome et médecin français

le **Galien moderne**: *Jean FERNEL*

le **Galilée de la philosophie**: *HELVÉTIUS*

le **Galiléen**: *JÉSUS-CHRIST*

le **Gallo romain**: *Max GALLO*

le **Galopin sanglant**: *Pierre COT,* par Gringoire

le **Gambillard**: *PAULUS*

Il fut la première « vedette » de la chanson française, au sens qu'a le mot aujourd'hui. « En revenant de la revue » fut son plus grand succès. Il se dépensait énormément sur scène, d'où le surnom de « Gambillard » que lui donna le critique dramatique Francisque Sarcey.

---

le **Gandin sans chemise intellectuelle**: *Alfred de MUSSET,* par Lautréamont

---

Lu sur une affiche de théâtre:
« On ne badine pas avec l'amour d'Alfred », de Musset.

Garance: *ARLETTY*

Garaudy-les-deux-églises: *Roger GARAUDY*

la **Garçonne**: *Monique LHERBIER,* personnage de Victor Margueritte

la **Garçonne**: *Suzy SOLIDOR*

le **Gargantua de la culture**: *Élie FAURE,* historien d'art français, par le Figaro

le **Gargantua littéraire**: *GRIMOD DE LA REYNIÈRE,* gastronome et écrivain français, par lui-même

il **Garofalo** [Né à Garofalo]: *Benvenuto TISI,* peintre italien

Garouk: *Haroun TAZIEFF*

Gartenaere [le Jardinier]: *WERNHER ou WERNER,* poète de langue allemande

le **Gascon taciturne**: *César CAPÉRAN,* personnage de Louis Codet

Gaston Phœbus: *GASTON DE FOIX*

Gastounet: *Gaston DOUMERGUE*

Gatemouth [Grande Gueule]: *Clarence BROWN,* jazzman américain

el **Gato** [le Chat]: *Jean CASTANEDA,* footballeur français

Gattamelata [Chatte mouchetée]: *Erasmo de NARNI,* condottiere italien

le **Gaucher**: *Francesco HURTADO,* architecte espagnol

le **Gaucher**: *MUCIUS*

Le légendaire héros romain pénétra dans le camp étrusque pour tuer le roi Porsenna. Pris et torturé, il se laissa brûler la main droite plutôt que de nommer ses complices.

Gaulliath: *le général de GAULLE*

Gaultier la Gueule: *Claude GAULTIER,* avocat français

Gauri [la Blanche]: *DURGA,* déesse hindoue

Gauri: *VARUNA,* déesse hindoue

Gavroche: *le fils des THÉNARDIER,* personnage de Victor Hugo

la **Gazelle noire**: *Wilma RUDOLPH,* athlète noire américaine

le **Géant Atlas**: *Fernand BACHELARD,* artiste de music-hall belge

le **Géant de Croisset**: *Gustave FLAUBERT*

le **Géant du Nord**: *Henrik IBSEN,* écrivain norvégien

le **Géant aux pieds en boîte à violon**: *Primo CARNERA,* boxeur italien

le **Géant de Strasbourg**: *le général KLÉBER*
le **Géant des Tempêtes**: *ADAMASTOR,* personnage de Camoëns
Gedik [Brèche-Dent]: *AHMED PACHA,* homme politique et capitaine turc
Gem: *Raphaël GÉMINIANI*
le **Gendarme de l'Europe** : *NICOLAS 1er,* empereur de Russie
le **Gendre idéal**: *Michel DRUCKER*

« Je donne l'image aseptisée du garçon sympathique, souriant, du gendre français idéal », a-t-il reconnu lui-même.

---

le **Général**: *THÉODORE,* soldat martyr
le **Général Baïonnette**: *le baron CHASSE,* général hollandais, par Napoléon 1er
le **Général Bonattrape**: *le général BONAPARTE*
le **Général Duval**: *Émile-Victor DUVAL,* chef de la Commune
le **Général de fer**: *le général KOUTIÉPOV*
le **Général Georges**: *Georges CADOUDAL*
le **Général la Providence**: *le général d'ELBÉE*
le **Général Revanche**: *le général BOULANGER*

Le 22 mai 1887, lors d'une élection partielle dans la Seine, il obtint trente-neuf mille voix: il ne s'était pas présenté!

---

le **Général Romance**: *le général BOULANGER*

Sa maîtresse Mme de Bonnemain mourut de phtisie le 16 juillet 1891 et fut enterrée dans un cimetière bruxellois. Deux mois plus tard il alla se tuer sur sa tombe d'un coup de revolver.

---

le **Général Vendémaire**: *le général BONAPARTE*
le **Généreux**: *BOLESLAS II,* roi de Pologne
la **Geneviève du Canada**: *Catherine TÉKAKOUITHA*

le **Génial**: *John Mc ENROE*
Genius: *Ray CHARLES*
le **Genou**: *André GAILLARD*
le **Gentilhomme consommé**: *Alexandre DUVAL,* restaurateur français
Gentleman Jim: *Jim CORBETT,* boxeur américain
le **Gentleman-cambrioleur**: *Arsène LUPIN,* personnage de Maurice Leblanc
le **Gentleman-planchiste**: *Arnaud de ROSNAY*
Georges le Noir: *Georges PETROVITCH,* prince serbe
le **Georges Ohnet de la chronique**: *Albert WOLFF*
Georgus George: *Georges CARPENTIER*
Gérard le Grand: *Geert GROOTE,* mystique néerlandais
Gérard des nuits: *Gérard VAN HONTHORST,* peintre hollandais
Germanicus: *CLAUDE 1er,* empereur romain
le **Germanique**: *LOUIS II,* roi de Germanie
la **Gestapette**: *Abel BONNARD,* par Jean Galtier-Boissière
Ghazi ou Gazi [le Victorieux]: *MOUKHTAR PACHA,* général et diplomate turc
Ghazi ou Gazi: *ORKHAN,* sultan ottoman
Ghazi ou Gazi: *OSMAN PACHA,* général et homme politique turc
le **Gahznévide** [D'une dynastie d'origine turque]: *MAHMUD ou MAHMUT 1er,* sultan ottoman
Ghirlandaio: *Domenico BIGORDI,* peintre italien
Ghur [l'Onagre]: *VAHRAM ou BAHRAM V,* roi de Perse
Gibraltar: *Pierre ONTENIENTE,* secrétaire de Georges Brassens
Gilles César: *le général LA FAYETTE,* par Mirabeau

« Je vois bien que M. de La Fayette veut nous sauver, mais qui nous sauvera de M. de La Fayette? », disait Marie-Antoinette.

Gino le Pieux: *Gino BARTALI*
le **Giono italien**: *Elio VITTORINI,* écrivain italien
il **Giordanello**: *Giuseppe GIORDANO,* compositeur italien
la **Girafe**: *Jacky CHARLTON,* footballeur anglais
la **Girafe**: *Abou DIOUF,* homme d'État sénégalais

la **Girafe hollandaise**: *Sandra WEY,* actrice hollandaise

Giroud-Girouette: *Françoise GIROUD*

Secrétaire d'État à la Condition féminine en 1975, elle déclara: « La femme sera vraiment l'égale de l'homme le jour où, à un poste important, on désignera une femme incompétente. »

---

le **Gitan**: *Théo MÉDINA,* boxeur français

Glaber [l'Imberbe ou le Chauve]: *RAOUL,* moine et chroniqueur bourguignon

le **Gladiateur**: *CONSTANTIN IX,* empereur d'Orient

le **Gladiateur**: *VLADIMIR II,* grand-prince de Kiev

le **Glinka de la musique de Cuba**: *Ignacio CERVANTES,* compositeur cubain

Glipping [le Louche]: *ÉRIC ou ERIK V,* roi de Danemark

le **Globe-trotter de la littérature**: *Paul MORAND*

le **Glorieux**: *LÉOPOLD VI,* duc d'Autriche

Glouglou: *Adolphe PRAT,* coureur cycliste français

le **Goal volant**: *René VIGNAL*

il **Gobbo** [le Bossu]: *Cristofo SOLARIO ou SOLARI,* sculpteur et architecte italien

Gobe-Mouche: *le comte d'ARGENTAL,* écrivain français

Goddess [la Déesse]: *Marilyn MONROE*

Deux de ses réponses ont fait le tour du monde: « Si cela me gênait de poser nue? — Le studio était bien chauffé... Ce que je mets pour dormir? — Du Chanel 5. »

---

el **Goleador**: *Carlos BIANCHI,* footballeur argentin

el **Goleador**: *Delio ONNIS*

Gonzigue Saint-Braque: *Gonzague SAINT-BRIS,* écrivain français

Gonzigue Saint-Bras: *Gonzague SAINT-BRIS*

les **Gorgones**: *EURYALE, MÉDUSE et STHÉNO,* monstres fabuleux

le **Gorille**: *Mgr MARCINKUS*

le **Grand**: *Geert GROOTE,* mystique néerlandais
le **Grand**: *GUELFE IV,* duc de Bavière
le **Grand**: *saint GUILLAUME*
le **Grand**: *GUILLAUME V,* duc d'Aquitaine
le **Grand**: *GUSTAVE II ou GUSTAVE-ADOLPHE,* roi de Suède
le **Grand**: *HANNON,* général et homme politique carthaginois
le **Grand**: *HENRI IV,* roi de France
le **Grand**: *HÉRODE 1er,* roi de Judée
le **Grand**: *HUAYNA CAPAC,* empereur inca
le **Grand**: *saint HUGUES*
le **Grand**: *HUGUES,* comte de Paris et duc de France
le **Grand**: *HUGUES 1er,* comte de Vermandois
le **Grand**: *saint ISAAC*
le **Grand**: *IVAN III,* grand-prince de Moscou et de toute la Russie
le **Grand**: *JEAN 1er,* roi de Portugal
le **Grand**: *KHOSRÔ ou CHOSROÈS 1er,* roi de Perse
le **Grand**: *LÉON 1er,* empereur d'Orient
le **Grand**: *saint LÉON 1er,* pape
le **Grand**: *LÉON II,* roi d'Arménie
le **Grand**: *Louis 1er,* roi de Hongrie et de Pologne
le **Grand**: *LOUIS XIV,* roi de France
le **Grand**: *saint MACAIRE*
le **Grand**: *MANUEL 1er,* roi de Portugal
le **Grand**: *MAXIMILIEN 1er,* duc de Bavière
le **Grand**: *MITHRIDATE II,* roi des Parthes
le **Grand**: *MITHRIDATE VI,* roi du Pont
le **Grand**: *NABUCHODONOSOR II,* roi de Babylone
le **Grand**: *NERSÈS,* patriarche d'Arménie
le **Grand**: *saint NICOLAS 1er,* pape
le **Grand**: *OTHON ou OTTON 1er,* empereur germanique
le **Grand**: *PARMÉNIDE D'ÉLÉE,* philosophe grec
le **Grand**: *PÉROTIN,* compositeur français
le **Grand**: *Yvon PÉTRA,* tennisman français
le **Grand**: *PIERRE 1er,* empereur de Russie
le **Grand**: *PIERRE III,* roi d'Aragon

le **Grand**: *ANTIOCHOS III,* roi de Syrie
le **Grand**: *saint ANTOINE,* anachorète de la Thébaïde
le **Grand**: *ARNOULD 1er,* comte de Flandre
le **Grand**: *saint BASILE*
le **Grand**: *CANUT ou KNUT ou KNUD 1er,* roi d'Angleterre
le **Grand**: *CANUT ou KNUT ou KNUD II,* souverain scandinave
le **Grand**: *CASIMIR III,* roi de Pologne
le **Grand**: *CHARLES 1er,* roi des Francs et empereur d'Occident
le **Grand**: *CHARLES III,* duc de Lorraine
le **Grand**: *CHARLES-EMMANUEL 1er,* duc de Savoie
le **Grand**: *CHOSROÊS ou KHOSRÔ 1er,* roi de Perse
le **Grand**: *CONSTANTIN 1er,* empereur romain
le **Grand**: *François COUPERIN,* musicien français
le **Grand**: *CYRUS II,* roi de Perse
le **Grand**: *DARIOS ou DARIUS 1er,* roi de Perse

Ils étaient sept nobles qui briguaient la couronne. Selon une tradition transmise par Hérodote, Darius aurait été choisi par le procédé de l'hypomancie (divination par les chevaux): son cheval fut le premier à hennir au lever du soleil.

---

le **Grand**: *DELLA SCALA ou SCALIGERI,* capitaine lombard
le **Grand**: *DENYS,* évêque d'Alexandrie
le **Grand**: *EGBERT,* roi du Wessex
le **Grand**: *ENGUERRAND III,* sire de Coucy
le **Grand**: *ÉTIENNE IV,* prince de Moldavie
le **Grand**: *ÉTIENNE IX,* roi des Serbes
le **Grand**: *saint EUTHYME*
le **Grand**: *FERDINAND 1er,* roi de Castille, de Léon et de Navarre
le **Grand**: *Gerald FITZGERALD,* gouverneur d'Irlande
le **Grand**: *FORBIN,* gouverneur de Provence
le **Grand**: *FRÉDÉRIC II,* roi de Prusse
le **Grand**: *Vasili GALITZINE,* prince de Lituanie
le **Grand**: *saint GRÉGOIRE 1er,* pape

le **Grand**: *Geert GROOTE,* mystique néerlandais
le **Grand**: *GUELFE IV,* duc de Bavière
le **Grand**: *saint GUILLAUME*
le **Grand**: *GUILLAUME V,* duc d'Aquitaine
le **Grand**: *GUSTAVE II ou GUSTAVE-ADOLPHE,* roi de Suède
le **Grand**: *HANNON,* général et homme politique carthaginois
le **Grand**: *HENRI IV,* roi de France
le **Grand**: *HÉRODE 1er,* roi de Judée
le **Grand**: *HUAYNA CAPAC,* empereur inca
le **Grand**: *saint HUGUES*
le **Grand**: *HUGUES,* comte de Paris et duc de France
le **Grand**: *HUGUES 1er,* comte de Vermandois
le **Grand**: *saint ISAAC*
le **Grand**: *IVAN III,* grand-prince de Moscou et de toute la Russie
le **Grand**: *JEAN 1er,* roi de Portugal
le **Grand**: *KHOSRÔ ou CHOSROÈS 1er,* roi de Perse
le **Grand**: *LÉON 1er,* empereur d'Orient
le **Grand**: *saint LÉON 1er,* pape
le **Grand**: *LÉON II,* roi d'Arménie
le **Grand**: *LOUIS 1er,* roi de Hongrie et de Pologne
le **Grand**: *LOUIS XIV,* roi de France
le **Grand**: *saint MACAIRE*
le **Grand**: *MANUEL 1er,* roi de Portugal
le **Grand**: *MAXIMILIEN 1er,* duc de Bavière
le **Grand**: *MITHRIDATE II,* roi des Parthes
le **Grand**: *MITHRIDATE VI,* roi du Pont
le **Grand**: *NABUCHODONOSOR II,* roi de Babylone
le **Grand**: *NERSÈS,* patriarche d'Arménie
le **Grand**: *saint NICOLAS 1er,* pape
le **Grand**: *OTHON ou OTTON 1er,* empereur germanique
le **Grand**: *PARMÉNIDE D'ÉLÉE,* philosophe grec
le **Grand**: *PÉROTIN,* compositeur français
le **Grand**: *Yvon PÉTRA,* tennisman français
le **Grand**: *PIERRE 1er,* empereur de Russie
le **Grand**: *PIERRE III,* roi d'Aragon

le **Grand**: *POMPÉE,* général et homme politique romain
le **Grand**: *Andreas PROKOP,* homme de guerre tchèque
le **Grand**: *ROBERT,* comte de Dreux
le **Grand**: *SANCHE III,* roi de Navarre et comte de Castille
le **Grand**: *SAPOR ou SHAHPUR II,* roi de Perse
le **Grand**: *SIGISMOND 1er,* roi de Pologne
le **Grand**: *SIMÉON 1er,* tsar des Bulgares
le **Grand**: *SOLIMAN ou SUYLEYMAN II,* sultan ottoman
le **Grand**: *Jan TARNOWSKI,* général polonais
le **Grand**: *THÉODORIC,* roi des Ostrogoths
le **Grand**: *THÉODOSE 1er,* empereur romain
le **Grand**: *TIGRANE II,* roi d'Arménie
le **Grand**: *le maréchal TRIVULCE*
le **Grand**: *VALDEMAR 1er,* roi de Danemark
le **Grand**: *saint VLADIMIR*
le **Grand**: *VYTAUTAS ou WITOLD,* grand-duc de Lituanie
le **Grand**: *YU,* souverain mythique de la Chine
le **Grand Agitateur de l'Irlande**: *O'CONNELL*
le **Grand Apôtre**: *saint PAUL*
le **Grand Arnauld**: *Antoine ARNAULD,* théologien français
le **Grand Baron**: *Georges HAUSSMANN*
le **Grand Bâtard**: *ANTOINE DE BOURGOGNE,* fils naturel de Philippe le Bon
le **Grand Boueux de la triste humanité**: *RABELAIS,* par Alphonse de Lamartine
le **Grand Capitaine**: *GONZALVE DE CORDOUE,* homme de guerre espagnol
le **Grand Carnot**: *Lazare CARNOT*
le **Grand Charles**: *le général de GAULLE*
le **Grand Colombin des Deux-Eglises**: *le général de GAULLE,* par Henri Jeanson
le **Grand Communicateur**: *Ronald REAGAN*
le **Grand Condé**: *le prince de CONDÉ*

Sortant des bras du vainqueur de Rocroi, Ninon de Lenclos soupirait: « Il faut cent fois plus d'esprit pour faire l'amour que pour commander des armées. »

---

le **Grand Connétable**: *MATTHIEU II,* baron de Montmorency

le **Grand Dauphin**: *LOUIS,* fils de Louis XIV

le **Grand Duduche**: *Laurent BROOMHEAD*

le **Grand Écuyer tranchant**: *le marquis de CAULAINCOURT*

On lui reprochait son rôle dans l'affaire de l'exécution du duc d'Enghien.

---

le **Grand Électeur**: *FRÉDÉRIC-GUILLAUME,* électeur de Brandebourg

le **Grand Épistolier de France**: *GUEZ DE BALZAC* - titre honorifique

le **Grand Fécal**: *Émile ZOLA,* par Léon Daudet

Si jamais Zola réussissait à pénétrer sous la coupole, ce n'est pas un fauteuil qu'il faudrait lui offrir, mais une chaise percée.

(Aurélien Scholl)

---

le **Grand Fêlé**: *Salvador DALI*

le **Grand Ferré**: *Benoît DAUGA*

le **Grand Ferré**: *FERRÉ ou FERRET,* homme de guerre français

le **Grand Fusil**: *Raphaël GÉMINIANI*

le **Grand Georges**: *Georges CHASTELLAIN,* chroniqueur français

le **Grand Guerrier**: *BLACAS D'AULPS,*
homme de guerre et poète provençal

le **Grand Inquisiteur des lettres**: *Henri GUILLEMIN,*
critique littéraire français, par le Crapouillot

le **Grand Jacques**: *Jacques BREL*

le **Grand Jacques**: *Jacques MODERNE,* imprimeur lyonnais

le **Grand Jojo**: *Georges MARCHAIS*

le **Grand Lorrain**: *Raymond POINCARÉ*

le **Grand Marquis**: *le marquis de POMBAL,* homme politique français

le **Grand Martyr**: *saint GEORGES*

le **Grand Meaulnes**: *Augustin MEAULNES,* personnage d'Alain Fournier

le **Grand Méchant mou**: *Olivier GUICHARD*

le **Grand Moutardier du pape**: *Laurent FABIUS,* par Jean-Marie Le Pen

le **Grand Pontife des gluckistes**: *l'abbé ARNAUD,* écrivain français

---

Les partisans de Gluck et de l'opéra allemand étaient groupés autour de Marie-Antoinette; ceux de Piccinni et de l'opéra italien autour de Mme du Barry. Quelques années plus tôt à Vienne, Gluck avait donné des leçons de musique à la future reine de France.

---

le **Grand Prêtre de l'école des Impassibles**:
Théophile GAUTIER, par Victor Fournel

le **Grand Rapace**: *TALLEYRAND,* par Napoléon 1er

le **Grand Rassembleur de la terre russe**: *IVAN IV,* tsar de Russie

le **Grand Sultan**: *le général BONAPARTE,* par les Égyptiens

le **Grand Sympathique**: *Roger LANZAC*

le **Grand Sympathique**: *François MAURIAC,* par Julien Benda

le **Grand Teinturier de la littérature**:
Théophile GAUTIER, par Philarète Chasles

la **Grand'Tétasse**: *Gervaise COUPEAU,* personnage d'Émile Zola

le **Grand Timonier**: *MAO TSÉ-TOUNG*

le **Grand Timonier**: *Thierry SABINE*

le **Grand Vainqueur**: *SÉLEUCOS II,* roi de Syrie

le **Grand Vaisseau du désert**: *Gustave FLAUBERT,* par Théophile Gautier

le **Grand Will**: *SHAKESPEARE*

la **Grande**: *CATHERINE II,* impératrice de Russie

la **Grande**: *sainte GERTRUDE*

la **Grande Ame**: *GANDHI*

Grande Bouche: *MARGUERITE DE CARINTHIE,* comtesse du Tyrol

la **Grande Catherine**: *CATHERINE II*

la **Grande Catherine**: *Catherine DENEUVE*

la **Grande Catherine**: *Catherine NAY,* journaliste française

la **Grande Comtesse**: *MATHILDE,* margravine de Toscane

la **Grande Déesse**: *DURGA,* déesse hindoue

la **Grande Déesse**: *LAKSMI,* déesse hindoue

la **Grande Désillusion**: *Jean RENOIR,* par Henri Jeanson

la **Grande Duduche**: *Danièle GILBERT,* par Jacques Martin
la **Grande Eugène**: *Eugène COUVRI,* fantaisiste français
la **Grande Mademoiselle**: *Coco CHANEL*

Elle trouva cette heureuse formule: « L'ampleur amincit ». On disait (finement): « Vive l'ampleur! »

---

la **Grande Mademoiselle**: *la duchesse de MONTPENSIER*

L'urne qui contenait son cœur éclata pendant la cérémonie des obsèques. Ce qui fit écrire à Sainte-Beuve: « Il était dit qu'un peu de ridicule se mêlerait à tout ce qui serait de Mademoiselle, même à l'article des funérailles. »

---

la **Grande Sartreuse**: *Simone de BEAUVOIR*
la **Grande Sultane**: *la marquise de MONTESPAN*
la **Grande-Duchesse**: *Hortense SCHNEIDER,* chanteuse française
le **Grand-père navigateur**: *Phil WELD*
le **Grand-père de la race chinoise**: *HOUANG-TI,* souverain chinois légendaire
le **Gras-double lyonnais**: *Raymond BARRE*
le **Grec**: *MAXIME,* moine et écrivain d'origine grecque
le **Grec**: *THÉOPHANE,* peintre russe d'origine byzantine
le **Grec**: *ZORBA,* personnage d'un film de Michael Cacoyannis
le **Grec latin**: *Jean MORÉAS,* par Rachilde

Comme son vrai nom l'indique, le poète Papadiamantopoulos était né à Athènes.

---

il **Grechetto**: *Giovanni Benedetto CASTIGLIONE,* peintre italien
el **Greco**: *Domenikos THEOTOKOPOULOS*

Le célèbre peintre espagnol était d'origine crétoise.

Greluchon: *l'abbé de VOISENON,* écrivain français
le **Grime impuni**: *DENIS D'INÈS,* acteur français
le **Grimpeur ailé**: *Charly GAUL*
le **Grimpeur aux mains nues**: *Patrick EDLINGER*
le **Gros**: *ALPHONSE II,* roi de Portugal
le **Gros**: *CHARLES,* régent de France
le **Gros**: *CHARLES III,* empereur d'Occident
le **Gros**: *CLÉMENT IV,* pape
le **Gros**: *CONAN III,* duc de Bretagne
le **Gros**: *GUILLAUME VI,* duc d'Aquitaine
le **Gros**: *Henri 1er de LUSIGNAN,* homme de guerre français
le **Gros**: *LOUIS VI,* roi de France
le **Gros**: *OLAV II,* roi de Norvège
le **Gros**: *SANCHE 1er,* roi de Léon et des Asturies
Gros-Bêta: *Léon GAMBETTA,* par Georges Clemenceau
Gros-cul: *Michel PONIATOWSKI,* par le Canard enchaîné
Gros-Guillaume: *Robert GUÉRIN,* acteur français
Gros-Léon: *Léon DAUDET*
Gros-Léon: *Léon ZITRONE*
Gros-Père: *PHILIPPE-ÉGALITÉ*

Le duc d'Orléans était fort gros. Un jour, au retour d'une partie de chasse, il dit à un ami: « J'ai failli tomber dans un fossé! — Oh! Monseigneur, répliqua l'autre, il en eût été comblé. »

(Guy Breton)

Gros-Quinquin: *Pierre MAUROY*

Gros-René: *le sieur DU PARC,* acteur français

la **Grosse Tripière**: *Mlle de TONNAY-CHARENTE,* la future marquise de Montespan

le **Groucho Marx de la psychanalyse**: *Jacques LACAN,* par le Crapouillot

Grozni [le Terrible, le Redoutable]: *IVAN IV,* tsar de Russie

---

Un surnom qu'il n'avait pas volé: exécution de milliers d'opposants boyards, massacre des habitants de Novgorod (la ville ayant refusé de se soumettre), meurtre de son fils aîné dans un accès de colère...

Gryphos [Au nez crochu]: *ANTIOCHOS VIII,* roi de Syrie

le **Guaspre Poussin**: *Gaspard DUGHET*

le **Guerchin** [le Louche]: *Giovanni Francesco BARBIERI,* peintre italien

le **Guerrier**: *CHARLES 1er,* duc de Savoie

la **Gueule**: *Claude GAULTIER,* avocat français

Gueule d'amour: *Marc MADIOT,* coureur cycliste français

Gueule d'amour: *Boris SERGUINE,* personnage de Jean-Paul Sartre

le **Guide**: *RENI,* peintre italien

le **Guide de l'école florentine**: *Francesco FURINI,* peintre italien

Guimauve le Conquérant: *Jules CLARETIE,* écrivain français

Guiscard [l'Avisé]: *ROBERT,* aventurier normand

Guitar: *Matthews MURPHY,* jazzman américain

le **Guitariste du Bon Dieu**: *le père DUVAL*

Guru Rimpoche [le Précieux Maître]: *PADMASAMBHAVA,* moine bouddhiste

Guy des gares: *Guy des CARS*

Guy molesté: *Guy MOLLET*

Le 6 février 1956 les Français d'Algérie accueillaient le Président du Conseil par des tomates. Quelqu'un dit en plaisantant: « Quand on est maire d'Arras, il ne s'agit pas de caler. »

H

Haardraade [le Sévère]: *HARALD III,* roi de Norvège
Haarfager [A la belle chevelure]: *HARALD 1er,* roi de Norvège
le **Hamster érudit**: *Michel ROCARD*
Happy: *Albert CAULDWELL,* jazzman américain
Happy Humphrey: *William COBB,* catcheur américain
Hard Rock: *James GREEN,* boxeur américain
le **Hardi**: *BOLESLAS II,* roi de Pologne

On l'appelait aussi « le Généreux » et « le Cruel ». Seul l'évêque de Cracovie, Stanislas, osa venir l'affronter et lui reprocher ses fautes: Boleslas le tua de ses propres mains, dans une église, le 11 avril 1079. Stanislas fut canonisé.

---

le **Hardi**: *CANUT ou KNUT ou KNUD III,* roi de Danemark et d'Angleterre
le **Hardi**: *William DOUGLAS,* révolté écossais
le **Hardi**: *GUILLAUME VII,* duc d'Aquitaine
le **Hardi**: *PHILIPPE II,* duc de Bourgogne
le **Hardi**: *PHILIPPE III,* roi de France
le **Hardi**: *PHILIPPE VI,* roi de France
Harefoot [Pied de lièvre]: *HAROLD 1er,* roi d'Angleterre
le **Hargneux**: *FOULQUES IV,* comte d'Anjou
l'**Harpagon du crime**: *Bernard PESQUET*
le **Haut d'Avallon**: *Pierre-Étienne FLANDIN,* homme politique français
le **Haut de Hurle-au-vent**: *le général de GAULLE*
le **Haut-Mékong**: *le général de GAULLE*

le **Haut-parleur**: *Max GALLO*

L'ancien porte-parole du gouvernement mesure un mètre quatre-vingt-treize.

---

l'**Hébreu**: *GUILLAUME,* maître à danser italien

l'**Hébreu**: *LÉON,* érudit israélite

Henricus Calcariensis [Né à Kalkar]: *Heinrich EGER,* théoricien musical allemand

l'**Hercule**: *DANTON*

l'**Hercule de la littérature française**: *Victor HUGO*

On a tout dit sur Victor Hugo grand écrivain, grand homme politique, grand amoureux. Il était gros mangeur aussi. André de Wissant donne cet exemple:

« Il coupait les oranges en deux (sans les peler), enfonçait dans chaque moitié des morceaux de sucre, des raisins secs, des fruits confits, rassemblait les deux moitiés ainsi gonflées, et mettait le tout dans sa bouche. Sa mâchoire de géant broyait ensuite lentement cette espèce de dessert. »

---

l'**Hercule lituanien**: *Georges 1er RADZIWILL,* homme de guerre lituanien

l'**Hercule du trapèze volant**: *Arnold SCHWARZENEGGER,* acteur américain d'origine autrichienne

l'**Heureux**: *ZADIG,* personnage de Voltaire

l'**Héritier spirituel de Pierre Dupont**: *Maurice BOUKAY,* chansonnier et homme politique français

l'**Héroïne du siècle**: *Madeleine de SENNETERRE*

le **Héros des deux mondes**: *le général LA FAYETTE*

La Fayette: Général qui alla combattre en Amérique pour épater la galerie.

(Définition de mots croisés)

---

le **Héros de l'Yser**: *ALBERT 1er, roi des Belges*

Herri à la houppe: *Henri PATENIER*, peintre flamand

l'**Heureux**: *DÉMÉTRIOS III*, roi de Syrie

l'**Heureux**: *LEIV ERIKSSON*, explorateur norvégien

le **Hibou**: *Jean-Jacques ROUSSEAU*, par la marquise de Pompadour

---

On disait de Jean-Jacques Rousseau: C'est un hibou. Oui, dit quelqu'un, mais c'est celui de Minerve; et quand je sors du « Devin du village », j'ajouterai: déniché par les grâces.

(Chamfort)

---

le **Hibou spectateur**: *RESTIF ou RÉTIF DE LA BRETONNE*, écrivain français, par lui-même

l'**Hidalgo de Galice**: *Julio IGLESIAS*

le **Hideux**: *Archibald DOUGLAS*, homme de guerre écossais

Hiérax [l'Épervier]: *ANTIOCHOS*, prince syrien

le **Hiérosolymitain**: *ANDRÉ II*, roi de Hongrie

Les Hiérosolymitains sont les habitants de Jérusalem. Le roi André avait fait en 1217 une croisade infructueuse.

Hilarius: *saint JEAN BERCHMANS*

Hiltetand [Dent de combat]: *HARALD*, roi danois à demi légendaire

l'**Himalaya de Paris**: *Paul CLAUDEL*, par Paul Guth

l'**Hippocrate d'Angleterre**: *Thomas SYDENHAM*

l'**Hippopotame des jungles infernales**: *BYRON*, par Lautréamont

---

A l'âge de dix-huit ans il mesurait environ un mètre soixante-dix et pesait plus de cent kilos.

---

le **Hippy doré**: *Paul GETTY*

la **Hire** [la Colère]: *Étienne de VIGNOLES*, capitaine français

l'**Hitchcock gaulois**: *le général de GAULLE,* par Leffel
the **Hit Man**: *Thomas HEARNS,* boxeur américain
le **Hittite**: *URIE,* personnage biblique
Ho Chi Minh [Celui qui éclaire]: *NGUYEN TAT TAN*
l'**Hogarth de l'histoire**: *Thomas CARLYLE,* par Jules Barbey d'Aurevilly
le **Hollandais volant**: *Cees VAN DER VEN,* coureur motocycliste néerlandais
le **Hollandais volant**: *Piet VAN KEMPEN,* coureur cycliste néerlandais
l'**Homère des abeilles**: *Karl von FRISCH,* zoologiste autrichien

---

Il a découvert le « langage » des abeilles, qui s'exprime par le rythme et l'orientation de leur vol ou « danse ».

---

l'**Homère anglais**: *CHAUCER*
l'**Homère de la canaille**: *Paul de KOCK,* par Amiel

Agé, l'écrivain refusa la Légion d'honneur en ces termes: « En fait de croix, je n'en ai plus besoin que d'une; c'est une croix de marbre, et mes enfants s'en chargeront. »

---

l'**Homère de l'histoire**: *Augustin THIERRY,* par Chateaubriand
l'**Homère de l'ordure**: *HÉBERT*
Homéromastix [le Fouet d'Homère]: *ZOÏLE,* sophiste grec
Homesick [Qui a le mal du pays]: *James WILLIAMSON,* guitariste et chanteur de blues américain
Homicide: *Henry ARMSTRONG,* boxeur américain
l'**Homme**: *ALAIN,* philosophe français, par ses élèves
l'**Homme d'acier**: *Joe KITTINGER,* aérostier américain
l'**Homme d'acier**: *Tony ZALE,* boxeur américain
l'**Homme d'acier** [Staline]: *Joseph DJOUGATCHVILI*
l'**Homme à la barbiche**: *Raymond POINCARÉ*
l'**Homme au brin d'herbe entre les dents**: *Brice LALONDE*
l'**Homme aux Calas**: *VOLTAIRE*

l'Homme au chapeau de paille: *ZAMI,* marcheur martiniquais

l'Homme au chiffon de papier: *Theobald BETHMANN-HOLLWEG,* chancelier allemand

---

En juillet 1914 il appela « chiffon de papier » le protocole de Londres qui garantissait la neutralité belge.

---

l'Homme à la cravate blanche: *Pierre LAVAL*

l'Homme aux doigts verts: *Georges DELBARD,* jardinier français

l'Homme du 18 juin: *le général de GAULLE*

l'Homme de fer: *FRÉDÉRIC II,* électeur de Brandebourg

l'Homme de fer: *TAMERLAN*

l'Homme de fer: *Lech WALESA*

l'Homme de fer de la dame de fer: *Ian McGREGOR,* patron des charbonnages britanniques, par le Matin

l'Homme fort du P.C.: *Jean-Baptiste DOUMENG*

l'Homme de Hanovre: *Jacques FOIX,* footballeur français

l'Homme invisible: *Howard HUGHES*

l'Homme en jupon: *SENANCOUR,* écrivain français, par Lautréamont

l'Homme aux lunettes d'écaille: *Harold LLOYD*

l'Homme aux mains de pierre: *Carlo DURAN,* boxeur panaméen

l'Homme au masque de fer: *Eustache DAUGER?*

l'Homme au masque de fer: *Jacques LA CLOCHE?*

l'Homme au masque de fer: *Marc LA MORELHIE?*

l'Homme au masque de fer: *Ercole MATTIOLI?*

l'Homme au masque de fer: *le comte de VERMANDOIS?*

l'Homme aux mille victoires: *André MASSONI,* champion de pétanque français

l'Homme aux mille visages: *Lon CHANEY,* acteur américain

l'Homme à la moustache de gaulois: *Georges LEYGUES,* homme politique français

l'Homme mystérieux de la petite Europe: *Jean MONNET,* par Henry Coston

l'Homme en noir: *Jean BRETONNEL,* manager de boxe français

l'Homme à l'œillet à la boutonnière: *Pierre Elliott TRUDEAU,* homme politique canadien
l'Homme à l'orchidée: *Georges CARPENTIER*
l'Homme au petit chapeau: *Antoine PINAY*
l'Homme au petit manteau bleu: *Edme CHAMPION,* philanthrope français
l'Homme aux petits pois: *Henri LEMOINE,* coureur cycliste français

---

Il portait toujours le même maillot: blanc à gros pois rouges.

---

l'Homme aux petites socquettes blanches: *TENG SIAO-P'ING*
l'Homme le plus fort du monde: *Charles RIGOULOT*
l'Homme le plus laid de France: *le duc de ROQUELAURE*
l'Homme aux quarante millions: *Jean CASIMIR-PERIER,* homme d'État français
l'Homme qui rit dans les cimetières: *Raymond POINCARÉ*

Une méchante photo du Président de la République, prise pendant la Première Guerre mondiale dans un cimetière militaire, resta longtemps dans l'esprit des poilus.

---

l'Homme qui ne rit jamais: *Buster KEATON*
l'Homme à la rose: *NEHRU*
l'Homme rouge: *Gustave FLAUBERT,* par les Rouennais
l'Homme au sonnet: *ORONTE,* personnage de Molière
l'Homme soprano: *CHARPINI*
l'Homme à la tête de bois : *Marcel AYMÉ*
l'Homme aux trente-deux blessures: *le maréchal OUDINOT*

Les « grenadiers d'Oudinot » étaient célèbres sur les champs de bataille pour leur mépris du danger.

---

l'Homme au visage triste: *Janos KADAR,* homme politique hongrois
l'Homme-araignée: *Patrick EDLINGER*

l'**Homme-canon**: *Jesse OWENS*
l'**Homme-loup**: *Petrus BOREL,* poète français
Honey Bear: *Gene SEDRIC,* jazzman américain
Honeydripper: *Roosevelt SYKES,* jazzman américain
l'**Horace portugais**: *Antonio FERREIRA,* poète portugais
l'**Horatius Coclès du Tyrol**: *le général DUMAS*

En 1798, il défendit seul, à Brixen, le passage d'un pont d'où dépendait la suite des opérations.

---

le **Horion-express**: *Charles HUMEZ,* boxeur français
l'**Hospitalier**: *saint JULIEN*
Hot Lips: *Oran Thaddeus PAGE,* jazzman américain
Hotspur [Chaud au combat]: *Henry PERCY,* homme de guerre normand
l'**Humain**: *MARTIN,* roi d'Aragon et de Sicile
le **Humboldt brésilien**: *Alexandre Rodriguez FERREIRA,* voyageur et naturaliste portugais
Humphrey le Bienheureux: *William COBB,* catcheur américain
Hunger [Faim]: *OLAV 1er,* roi de Danemark
Hurricane: *Rubin CARTER,* boxeur américain
le **Hussard**: *Jacques CHIRAC*
le **Hussard de Chirac**: *Jacques TOUBON*
le **Hussard de la mort**: *Charles NUNGESSER,* aviateur français
le **Hutin**: *LOUIS X,* roi de France

C'est-à-dire « le Querelleur », « l'Entêté »

---

l'**Hyène de Brescia**: *Julius von HAYNAU,* général autrichien
l'**Hyène de Marzabotto**: *Walter REDER,* criminel de guerre nazi
l'**Hymnographe**: *JOSEPH,* moine et poète grec

l'Idole des jeunes: *Johnny HALLYDAY*

On disait: « Ses fidèles cassent trop. »

---

l'Idole du Temple: *Mme de BOUFFLERS,* amie de Voltaire
Ike: *le général EISENHOWER*
Ilhuicamina [l'Archer des Cieux]: *MOTECUHZOMA 1er,* souverain aztèque
Ille-et-Vilaine: *Philippe ERLANGER,* historien français
l'Illuminateur: *saint GRÉGOIRE,* apôtre de l'Arménie
l'Illuminé: *Raymond LULLE,* théologien et écrivain espagnol
l'Illustre: *ALEXANDRE 1er,* roi de Syrie
l'Illustre: *ANTIOCHOS IV,* roi de Syrie
l'Illustre: *EDGAR,* roi anglo-saxon
l'Illustre: *NICOMÈDE II,* roi de Bithynie
l'Illustre: *OTHON ou OTTON 1er,* duc de Bavière
l'Illustre: *PTOLÉMÉE V,* roi d'Égypte
l'Illustre: *ROBERT II,* comte d'Artois
l'Illustre: *SÉLEUCOS VI,* roi de Syrie
l'Illustre Sapho: *Madeleine de SCUDÉRY,* romancière française
l'Illustre Savoyard: *PHILIPPOT,* chansonnier savoyard
l'Imberbe: *RAOUL,* moine et chroniqueur bourguignon
Imbu roi: *le général de GAULLE*

On a fabriqué beaucoup de mots sur l'Homme du 18 juin. Ceux qu'il a faits lui-même ne se comptent plus. Par exemple celui-ci, rapporté par Maurice Schumann.

A un flatteur qui lui disait: « Vous savez, mon Général, ma femme est gaulliste », il répondit: « La mienne aussi ».

---

l'**Imitateur de Satan**: *Adam MICKIEWICZ,* poète polonais, par Lautréamont

l'**Immatriculée Contraception**: *Lucien NEUWIRTH,* par Jean Foyer

---

Il est l'auteur de la loi sur la régulation des naissances.

---

l'**Imperator de l'Europe**: *Jean MONNET,* par Roger Mennevée

l'**Impératrice du blues**: *Bessie SMITH*

l'**Impératrice errante**: *ÉLISABETH DE WITTELSBACH,* impératrice d'Autriche

l'**Impératrice de l'Inde**: *Indira GANDHI*

l'**Impératrice sans couronne**: *Catherine SCHRATT,* amie de François-Joseph 1er d'Autriche

l'**Impératrice de la spatule**: *Marja-Lisa HAMALAINEN,* skieuse finlandaise

Imperiosus [Qui commande en maître absolu]: *MANLIUS,* dictateur romain

l'**Imposteur**: *le second faux DIMITRI,* aventurier russe

l'**Imposteur**: *TARTUFE ou TARTUFFE,* personnage de Molière

l'**Imposteur chaleureux**: *Édouard HERRIOT,* par Léon Daudet

l'**Impuissant**: *HENRI IV,* roi de Castille et de Léon

l'**Inaccessible**: *DURGA,* déesse hindoue

l'**Inca**: *GARCILASO DE LA VEGA,* écrivain espagnol

Il était né d'une mère péruvienne.

---

l'**Inclément**: *Jean-Marie Bernard CLÉMENT,* critique et auteur dramatique français

l'**Incomparable**: *Mrs PHILIPS,* poétesse et traductrice anglaise

l'**Incomparable Arthénice**: *la marquise de RAMBOUILLET,* « précieuse » française

l'**Incomparable Écervelé**: *BISMARCK*

l'**Incomparable Épicier**: *Théophile GAUTIER,* par Lautréamont

l'Incomplet : *BOILEAU*

Tout enfant il tomba en jouant dans la cour d'une ferme. Sa jaquette s'étant retroussée dans sa chute, un dindon lui donna plusieurs coups de bec...

---

l'Incorruptible : *Maximilien de ROBESPIERRE*
Indicopleuste [Navigateur ou Voyageur dans l'Inde] **:** *COSMAS,* marchand d'Alexandrie
Indira [Lotus] **:** *LAKSMI,* déesse hindoue
l'Indolent : *CHARLES VII,* roi de France
l'Indolent : *MIESZKO II,* roi de Pologne
l'Infâme Motier : *le général LA FAYETTE*
l'Infant de la balle : *Yannick NOAH,* par le Crapouillot
l'Inflexible : *SÉLIM 1er*
l'Ingénieur de l'univers : *Gustave EIFFEL*
l'Ingénu : *Hercule de KERKABON,* personnage de Voltaire
l'Ingénue de la corruption : *Madame d'ÉPINAY,* par Jules Barbey d'Aurevilly
l'Inoubliable inoubliée : *FRÉHEL*
l'Insensé : *ANTIOCHOS IV,* roi de Syrie
l'Insensé : *CHARLES VI,* roi de France
l'Insigne Docteur des Églises : *saint HILAIRE*
l'Insociable : *Paul LÉAUTAUD,* par Rachilde
l'Instillateur de l'Élysée : *François MITTERRAND,* par André Ribaud
l'Intello du vélo : *Laurent FIGNON*
l'Invalide à la jambe de bois : *le général DAUMESNIL*
l'Inventeur des carottes râpées : *Benjamin GAYELORD HAUSER,* diététicien américain
l'Inventeur du jazz : *Jelly Roll MORTON,* par lui-même

1922-1930 : la période la plus prospère de sa vie. Il est couvert de diamants : il s'en fait sertir un dans une de ses dents.

(Hugues Panassié)

---

l'**Inventeur de la langue française** : *Jean de MEUNG,* écrivain français

l'**Inventeur des règles du théâtre classique** : *Jean MAIRET,* poète dramatique français

Iron Duke [le Duc de fer] : *WELLINGTON*

Iron Lady [la Dame de fer] : *Margaret THATCHER*

Ironside [Côte de fer] : *EDMOND II,* roi d'Angleterre

l'**Iroquois** : *Henry CLOS-JOUVE,* gastronome français

l'**Irrésistible** : *José LUCCHESI,* chef d'orchestre français

l'**Isaurien** : *LÉON III,* empereur d'Orient

l'**Isaurien** : *ZÉNON,* empereur d'Orient

Iscariote : *JUDAS,* apôtre

Iscariote : *SIMON,* père de Judas

Iskander Bey [Prince Alexandre] : *Georges CASTRIOTA,* homme de guerre albanais

Israël [Qui lutte avec Dieu] : *JACOB,* patriarche hébreu

Ivan le Terrible : *John DEMJANJUK,* criminel de guerre nazi

Ivan le Terrible : *IVAN IV,* tsar de Russie

Ivan le Terrible : *Ivan LENDL*

l'**Ivrogne** : *MICHEL III,* empereur d'Orient

l'**Ivrogne** : *SÉLIM II,* sultan ottoman

l'**Ivrogne** : *VENCESLAS IV,* empereur germanique

Izquierdo [le Gaucher] : *Francesco HURTADO,* architecte espagnol

J

Jaboune : *Jean NOHAIN*

Jack le Bonimenteur : *Jack LANG,* par Jacques Dominati

Jack le Fou : *John BYRON,* capitaine anglais, père du poète

Jacob d'Amsterdam : *Jacob Cornelisz VAN OOSTSANEN,* peintre et graveur hollandais

Jacques Bon Sergent : *Jacques TOUBON,* par Maurice Horgues

Jacques du Four [Fils d'un boulanger] : *le pape BENOÎT XII*

Jacques-la-Frite : *Jacques LAFFITE*

le **Jacques Tati du rugby** : *Jean-Pierre BASTIAT*

Jacquou le Croquant : *JACQUOU,* personnage d'Eugène Le Roy

Jacquou le Croqueur : *Jacques CHIRAC,* par Henri Deligny

la **Jambe de bois** : *le général DAUMESNIL*

Il avait perdu une jambe à Wagram. Chargé en 1814 de défendre Vincennes et sommé par les alliés de rendre la place, il répondit : « Je rendrai Vincennes, quand on me rendra ma jambe. »

Jambes folles : *Chuck BERRY,* chanteur de rock américain

Jambes grêles : *LADISLAS III,* duc de Grande-Bretagne

Jambes nues : *MAGNUS III,* roi de Norvège

Jambes de velours : *Robert CHAPATTE*

Ce sympathique journaliste sportif débuta comme coureur cycliste : il s'aligna au départ de sept « Paris-Roubaix » et disputa six fois le Tour de France.

le **Japonais cannibale** : *Issei SAGAWA*
le **Jardinier** : *WERNHER ou WERNER,* poète de langue allemande
le **Jars de combat** : *le général DE GAULLE*
Jazz Gillum : *William GILLUM,* chanteur de blues et joueur d'harmonica américain
Jean des Bandes Noires : *JEAN DE MÉDICIS,* condottiere italien
Jean Chouan : *Jean COTTEREAU*
Jean le Cric : *Jean VALJEAN,* personnage de Victor Hugo
Jean de la Lune : *Jean LUMIÈRE*
Jean de Tarascon : *Jean GILLES,* compositeur français
le **Jean-Jacques des Halles** : *RESTIF ou RÉTIF DE LA BRETONNE,* écrivain français
Jeanne Achète : *Anne GAILLARD*
la **Jeanne d'Arc de l'Ulster** : *Bernadette DEVLIN*
la **Jeanne d'Arc du Yaourt** : *Anne GAILLARD*
Jeanne Hachette : *Jeanne LAISNÉ*

Lors du siège de Beauvais par Charles le Téméraire en 1472, elle renversa d'un coup de hachette le porte-étendard bourguignon.

Jehan de Paris : *Jean PERRÉAL,* peintre français
le **Jerry Lewis français** : *Michel LEEB*
le **Jésuite d'Anvers** : *Daniel SEGHERS,* peintre flamand
Jésus : *Thierry SABINE*
le **Jeune** : *Nicolas-Sébastien ADAM,* sculpteur français
le **Jeune** : *ALEXIS IV,* empereur d'Orient
le **Jeune** : *Diego de ALMAGRO,* conquistador espagnol
le **Jeune** : *ANDRONIC III,* empereur d'Orient
le **Jeune** : *Gyula ANDRASSY,* homme politique hongrois
le **Jeune** : *APOLLINAIRE DE LAODICÉE,* théologien grec
le **Jeune** : *ARISTIPPE,* philosophe grec
le **Jeune** : *ARNOBE,* moine à Rome
le **Jeune** : *AUGUSTE,* duc de Brunswick-Wolfenbüttel
le **Jeune** : *George BARRET,* peintre anglais
le **Jeune** : *BAUDOUIN III,* comte de Flandre

le **Jeune** : *Henri BESCHERELLE,* grammairien français
le **Jeune** : *Hans BOCKSBERGER,* peintre allemand
le **Jeune** : *Ambrosius BOSSCHAERT,* peintre flamand
le **Jeune** : *Jörg BREU,* peintre allemand
le **Jeune** : *Guillaume BRIÇONNET,* surintendant des Finances
le **Jeune** : *Jan BREUGHEL ou BRUEGEL ou BRUEGHEL,* peintre flamand
le **Jeune** : *Pieter BREUGHEL ou BRUEGEL ou BRUEGHEL,* peintre flamand
le **Jeune** : *Matthys BRIL,* peintre flamand
le **Jeune** : *François BUNEL,* peintre français
le **Jeune** : *Cornelis BUYS,* peintre hollandais
le **Jeune** : *Jean-François CHAMPOLLION,* égyptologue français
le **Jeune** : *Pieter CLAEISSENS,* peintre flamand
le **Jeune** : *George COLMAN,* dramaturge anglais
le **Jeune** : *CONSTANTIN II,* empereur romain
le **Jeune** : *Jean COTELLE,* peintre français
le **Jeune** : *Jean COUSIN,* peintre français
le **Jeune** : *Lucas CRANACH,* peintre et graveur allemand
le **Jeune** : *CRATINOS,* poète comique grec
le **Jeune** : *François CUPIS,* violoncelliste français
le **Jeune** : *CYRUS,* prince perse
le **Jeune** : *DAMOREAU,* musicien français
le **Jeune** : *Jean-Pierre DANTAN,* statuaire français
le **Jeune** : *DENYS,* tyran de Syracuse
le **Jeune** : *DIDOT,* libraire français
le **Jeune** : *Johann Jacob DORNER,* peintre allemand
le **Jeune** : *Jean-Louis DUPORT,* violoncelliste et compositeur français
le **Jeune** : *Louis Ferdinand ELLE,* peintre français
le **Jeune** : *Stefano FABRI,* compositeur italien
le **Jeune** : *Gerald FITZGERALD,* gouverneur de l'Irlande
le **Jeune** : *Mateo FLECHA,* compositeur espagnol
le **Jeune** : *FOULQUES V,* comte d'Anjou et roi de Jérusalem
le **Jeune** : *Pierre-Simon FOURNIER,* imprimeur français
le **Jeune** : *Ambrosius FRANCKEN,* peintre flamand
le **Jeune** : *Frans FRANCKEN,* peintre flamand
le **Jeune** : *Rueland FRUEAUF,* peintre autrichien

le **Jeune** : *Cornelis GALLE,* graveur flamand
le **Jeune** : *Jacques GALLOT,* luthiste français
le **Jeune** : *Denys GAULTIER DE PARIS,* luthiste français
le **Jeune** : *Claude Joseph GEOFFROY,* chimiste et botaniste français
le **Jeune** : *Marcus GHEERAERTS,* peintre anglais
le **Jeune** : *Jan Pauwell GILLEMANS,* peintre flamand
le **Jeune** : *Jean-Claude GILLIER,* compositeur français
le **Jeune** : *GORDIEN II,* empereur romain
le **Jeune** : *Vincenzo de GRANDIS,* peintre et architecte espagnol
le **Jeune** : *GUILLAUME II,* duc d'Aquitaine
le **Jeune** : *HENRY,* violoniste et compositeur français
le **Jeune** : *Francisco HERRERA,* peintre et architecte espagnol
le **Jeune** : *HIÉRON,* roi de Syracuse
le **Jeune** : *HILLEL,* docteur juif
le **Jeune** : *Gérard HOET,* peintre hollandais
le **Jeune** : *Hans HOLBEIN,* peintre allemand
le **Jeune** : *Pieter HOLSTEYN,* graveur hollandais
le **Jeune** : *Jan Josef HOREMANS,* peintre flamand
le **Jeune** : *HUGH THE DESPENSER,* favori du roi anglais Édouard II
le **Jeune** : *Justus HUYSUM,* peintre hollandais
le **Jeune** : *JEAN DE GARLANDE,* théoricien de la musique
le **Jeune** : *Roelof KOETS,* peintre néerlandais
le **Jeune** : *Jean-Charles-Dominique de LACRETELLE,*
homme politique et historien français
le **Jeune** : *Jean-Jacques LAGRENÉE,* peintre français
le **Jeune** : *Johann Baptist LAMPI,* peintre autrichien
le **Jeune** : *Pierre LEGROS,* sculpteur français
le **Jeune** : *Martino LONGHI,* architecte italien
le **Jeune** : *LOUIS II,* empereur d'Allemagne
le **Jeune** : *LOUIS III,* roi de Germanie
le **Jeune** : *LOUIS VII,* roi de France
le **Jeune** : *LUC,* moine en Grèce
le **Jeune** : *saint MACAIRE*
le **Jeune** : *Aldo MANUCE,* imprimeur et érudit vénitien
le **Jeune** : *Caius MARIUS,* consul romain

le **Jeune** : *Mathieu MERIAN*
le **Jeune** : *Johannes MEURSIUS,* philologue hollandais
le **Jeune** : *Louis MICHAUD,* biographe français
le **Jeune** : *Jean-Baptiste MIROGLIO,* violoniste italien
le **Jeune** : *Helmuth von MOLTKE,* général allemand
le **Jeune** : *Pieter de MOLYN,* peintre hollandais
le **Jeune** : *Jean MONDONVILLE,* compositeur français
le **Jeune** : *MONTEZUMA ou MOCTEZUMA II,* empereur aztèque
le **Jeune** : *Leandro MORATIN,* auteur dramatique espagnol
le **Jeune** : *Jean-Michel MOREAU,* dessinateur et graveur français
le **Jeune** : *Frédéric MOREL,* imprimeur français
le **Jeune** : *Pieter MULIER,* peintre hollandais
le **Jeune** : *Daniel MYTENS,* peintre hollandais
le **Jeune** : *Martinus MYTENS,* peintre hollandais
le **Jeune** : *Jean-Auguste NAHL,* peintre allemand
le **Jeune** : *Pieter NEEFS,* peintre hollandais
le **Jeune** : *Antoine-Michel PADELOUP,* relieur français
le **Jeune** : *PALMA,* peintre italien
le **Jeune** : *Abhinava PAMPA, alias NÂGACHANDRA,* écrivain indien
le **Jeune** : *Lorens PASCH,* peintre suédois
le **Jeune** : *Jean PÉNICAUD,* émailleur français
le **Jeune** : *PÉPIN DE HERSTAL,* maire du palais
le **Jeune** : *PHILÉMON,* écrivain grec
le **Jeune** : *PLINE,* écrivain latin
le **Jeune** : *POLYCLÈTE,* architecte grec
le **Jeune** : *Franz II POURBUS ou PORBUS,* peintre flamand
le **Jeune** : *Artus QUELLINUS ou QUELLIN,* sculpteur flamand
le **Jeune** : *Anthony RAVESTEYN,* peintre hollandais
le **Jeune** : *REINMAR,* poète allemand
le **Jeune** : *Hermann RING,* peintre allemand
le **Jeune** : *Augustin de ROBESPIERRE,* conventionnel français
le **Jeune** : *ROMAIN II,* empereur d'Orient
le **Jeune** : *ROSNY,* écrivain français
le **Jeune** : *Antonio SANGALLO,* architecte italien
le **Jeune** : *Hans SCHÖPFER,* peintre allemand

le **Jeune** : *Charles-Marie-Émile SEURRE,* statuaire français
le **Jeune** : *Christoffel SICHEM,* graveur hollandais
le **Jeune** : *Louis SILVESTRE,* peintre français
le **Jeune** : *saint SIMÉON STYLITE*
le **Jeune** : *Jörg SYRLIN,* sculpteur et graveur allemand
le **Jeune** : *David II TENIERS,* peintre flamand
le **Jeune** : *Nicodemus TESSIN,* architecte suédois
le **Jeune** : *Henri TESTELIN,* peintre français
le **Jeune** : *THÉODOSE II,* empereur d'Orient
le **Jeune** : *Johann Friedrich August TISCHBEIN,* peintre allemand
le **Jeune** : *Wilhelm TISCHBEIN,* peintre allemand
le **Jeune** : *VALDEMAR III,* roi de Danemark
le **Jeune** : *Willem VAN DE VELDE,* peintre hollandais
le **Jeune** : *Jan VAN DER MEER,* peintre hollandais
le **Jeune** : *Jan VAN KESSEL,* peintre flamand
le **Jeune** : *Jacob VAN OOST,* peintre flamand
le **Jeune** : *Hendrick VAN STEENWYCK,* peintre hollandais
le **Jeune** : *VENCESLAS III,* roi de Bohême et de Hongrie
le **Jeune** : *Gaspar Pieter VERBRUGGEN,* peintre flamand
le **Jeune** : *Pierre VERMONT,* compositeur français
le **Jeune** : *Hermann VISCHER,* sculpteur allemand
le **Jeune** : *Peter VISCHER,* sculpteur allemand
le **Jeune** : *Heinrich VOGHTERR,* peintre allemand
le **Jeune** : *Lucas VORSTERMAN,* graveur flamand
le **Jeune** : *Joseph WERNER,* peintre suisse
le **Jeune** : *Richard WESTMACOTT,* sculpteur anglais
le **Jeune** : *Jacob WET,* peintre hollandais
le **Jeune** : *Thomas WYATT,* conspirateur anglais
le **Jeune** : *XÉNOPHON D'ÉPHÈSE,* écrivain grec
le **Jeune Aventureux** : *le maréchal de BOUILLON*
la **Jeune** : *AGRIPPINE,* princesse romaine
la **Jeune** : *ANTONIA,* princesse romaine
la **Jeune** : *FAUSTINE,* princesse romaine
la **Jeune** : *sainte MÉLANIE*
le **Jeûneur** : *JEAN,* patriarche de Constantinople

J.-J. S.-S. : *Jean-Jacques SERVAN-SCHREIBER*
la **Jockette** : *Darie BOUTBOUL*
Joe Vinaigre : *le général STILLWELL*
le **Joffre de notre économie** : *Raymond BARRE,* par Valéry Giscard d'Estaing
Johnny : *Pierre MERCADIER,* personnage de Louis Aragon
Jojo la Facilité : *Georges POMPIDOU,* par François Brigneau
le **Jongleur** : *Théodore TRONCHIN,* médecin suisse, par Jean-Jacques Rousseau

---

Médecin à la mode à Paris vers 1770, il essaya sur les enfants du duc d'Orléans le vaccin antivariolique.

---

le **Josépin ou le Joseppin** : *Giuseppe CESARI,* peintre italien
le **Joueur de flûte** : *PTOLÉMÉE XII,* roi d'Égypte
Jourdan Coupe-tête : *Mathieu-Jouve JOURDAN*

A Versailles, le 6 octobre 1789, il coupa la tête des deux gardes du corps du roi Deshuttes et Varicourt, et, à Paris, le 14 juillet, celle du marquis de Launay, gouverneur de la Bastille.

---

le **Jovial Démocrate** : *Charles HERNU*
Joxe terrier : *André LAIGNEL*
Judge [le Juge] : *Lawrence RILEY,* jazzman américain
la **Judy Garland française** : *Pia COLOMBO*
le **Juif** : *Flavius JOSÈPHE*
le **Juif** : *PHILON,* philosophe grec
le **Juif** : *Antonio José da SILVA,* auteur dramatique portugais
le **Juif errant** : *AHASVÉRUS*
le **Juif errant** : *JOSEPH,* personnage d'Eugène Sue
le **Juif Süss** : *Joseph SÜSS OPPENHEIMER,* financier allemand
Jules les Deux-Églises : *Julio IGLESIAS*
le **Jules Verne anglais** : *Herbert George WELLS*
la **Juliette Iglesias des années soixante** : *Gloria LASSO,* par le Matin
Julot : *Jules LADOUMÈGUE*

les **Jumeaux de La Réole** : *les généraux César et Constantin FAUCHER*

Leur opposition aux Bourbons et l'accusation d'avoir constitué un dépôt d'armes les firent traduire devant un conseil de guerre. N'ayant pas trouvé d'avocat, ils se défendirent mutuellement, furent condamnés à mort et fusillés le 27 juillet 1815 à Bordeaux.

les **Jumelles** : *COLETTE et POLAIRE*

La femme de lettres et la chanteuse sortaient habillées pareillement, pilotant l'une des premières automobiles. Willy disait du tour de taille de Polaire qu'il était « capable d'enjalouser une abeille ».

Junior : *Douglas FAIRBANKS*

Junior : *Alvin RAGLIN,* jazzman américain

la **Junon d'Henri IV** : *MARGUERITE D'ANJOU,* reine d'Angleterre

le **Jurassique** : *Jules GRÉVY*

Il avait été très populaire. Après le scandale des décorations (son gendre, Daniel Wilson, à l'abri de l'Élysée, se livrait à un trafic d'influence), il démissionna sous les huées.

le **Juste** : *ABD AL-RAHMÂN 1er,* émir de Cordoue

le **Juste** : *ARISTIDE,* général et homme politique athénien

le **Juste** : *CASIMIR II,* roi de Pologne

le **Juste** : *FERDINAND 1er,* roi d'Aragon et de Sicile

le **Juste** : *FRÉDÉRIC IV,* comte et électeur palatin

le **Juste** : *FRÉDÉRIC-AUGUSTE 1er,* roi de Saxe

le **Juste** : *saint JACQUES,* apôtre

le **Juste** : *JACQUES II,* roi d'Aragon et de Sicile

le **Juste** : *LOUIS XIII,* roi de France

le **Juste de la Justice** : *Gustave GEFFROY,* écrivain français, par Jules Barbey d'Aurevilly le **Justicier :** *PIERRE,* roi de Castille

le **Justicier :** *PIERRE 1er,* roi de Portugal

le **Justinien britannique :** *ÉDOUARD 1er,* roi d'angleterre

le **Juvénal anglais :** *John OLDHAM,* poète anglais

K

le **Kaiser** [l'Empereur] : *Franz BECKENBAUER,* footballeur allemand

le **Kaiser** : *Franz KLAMMER,* skieur autrichien

le **Kaiser** : *Joseph MARSCHALL,* jazzman américain

Kali [la Noire] : *DURGA,* déesse hindoue

Kalita [Sac d'argent] : *IVAN 1er,* grand-prince de Moscou et de Vladimir

Kallinikos [le Grand Vainqueur] : *SÉLEUCOS II,* roi de Syrie

Kaloyan [le Beau Jean] : *JEAN II,* tsar de Bulgarie

Kamala [Lotus] : *LAKSMI,* déesse hindoue

Kansas : *Carl FIELDS,* jazzman américain

le **Kant du pauvre** : *Charles RENOUVIER,* philosophe français

Kanuni [le Législateur] : *SOLIMAN ou SULEYMAN II,* sultan ottoman

Karageorges [Georges le Noir] : *Georges PETROVIC,* patriote serbe

le **Keats du Canada** : *Archibald LAMPMAN,* poète canadien de langue anglaise

Keg [Baril] : *Frederick JOHNSON,* jazzman américain

Keg : *William PURNELL,* jazzman américain

Kémal [le Parfait] : *MUSTAFA ATATÜRK,* général et homme politique turc

Kennedillon : *Jean-Jacques SERVAN-SCHREIBER,* par François Mauriac

le **Kennedy gaulois** : *Valéry GISCARD D'ESTAING*

Képhas [Pierre] : *SIMON,* apôtre sous le nom de Pierre

Kéraunos [la Foudre] : *PTOLÉMÉE,* roi de Macédoine

Kéraunos : *SÉLEUCOS III,* roi de Syrie

le **Kerenski de notre économie** : *Jacques DELORS*

le **Khazar** [d'un ancien peuple d'origine turque] :
LÉON IV, empereur d'Orient

le **Kid de Cincinnati** : *Steven SPIELBERG,* cinéaste américain le **Kid** : *Jackie COOGAN,* acteur américain

---

> Enfant prodige, il est resté à jamais « le Kid », avec son pantalon trop grand et sa casquette qui lui tombait sur les oreilles. Hélas ! il grandit...
>
> (Jean Tulard)

Kiki : *Jean-Claude ARIFON,* athlète français
Kilimandjaro : *Proud CHINEMBERI,* boxeur africain
King [le Roi] : *Cassius CLAY*
King : *Nathaniel COLE,* pianiste et chanteur de jazz américain
King : *Joe OLIVER,* jazzman américain
King : *Curtis OUSLEY,* jazzman américain
King : *Elvis PRESLEY*
King Carl : *Carl LEWIS,* athlète noir américain
King Kong : *André BLANCHET,* coureur cycliste français
King Kong : *Édouard DEPREUX,* homme politique français, par François Brigneau
Klimakos [de l'Échelle] : *saint JEAN,* auteur ascétique grec
Klook : *Kenny CLARKE,* jazzman américain
Krabsucki : *Henri KRASUCKI*
la **Kravate** : *Alain KRIVINE*
le **Kremlin-Biceps** : *Nikita KHROUCHTCHEV*

> C'est à New York, à l'O.N.U., le 13 octobre 1960, qu'il avait ôté sa chaussure pour en frapper énergiquement son pupitre.

Krimski [Crimée] : *Vassili Mihaïlovitch DOLGOROUKI,* général russe
Krivine de Saint-Émilion : *Jacques CHABAN-DELMAS,* par René Fallet
le **Kronprinz** : *FRÉDÉRIC-GUILLAUME,* prince prussien
le **Kruseman italien** : *Cornelis KRUSEMAN,* peintre hollandais
Krzywousty [Bouche tordue] : *BOLESLAS III,* duc de Pologne
Kumari [la Vierge] : *DURGA,* déesse hindoue
Kutchuk [Petit] : *Mohammed SAÏD-PACHA,* homme d'État ottoman
Kyrre [le Tranquille] : *OLAV III,* roi de Norvège

L

Labeo [Lippu] : *NOTKER DE SAINT-GALL,* écrivain suisse de langue allemande
le **Laboureur** : *saint ISIDORE*
le **Laboureur** : *Robert BOULIN,* homme politique français
le **La Bruyère femelle** : *Madame de STAËL*
le **La Bruyère des vespasiennes** : *COLUCHE,* par Jean Grimaldi
le **Lacédémonien** : *CHILON,* philosophe grec

Il mourut d'un excès de joie, en embrassant son fils vainqueur aux jeux Olympiques

Lady Day : *Billie HOLIDAY*
Lady Di : *Diana SPENCER*
Lady Maradona : *Gabriela SABATINI,* joueuse de tennis argentine
le **La Fontaine de la Chanson** : *Nicolas BRAZIER*

C'est lui qui disait : « Le chansonnier est une bête à bon Dieu : il a horreur de la cage, si dorée soit-elle. »

le **La Fontaine des grammairiens** : *DUMARSAIS*
Lagaböte [le Législateur] : *MAGNUS VI,* roi de Norvège
le **Laitier volant** : *Louis CAPUT,* coureur cycliste français
Lam [l'Agneau] : *Éric ou ERIK III,* roi de Danemark
le **Lamennais du XXe siècle** : *Pierre DABRY,* ecclésiastique et publiciste français
la **Landru de Nancy** : *Simone WEBER*

le **Landru du Sud-Est asiatique** : *Charles SOBHRAJ*
le **Landru du Val-d'Oise** : *Bernard PESQUET*
Lange Pier : *Pieter AERTSEN,* peintre hollandais
le **Lapin mécanique** : *Stefan EDBERG,* tennisman suédois
il **Lasca** : *Anton Francesco GRAZZINI,* écrivain italien
Laskonogi [jambes grêles] : *LADISLAS III,* duc de Grande-Pologne
le **Latin allemand** : *Conrad Ferdinand MEYER,* écrivain suisse
la **Latine** : *Beatriz GALINDO,* érudite espagnole
Laurent la Malice : *Laurent BROOMHEAD*
Laval qui rit : *Jean-Marie LE PEN,* par Thierry Le Luron
Lavrador [Fermier] : *João* FERNANDES, marin portugais
Leadbelly : *Huddie LEDBETTER,* chanteur de blues et guitariste américain
le **Leclerc du voyage** : *Jacques MAILLOT,* homme d'affaire français
la **Légende du piano** : *Vladimir HOROWITZ*
le **Législateur** : *MAGNUS VI,* roi de Norvège
le **Législateur** : *SOLIMAN ou SULEYMAN II,* sultan ottoman
le **Législateur** : *VALDEMAR II,* roi de Danemark
le **Législateur du Parnasse français** : *BOILEAU*
le **Léo Ferré de nos pères** : *Xavier PRIVAS,* par Fernand Sardou

---

Ses biographes ont raconté comment Antoine Taravel s'était choisi un pseudonyme : Xavier (parce que c'était le jour de la Saint-Xavier) et Privas (parce que la première lettre qu'il reçut venait de la préfecture de l'Ardèche).

Léo de Hurle-aux-fans : *Léo FERRÉ*
Léo parleur : *Léo HAMON,* homme politique français
Léon l'Hébreu : *Judas ABRABANEL,* érudit israélite
Léonard de Vingt-sous : *Léonard SARLUIS,* peintre français
le **Léonidas français** : *le général DUMOURIEZ*
Léotartarin : *François LÉOTARD,* par le Canard Enchaîné
le **Lépreux** : *OSÉE,* roi d'Israël
le **Lépreux** : *SIMON,* personnage de l'Évangile
le **Letton** : *HENRI,* chroniqueur allemand

le **Leu** : *GAUTIER,* narrateur wallon

le **Lévrier hébreu** : *Léon BLUM,* par Léon Daudet

le **Lévrier des mers** : *Jules DUMONT D'URVILLE*

Le navigateur qui, pendant près de trente ans, avait fait tant d'explorations et de découvertes dans le monde entier, périt avec toute sa famille entre Paris et Versailles dans l'un des premiers accidents de chemin de fer, le 8 mai 1842.

---

le **Lévrier de M. de Lamartine** : *Charles ROLLAND*

Il fut le fidèle compagnon de Lamartine à l'Assemblée Nationale de 1848. Il siégeait à côté de lui et était comme son ombre. C'est pourquoi, sachant le goût du poète pour les élégants lévriers dont, à la campagne, il était fréquemment escorté, ses collègues avaient, en souriant, surnommé Charles Rolland « le Lévrier de M. de Lamartine ».

(Georges Lecomte)

---

le **Libéral** : *DENIS 1er,* roi de Portugal

le **Libéral** : *ÉDOUARD,* comte de Savoie

le **Libéral** : *ROBERT 1er,* duc de Normandie

le **Libérateur** : *JUPITER*

le **Libérateur du territoire**: *Adolphe THIERS*

le **Libérateur du Venezuela** : *Simon BOLIVAR*

le **Libertin** : *Pietro LIBERI,* peintre italien

le **Libertin mystique** : *Remy de GOURMONT,* écrivain français, par Rachilde

le **Libertin sentimental** : *Benjamin CONSTANT,* par A. de Kerchove

---

« Un soprano de la chapelle Sixtine sorti de dessous la jupe de Madame de Staël », a dit Barbey d'Aurevilly de l'auteur d'« Adolphe ».

---

le **Libraire** : *MENDELE,* écrivain hébreu et yiddish

Lightnin ' : *HOPKINS,* chanteur de blues et guitariste américain

Lindy le Veinard : *Charles LINDBERGH*

Le 21 mai 1927 il réussit la première traversée aérienne de l'Atlantique en solitaire et sans escale. La chance tourna cinq ans plus tard : son jeune fils fut kidnappé et assassiné.

---

le **Lion :** *GUILLAUME,* roi d'Écosse
le **Lion :** *GUILLAUME 1er,* duc de Normandie
le **Lion :** *HENRI,* duc de Saxe et de Bavière
le **Lion :** *Joseph KESSEL*
le **Lion :** *LOUIS VIII,* roi de France
le **Lion :** *Georges PAILLARD,* coureur cycliste français
le **Lion :** *Willie SMITH,* jazzman américain
le **Lion de Belfort :** *Étienne MATTLER,* footballeur français
le **Lion des Flandres :** *Jean-Pierre COOPMAN,* boxeur belge
le **Lion de Lancut :** *Roman POTOCKI,* noble polonais
le **Lion russe :** *Gus LESNEVITCH,* boxeur américain
le **Lion du violon :** *Fritz KREISLER*
la **Lionne :** *Régine CRESPIN,* cantatrice française
la **Lionne du cinéma français :** *Simone SIGNORET*
la **Lionne courageuse :** *Anne GAILLARD*
la **Lionne rousse :** *Angélique PAULET,* « précieuse » française
le **Lippu :** *NOTKER DE SAINT-GALL,* écrivain suisse de langue allemande
le **Littérateur du territoire :** *André MALRAUX*
Little Brother [Petit Frère] **:** *Eurreal MONTGOMERY,* jazzman américain
Little Chocolate : *George DIXON,* boxeur américain
Little Jazz : *Roy David ELDRIDGE,* jazzman américain
Little Johnnie : *Johnnie JONES,* jazzman américain
Little Posey : *Freddie JENKINS,* jazzman américain
Little Rauque : *Charles AZNAVOUR*

Un critique écrivit en 1950 : « Se présenter devant le public avec un tel physique et une telle voix prouve une totale inconscience. »

Little Sax : *Robert Henry CROWDER,* jazzman américain
Little Walter : *Marion JACOBS,* jazzman américain
la **Loca** [la Folle] : *JEANNE,* reine de Castille
Lockjaw [Tétanos] : *Eddie DAVIS,* jazzman américain
la **Locomotive :** *Vladimir KUTS,* coureur à pied soviétique
la **Locomotive de l'érotisme :** *Régine DEFORGES,* par le Crapouillot
la **Locomotive humaine :** *Émil ZATOPEK*
le **Logothète** [le Contrôleur des comptes] : *NICÉPHORE 1er,* empereur d'Orient

---

Il avait été ministre des Finances de l'impératrice Irène. Devenu empereur, il fut défait par le calife abbasside Haroun al-Rachid, puis par le terrible khan bulgare Krum. Ce dernier le tua et fit de son crâne... une coupe à boire !

Lokietek [le Nain] : *LADISLAS 1er,* roi de Pologne
le **Lombard :** *PIERRE,* théologien scolastique d'origine italienne
le **Londonien :** *Giuseppe SAMMARTINI,* compositeur italien
le **Long :** *Pieter AERTSEN,* peintre hollandais
le **Long :** *Hans JORDAENS,* peintre flamand
le **Long :** *PHILIPPE V,* roi de France
Longue-Épée : *GUILLAUME 1er,* duc de Normandie
Longue-Épée : *GUILLAUME DE MONTFERRAT,* prince et croisé lombard
Longue-Main : *ARTAXERXÈS 1er,* roi de Perse
Longue-Tête : *PTOLÉMÉE X,* roi d'Égypte
the **Look** [le Regard] : *Lauren BACALL*
le **Lope de Vega de la musique espagnole :** *José de NEBRA,* compositeur et organiste espagnol
Lorenzaccio [le mauvais Laurent] : *LORENZO DE MÉDICIS,* prince florentin
le **Lorrain :** *Claude GELLÉE,* peintre français
Lotus : *LAKSMI,* déesse hindoue
Louangeur des dames ou de Notre-Dame : *HEINRICH VON MEISSEN,* poète allemand
le **Louche :** *Giovanni Francesco BARBIERI*

le **Louche** : *ÉRIC ou ERIK V,* roi de Danemark
le **Louche** : *WALAFRID,* moine allemand
Louis Capet : *LOUIS XVI,* roi de France
Louis de Fer : *LOUIS II,* landgrave de Thuringe
Louis d'Outremer : *LOUIS IV,* roi de France
Louison : *Louis BOBET*

Bobet est avec Poulidor le plus populaire des coureurs cyclistes français de l'après-guerre. Il remporta trois fois de suite le tour de France. D'où cette épitaphe :

Louison Bobet
Trois fois vainqueur de la Grande Boucle
Est enfermé ici
A « triple tour ».

---

le **Loup solitaire** : *Gaétan ZAMPA,* « parrain » marseillais
le **Loup-cervier** : *Frédéric de NUCINGEN,* personnage d'Honoré de Balzac
la **Louque** : *Joséphine CHEVALIER,* mère de Maurice Chevalier
la **Louve de France** : *ISABELLE DE FRANCE,* reine d'Angleterre
la **Louve romaine** : *ACCA LARENTIA,* personnage de la mythologie romaine
Louverture : *François Dominique TOUSSAINT,* homme politique haïtien

---

Il « ouvrait » avec vaillance des brèches dans les rangs de l'ennemi.

---

le **Loyal serviteur** : *Jacques de MESMES,* historien français
Luca da Reggio : *Luca FERRARI,* peintre italien
Luca Fa Presto [Fait vite] : *Luca GIORDANO,* peintre italien
le **Lucifer de Médan** : *Émile ZOLA*
Lucky Luke : *Michel DELEBARRE,* homme politique français
Lucky Luke : *Henri LECONTE*
le **Ludion des « Grosses Têtes »** : *SIM*
le **Ludion de la politique** : *Michel JOBERT*
Lugné-Pouah : *LUGNÉ-POE,* par Henri Jeanson

la **Lumière de l'Espagne** : *ALPHONSE VI,* roi de Léon et de Castille

la **Lumière de l'Italie** : *MONTEFELTRO,* duc d'Urbino

le **Luron de Carnac** : *Christian BONNET*

Luscinus [le Borgne] : *Caius FABRICIUS,* consul romain

le **Lutin d'Argail** : *TRILBY,* personnage de Charles Nodier

les **Lutins de La Voulte** : *les frères CAMBÉRABERO*

le **Lycanthrope** : *Petrus BOREL,* poète français

la **Lycéenne de la chanson** : *Marie-José NEUVILLE*

le **Lycurgue de la Chambre des Communes** : *John RUSSELL,* homme politique anglais

M

Mabuse [Né à Maubeuge] : *Jan GOSSART ou GOSSAERT,* peintre flamand
le **Mac de Chirac** : *Charles PASQUA*
Mac le sale môme : *John McENROE*
le **Maccabée** : *JUDAS,* chef des Juifs
le **Macédonien** : *BASILE 1er,* empereur d'Orient

Il sut par sa beauté et ses qualités de sportif devenir le favori de l'empereur Michel III « l'Ivrogne ». Après quoi il l'assassina et usurpa son trône.

---

le **Macédonique** : *Caecilius METELLUS,* homme politique romain
le **Macédonique** : *PAUL ÉMILE,* homme politique romain
le **Machiavel du pauvre** : *François MITTERRAND,* par Alexandre Minkowski
la **Machine à combattre** : *Jean STOCK,* boxeur français
le **Maçon de Manosque** : *Édouard FACHLEITNER,* coureur cycliste français
Madame Annulation : *Teresa BERGANZA,* cantatrice espagnole
Madame Claude : *Fernande GRUDET*
Madame Déficit : *MARIE-ANTOINETTE*

Horace Walpole a écrit : « Quand elle est debout ou assise, c'est la statue de la beauté ; quand elle se meut, c'est la grâce en personne. » On reprochait surtout à la reine ses dépenses excessives.

Madame de Maintenant : *Yvonne de GAULLE,* par le Canard Enchaîné

Madame de Maintenant: *Mme de MAINTENON*

Louise de La Vallière avait été le printemps de Louis XIV, Mme de Montespan son été, Mme de Maintenon sera son automne.

(Ernest Lavisse)

Madame « Parlez-moi d'amour »: *Lucienne BOYER*
Madame Pernelle: *SAINTE-BEUVE,* par Alfred de Musset
Madame le Président: *Abigail ADAMS*
Madame Réclamier: *Francis de CROISSET*
Madame Sans-Gêne: *la maréchale LEFEBVRE*
la **Madame de Staël portugaise:** *Leonor de ALMEIDA,* femme de lettres portugaise
Madame de Stalle: *Darie BOUTBOUL,* par Daniel Ceccaldi
Madame Torchon: *ADÉLAÏDE DE FRANCE,* fille de Louis XV
Madame Veto: *MARIE-ANTOINETTE*

« Le roi n'a qu'un homme, c'est sa femme », disait Mirabeau.

Mademoiselle from Armentières: *Line RENAUD*
Mademoiselle de Blois: *MARIE-ANNE DE BOURBON,* par Charles Maurras

---

Elle était la fille légitimée de Louis XIV et de la duchesse de La Vallière.

Mademoiselle Monk: *Aimée de COIGNY,* inspiratrice d'André Chénier
Mademoiselle de Paris: *Jacqueline FRANÇOIS*
Mademoiselle Printemps: *Mathé ALTHÉRY*
Mademoiselle Printemps: *Yvonne PRINTEMPS*
Mademoiselle Sans-Gêne: *Marielle GOITSCHEL*
Mademoiselle Silence: *Solange DANDILLOT,* personnage d'Henry de Montherlant
Mademoiselle Swing: *Irène de TRÉBERT*

la **Madone des aéroports**: *François MITTERRAND,* par Michel Poniatowski

la **Madone de la Conversation**: *Mme RÉCAMIER*

La nature lui avait refusé la possibilité de se donner tout entière. « On ne pouvait qu'entrebâiller l'huis », a écrit Julien Teppe.

---

la **Madone des couches-culottes**: *Chantal GOYA*

la **Madone de Manille**: *Corazon AQUINO,* femme politique philippine

la **Madone des sleepings**: *lady Diana WYNHAM,* personnage de Maurice Dekobra

Mae-Fesse: *Viviane ROMANCE,* par Henri Jeanson

Girl au Moulin-Rouge elle avait traité Mistinguett de « reine des emmerdeuses » et de « vieille chipie peureuse ». Toutes deux s'étaient battues. Le lendemain Viviane Romance était célèbre.

Maestro Capitan [Maître Capitan]: *Mateo ROMERO,* compositeur espagnol

le **Mage**: *SIMON,* sectaire juif

le **Mage du Nord**: *Johann Georg HAMANN,* philosophe allemand

Maggie: *Margaret THATCHER*

le **Magicien** : *Vincente MINNELLI.*

le **Magicien**: *SIMON,* sectaire juif

le **Magicien du dribble**: *Stanley MATTHEWS,* footballeur britannique

le **Magicien de la faune**: *Frédéric ROSSIF*

le **Magicien du fer**: *Gustave EIFFEL*

Construite en deux ans, deux mois et deux jours, la tour Eiffel fut inaugurée le 15 mai 1889. Un lycéen de treize ans, la surnomma « l'Escalier de l'avenir ». C'était le futur poète Léon-Paul Fargue.

---

le **Magicien du vide**: *Patrick EDLINGER*

la **Magicienne**: *Julie de LESPINASSE,* femme de lettres française
Magister Islebius [le Maître d'Eisleben]: *AGRICOLA,* théologien allemand
le **Magnanime**: *ALBERT V,* duc de Bavière
le **Magnanime**: *ALPHONSE V,* roi d'Aragon et de Sicile
le **Magnanime**: *JEAN V,* roi de Portugal
le **Magnanime**: *JEAN-FRÉDÉRIC,* électeur de Saxe
le **Magnanime**: *LADISLAS ou LANCELOT,* roi de Naples
le **Magnanime**: *PHILIPPE 1er,* landgrave de Hesse
le **Magnifique**: *ALPHONSE III,* roi d'Aragon
le **Magnifique**: *Nicolas 1er ESTERHAZY,* prince hongrois
le **Magnifique**: *GATSBY,* personnage de Francis Scott Fitzgerald
le **Magnifique**: *LAURENT 1er DE MÉDICIS,* prince florentin
le **Magnifique**: *Roberto MALATESTA,* prince italien
le **Magnifique**: *NICOLAS 1er,* prince autrichien
le **Magnifique**: *ROBERT 1er,* duc de Normandie

On l'identifia au légendaire Robert le Diable.

---

le **Magnifique**: *SAINT-POL ROUX,* poète français
le **Magnifique**: *SIMÉON 1er,* tsar des Bulgares
le **Magnifique**: *SOLIMAN ou SULEYMAN II,* sultan ottoman
le **Magot**: *Léon de COANTRÉ,* personnage d'Henry de Montherlant
le **Magot**: *Élie de COËTQUIDAN,* personnage d'Henry de Montherlant
Mahadevi [la Grande Déesse]: *DURGA,* déesse hindoue
Mahadevi: *LAKSMI,* déesse hindoue
le **Mahatma** [la Grande Ame]: *GANDHI*

Il fit de son rouet le symbole de la lutte patiente du peuple indien pour l'indépendance.

---

le **Maigre**: *PTOLÉMÉE,* roi de Cyrénaïque
le **Maillet de Luther**: *Josse CLICHTOVE ou CLICHTOUE,* théologien d'origine flamande

Main de fer: *BERLICHINGEN,* chevalier allemand
Main de fer: *Henri de TONTI,* officier de marine et administrateur français
Main de pierre: *Robert DURAN,* boxeur panaméen
Mains rouges: *GOUPI,* personnage de Pierre Véry
le **Maire la Pudeur:** *Jean ROYER,* par Jean-Paul Grousset
Maître Adam: *Adam BILLAUT,* menuisier-poète français
le **Maître au caducée:** *Jacopo da BARBARI,* peintre vénitien
le **Maître de la chanson satirique:** *Jacques FERNY,* chansonnier français
le **Maître des chevaux:** *POSÉIDON*
le **Maître des couleurs:** *Jean BELLEGAMBE,* peintre français
le **Maître des dieux:** *JUPITER*
le **Maître d'école:** *Domingo Faustino SARMIENTO,* écrivain argentin
le **Maître d'école:** *Gerrit VAN DE LINDE,* écrivain néerlandais
le **Maître d'Eisleben:** *AGRICOLA,* théologien allemand
le **Maître de Hongrie:** *JACOB ou JOB,* moine des Cîteaux
le **Maître d'hôtel de la philosophie:** *le baron d'HOLBACH*

Il reçut chez lui tous les Encyclopédistes. « Si Paris était alors le café de l'Europe, on peut dire que l'hôtel d'Holbach en était le cabinet particulier », a écrit l'abbé Morellet.

Maître Jacques: *Jacques ANQUETIL*
le **Maître à la Licorne:** *Jean DUVET,* graveur français
Maître Patelin: *Jean-Louis TIXIER-VIGNANCOURT,* par Claude Manceron
Maître Roux: *ROSSO FIORENTINO,* peintre italien
le **Maître de la rue:** *Aristide BRUANT,* par Anatole France

---

Un chien, deux chiens, trois chiens, des bottes, un pantalon de velours à côtes, que complètent un gilet à revers et une veste de chasse à boutons de métal. Un cache-nez rouge au mois de mai, une chemise rouge en tout temps. Sous un vaste chapeau à la va-te-faire-lanlaire, la tête, belle et douce d'un chouan résolu... Celui-là, c'est Montmartre!

(Georges Courteline)

---

le **Maître des sentences**: *PIERRE LE LOMBARD,* théologien scolastique d'origine italienne

le **Maître des troubadours**: *GUIRAUD DE BORNHEL*

le **Majeur**: *saint JACQUES,* apôtre

Makrocheir [Longue-Main]: *ARTAXERXÈS 1er,* roi de Perse

Makrôn [Longue-Tête]: *PTOLÉMÉE X,* roi d'Égypte

le **Maladif**: *HENRI III,* roi de castille et de Léon

Malatesta: *le seigneur de VERUCCHIO,* ancêtre d'une famille guelfe de Rimini

Malbrough: *le duc de MARLBOROUGH,* général anglais

Son nom déformé est devenu légendaire grâce à la chanson burlesque dont il est le héros.

---

le **Mâle blanc**: *Edmond HARAUCOURT,* par Léon Daudet

C'est dans son « Rondel de l'adieu » que se trouve ce beau vers souvent cité: « Partir, c'est mourir un peu. »

---

le **Malherbe allemand**: *Martin OPITZ,* poète allemand

le **Malin**: *GILLIATT,* personnage de Victor Hugo

il **Malosso**: *Giovanni Batista TROTTI,* peintre italien

le **Mamelouk des rêves d'alcool**: *Edgar POE,* par Lautréamont

Mamie: *Mme EISENHOWER*

Mammaire l'Oie: *Jayne MANSFIELD*

le **Mammouth futé**: *Raymond BARRE*

Man [l'Homme]: *Sam TAYLOR,* jazzman américain

le **Manchot**: *Vasek VLADIMIR,* poète tchèque

le **Manchot de Lépante**: *CERVANTÈS*

Il perdit la main gauche à la bataille de Lépante, en Grèce, le 7 octobre 1571.

---

le **Mandarin**: *le général SALAN*

le **Manfred du ruisseau**: *Pierre-François LACENAIRE,* aventurier et poète français

le **Mangeur de livres**: *le chanoine PIERRE,* érudit français

el **Mansour** [le Victorieux]: *ABOU-DJA'FAR-ABDULLAH IBN-MOHAMMED,* calife arabe

el **Mansour**: *AHMED IV,* sultan du Maroc

el **Mansour**: *MOHAMMED IBN-ABI-AMER,* homme politique arabe

el **Mansour**: *YOUSOUF YAKOUB,* souverain berbère

Mantequilla [Beurre]: *José NAPOLÈS,* boxeur mexicain

le **Maquereau bénit**: *Aristide BRIAND,* par Léon Daudet

Marabout: *Jean AMADOU*

le **Marc-Aurèle du Bas-Empire**: *JEAN II,* empereur d'Orient

le **Marchand de cacahuètes**: *Jimmy CARTER*

Avant de se lancer dans la politique, il avait dirigé une entreprise fort prospère spécialisée dans la culture des arachides.

---

le **Maréchal d'acier**: *le maréchal JOUKOV*

le **Maréchal d'Ancre**: *Concino CONCINI,* aventurier et homme politique d'origine italienne

le **Maréchal de la babiole**: *Aurélien SCHOLL,* chroniqueur français

le **Maréchal de Bouillon**: *Robert de LA MARCK,* homme de guerre français

le **Maréchal de Châtillon**: *Gaspard de COLIGNY,* homme de guerre français

le **Maréchal « En Avant »**: *le feld-maréchal BLÜCHER*

A l'entrée des Alliés à Paris, Blücher voulut faire démolir le pont d'Iéna qui rappelait la défaite prussienne. Louis XVIII l'en empêcha en déclarant: « J'y ferai porter mon fauteuil et sauterai avec lui. »

---

le **Maréchal des lettres**: *Edmond de GONCOURT*

le **Maréchal Pétrin**: *Raymond BARRE,* par le Canard Enchaîné

le **Maréchal de Rochefort**: *le maréchal de RIEUX*

Marguerite Durasoir: *Marguerite DURAS*

le **Mari de toutes les femmes et la femme de tous les maris**: *Jules CÉSAR*

Marie la Sanglante: *MARIE TUDOR*

la **Marie Stuart vendéenne**: *la duchesse de BERRY*

la **Marilyn Monroe britannique**: *Diana DORS*

le **Marin**: *Rainier NOOMS,* peintre et graveur hollandais

le **Marin**: *SINBAD,* voyageur arabe légendaire

le **Marivaux de l'abstraction**: *Jean GIRAUDOUX,* par Anatole de Monzie

le **Marquis**: *SAINT-GRANIER*

le **Marquis de Plessis-Bellière**: *le général de ROUGÉ*

le **Marquis rouge**: *Enrico BERLINGUER*

Il fut longtemps secrétaire du parti communiste italien.

Marquise: *Madame BRETON,* éditrice de musique

Marquise: *la DU PARC,* tragédienne française

C'est pour elle que Corneille écrivit les « Stances »:

Marquise, si mon visage
A quelques traits un peu vieux,
Souvenez-vous qu'à mon âge
Vous ne vaudrez guère mieux.
- -

---

le **Marrant glacé**: *Buster KEATON*

le **« Marri » de la Joconde**: *le juge DRIOUX*

On a volé la Joconde! « Où donc? », demanda Henri Letellier.

---

le **Mars portugais**: *Alfonso de ALBUQUERQUE,* navigateur portugais

le **Marteau**: *Jimmy WILDE,* boxeur gallois

le **Marteau-pilon**: *Ellsworth VINES,* tennisman américain

le **Marteau-speaker de la radio**: *Pierre DAC*

Pourquoi dit-on qu'un appartement est bas de plafond et jamais qu'il est haut de plancher?

Martel: *CHARLES,* maire du palais franc

Martel: *GEOFFROI II,* comte d'Anjou

Martin des batailles: *Jean-Baptiste MARTIN,* peintre français

le **Martin Luther King sud-africain**: *Desmond TUTU*

le **Martyr**: *saint EDMOND*

le **Martyr**: *saint ÉDOUARD*

le **Martyr**: *saint JUSTIN*

le **Martyr de la confession**: *saint JEAN NÉPOMUCÈNE*

le **Martyr de l'eucharistie**: *saint TARCISIUS*

the **Marvellous** [le Merveilleux]: *Marvin HAGLER,* boxeur américain

Masaccio [Négligé dans sa mise]: *Tommaso di SER GIOVANNI,* peintre italien

le **Massacreur**: *NAPOLÉON 1er*

Mast [l'Ivrogne]: *SÉLIM II,* sultan ottoman

le **Matamore**: *Jean-Baptiste BIAGGI,* avocat français, par Pierre Vianson-Ponté

Mater castrorum [Mère des camps]: *FAUSTINE,* impératrice romaine

Mater castrorum: *VICTORINE,* impératrice romaine

Mathieu le Bigame: *MATHEOLUS,* poète français

la **Matrone du fez**: *Hortense SCHNEIDER*

Le khédive d'Égypte était amoureux de la célèbre interprète d'Offenbach.

Mauclerc: *PIERRE DE DREUX,* duc de Bretagne

Maultasch [A la grande bouche]: *MARGUERITE DE CARINTHIE,* comtesse du Tyrol

le **Maure de Venise**: *OTHELLO,* personnage de Shakespeare

Maurice Chevalier en culottes courtes: *Henri LECONTE,* par les Anglais

le **Mauvais**: *CHARLES II,* roi de Navarre
le **Mauvais**: *GUILLAUME 1er,* roi des Deux-Siciles
Mawlanâ [Notre Maître]: *DJALÂL AL-DIN AL-RUMI,* poète persan
le **Mayençais**: *Johannes FISCHART,* poète satirique allemand
le **Mécanicien**: *HÉRON D'ALEXANDRIE*
le **Mède**: *DARIOS ou DARIUS,* prince mentionné dans la Bible
le **Médecin fou d'Auchwitz**: *Josef MENGELE,* criminel de guerre nazi
le **Médiateur**: *JEAN-FRÉDÉRIC II,* duc de Saxe
Médoche: *Théo MÉDINA,* boxeur français
le **Mégarique**: *PHILON,* philosophe grec
Mégas [le Grand]: *ANTIOCHOS III,* roi de Syrie
la **Mégère non apprivoisée**: *Anne GAILLARD*
le **Meilleur Homme de son roi**: *le duc d'ALBE,* par Charles Quint
Mekhithar [le Consolateur]: *Pierre MANOUK,* théologien arménien
Mélésigène [Né sur les bords du fleuve Mélès]: *HOMÈRE*
le **Méliès de la télé**: *Jean-Christophe AVERTY,* par le Crapouillot

---

Ses trouvailles (dont la fameuse « moulinette ») l'on fait traiter de « Dracula bourgeois » et de « Frankenstein de bonne famille ».

---

la **Mélinite**: *Jane AVRIL,* danseuse du Moulin-Rouge
le **Mélode**: *saint ROMANOS*
Mémène: *Sophie GAREL*
le **Mémorable**: *ÉRIC ou ERIK II, roi de Danemark*
le **Mendiant ingrat**: *Léon BLOY,* par lui-même
la **Mendiante véhémente**: *Louise COLET,* poétesse française
le **Ménestrel**: *HENRI,* poète écossais
le **Ménestrel du Bon Dieu**: *le père BERNARD*
le **Menhir**: *Jean-Marie LE PEN*

Ses amis l'appellent « le Menhir ». Ses ennemis n'ont pas besoin de l'appeler: il vient tout seul.

(le Crapouillot)

---

le **Menton en coin de rue**: *Georges MARTIN,* boxeur français
Mentzer: *Johannes FISCHART,* poète satirique allemand
la **Mère des camps**: *FAUSTINE,* impératrice romaine
la **Mère des camps**: *VICTORINE,* impératrice romaine
la **Mère Denis**: *Jeanne LE CALVÉ*
la **Mère Denis de l'Académie française**: *Marguerite YOURCENAR*

« Yourcenar » est un pseudonyme; à une lettre près l'anagramme du vrai nom « Crayencour ».

---

la **Mère de Dieu**: *Catherine THÉOT,* visionnaire française
la **Mère Joseph**: *Marie-France GARAUD*
la **Mère Lachaise**: *Jean-Claude BRIALY*
la **Mère Lachaise**: *Madame RÉCAMIER*
la **Mère des pauvres**: *Madame d'ÉPRÉMESNIL*
Mère Teresa: *Agnès GONXHA BOJAXHIU*
la **Mère Veil**: *Simone VEIL*
la **Mère Weil**: *Zélie WEIL,* chanteuse française
la **Merlette lettrée**: *George SAND,* par Alfred de Musset

C'est du nom de son amant de 1830, le romancier Jules Sandeau, que la baronne Dudevant, née Aurore Dupin, tira son pseudonyme.

Merlin de Douai: *Philippe-Antoine MERLIN,* conventionnel français
Merlin de Thionville: *Antoine-Christophe MERLIN,* conventionnel français
la **Merveille de Bucarest**: *la princesse BIBESCO*
le **Merveilleux**: *Marvin HAGLER,* boxeur américain
le **Messager des dieux**: *MERCURE*
la **Messaline allemande**: *Barbara von CILLI,* seconde femme de l'empereur germanique Sigismond
Messire l'Anglais: *THAUMASTE,* personnage de François Rabelais
Messméralda: *Gilberte MESSMER,* par le Canard Enchaîné

le **Meyerbeer de la Renaissance**: *Charles LECOCQ,* compositeur français, par Jacques Offenbach

Michel le Jardinier: *Michel LIS*

le **Michel-Ange de la B.D.**: *Burne HOGARTH,* dessinateur américain

le **Michel-Ange des batailles**: *Michelangelo CERQUOZZI,* peintre italien

le **Michel-Ange de la crotte**: *Émile ZOLA*

> Il est entré dans les écuries d'Augias... pour y ajouter.
>
> (Jules Barbey d'Aurevilly)

---

le **Michel-Ange espagnol**: *Alonzo CANO,* peintre, sculpteur et architecte espagnol

le **Michel-Ange espagnol**: *CHURRIGUERA,* décorateur et architecte espagnol

le **Michel-Ange français**: *Pierre PUGET*

le **Michel-Ange de la gonflette**: *Arnold SCHWARZENEGGER,* acteur américain d'origine autrichienne

le **Michel-Ange de la musique**: *GLUCK,* compositeur allemand

le **Michel-Ange de la Pré-Renaissance**: *Jacopo DELLA QUERCIA,* sculpteur italien

Michou la Colère: *Michel DEBRÉ,* par le Canard Enchaîné

Michou lapin: *Michel DEBRÉ*

> Le député de la Réunion veut une France de cent millions d'habitants.
> En 1930 Albert Calmette avait eu l'idée d'écrire à tous les médecins: « Usez de votre autorité morale. Persuadez vos clients qu'il est de leur devoir de faire des enfants. » Le docteur Besançon lui répondit: « Nous sommes faits pour faire des ordonnances et non des sermons. »

Mickey: *Michel ROUSSEAU,* nageur français

la **Midinette de la chanson**: *Lina MARGY*

Miff: *Milfred MOLE,* jazzman américain

le **Milanais**: *Giovan Battista SAMMARTINI,* compositeur italien le **Mille-pattes**: *Edgar FAURE,* par Alexandre Sanguinetti

---

Il fut élu à l'Académie française le 8 juin 1978. Le Crapouillot titra: « Le Caméléon finit en habit vert. »

---

le **Milliardaire rose**: *Max THÉRET*

le **Milliardaire rouge**: *Jean-Baptiste DOUMENG*

Milord l'Arsouille: *lord SEYMOUR,* dandy anglais

Mimi Pensum: *Mireille MATHIEU,* par Charles Trenet

la **Minerve savante**: *Marie-Charlotte BOUFFLERS-ROUVREL,* dame d'honneur de la duchesse d'Orléans

Minet Grégoire: *Gonzague SAINT-BRIS,* écrivain français

le **Ministricule**: *FRANÇOIS-ALBERT,* homme politique français

le **Minotaure du Texas**: *Jack DEMPSEY,* boxeur américain

le **Mirabeau des muffles**: *Jean JAURÈS,* par Urbain Gohier

le **Mirabeau de la populace**: *DANTON*

Mirabeau-Mouche: *Adolphe THIERS*

Mirabeau-Tonneau: *le vicomte de MIRABEAU,* frère du célèbre homme politique français

---

C'est son ivrognerie et son embonpoint qui l'avaient fait surnommer « Mirabeau-Tonneau ».

---

le **Misanthrope**: *TIMON,* philosophe grec

le **Misérable nabot**: *NAPOLÉON 1er,* par Jean-Gabriel Peltier

la **Miss**: *MISTINGUETT*

Elle a donné de la « Valse renversante » et de la fameuse « scène du tapis » cette version (moins leste que celle de Maurice Chevalier): « Chaises, table, tout ce qui se trouvait avec nous sur la scène valsait. Lorsqu'il ne restait plus que le tapis, nous nous renversions à notre tour et continuions à danser dans le tapis. Régler et répéter cette scène nous fut fatal.

Enlacés dans cette carpette de coco qui sentait à la fois la poussière, la chair chaude et le parfum des petites femmes, nous tremblâmes bientôt d'intimité. »

Miss Midinette: *Lina MARGY*

Missy: *Sophie Mathilde de MORNY,* amie de Colette

Mister Minute Man: *Serge CRASNIANSKY,* homme d'affaires français

Mistouflet: *Jean-Nicolas STOFFLET,* chef vendéen

le **Miteux**: *Jean ANOUILH,* par Louis Jouvet

le **Mitrailleur de Lyon**: *Joseph FOUCHÉ*

la **Mitrailleuse tchèque**: *Eddy RABAK,* boxeur tchèque

Mnémon [Qui a de la mémoire]: *ARTAXERXÈS II,* roi de Perse

Moby Dick: *Léon ZITRONE,* par les « Grosses Têtes » de R.T.L.

le **Moderne Aristophane**: *Samuel FOOTE,* comédien et auteur dramatique anglais

le **Moelleux**: *Louis ABELLI,* théologien français, par Boileau

le **Mohican mélancolique**: *CHATEAUBRIAND,* par Lautréamont

le **Moine**: *ALPHONSE IV,* roi de Léon et des Asturies

le **Moine**: *EUSTACHE,* corsaire français

le **Moine**: *GEORGES,* chroniqueur byzantin

le **Moine**: *RAMIRE II,* roi d'Aragon

le **Moine**: *THÉOPHANE,* peintre crétois

le **Moine**: *THÉOPHILE,* auteur latin médiéval

le **Moine de Salzbourg**: *HERMANN,* musicien-poète allemand

le **Moine-Soleil**: *Dom PÉRIGNON*

Il rendit son nom célèbre en inventant un procédé pour rendre mousseux le vin de champagne, mais c'est à ses dates (1638-1715) qu'il doit son surnom: ce sont celles du Roi-Soleil.

---

le **Molière espagnol**: *Leandro Fernandez de MORATIN*

le **Molière italien**: *Carlo GOLDONI*

le **Molière du vaudeville**: *Eugène LABICHE*

la Môme au Burton: *Liz TAYLOR*

Elle l'épousa... deux fois. On disait de lui : « Heureux qui connut Liz... My Taylor is Richard. »

---

la Môme Crevette: *CASSIVE,* comédienne française
la Môme de Montreuil: *MURIEL,* chanteuse française
la Môme Piaf: *Édith PIAF,* par Louis Leplée
Momond: *Edmond DELFOUR,* footballeur français
Mon Cadet: *Ange JASON,* personnage de Jean Giono
le Mongol: *Michel CRAUSTE,* rugbyman français
le Mongol de caoutchouc: *Georges CLEMENCEAU,* par Léon Daudet
Monja Alferez [la Nonne Lieutenant]: *Catalina de ERAUSO,* aventurière espagnole
Monk: *William MONTGOMERY,* jazzman américain
Monmond-la-Gonflette: *Raymond BARRE,* par André Ribaud
le Monomaque [le Gladiateur]: *CONSTANTIN IX,* empereur d'Orient
le Monomaque: *VLADIMIR II,* grand-prince de Kiev
Monophthalmos [le Borgne ou le Cyclope]: *ANTIGONOS,* général macédonien
Mon Ours: *Jean-Jacques ROUSSEAU,* par Madame d'Épinay
Monseigneur Tutu: *Jacques CHAZOT*
Monsieur Albert: *Albert GUDMUNDSSON,* footballeur islandais
Monsieur Anti-rapt: *Pierre OTTAVIOLI*
Monsieur Auguste: *Jules Robert AUGUSTE,* sculpteur et peintre français
Monsieur Balajo : *Jo PRIVAT*
Monsieur Bill: *Georges RAPPIN,* criminel français
Monsieur Bonjour: *Yves MOUROUSI*
Monsieur Bons Offices: *Robert Daniel MURPHY*

En 1958 ce diplomate américain fut chargé d'une mission de « bons offices » entre la France et la Tunisie.

Monsieur Boum-Boum: *Boris BECKER,* tennisman allemand

Monsieur de la Bourrasque: *MIRABEAU*

Le comte de Mirabeau, très laid de figure, mais plein d'esprit, ayant été mis en cause pour un prétendu rapt de séduction, fut lui-même son avocat. « Messieurs, dit-il, je suis accusé de séduction: pour toute réponse et pour toute défense, je demande que mon portrait soit mis au greffe. »

(Chamfort)

Monsieur Câble: *Bernard SCHREINER,* homme politique français
Monsieur Calcul: *Bertrand RENARD*
Monsieur Catastrophe: *Haroun TAZIEFF*
Monsieur 100 000 volts: *Gilbert BÉCAUD*
Monsieur Chiffres: *Étienne CHAZAL*
Monsieur Cinéma: *Pierre TCHERNIA*
Monsieur 5 %: *Calouste Sarkis GULBENKIAN,* homme d'affaires d'origine arménienne
Monsieur Cuisses d'acier: *Marc GIRARDELLI,* skieur luxembourgeois
Monsieur 10 %: *Georges BERRETROT,* speaker du « Vél d'Hiv. »
Monsieur Drop: *Jean PRAT*
Monsieur Football: *Jean SNELLA*
Monsieur Intelligence: *Jean COCTEAU,* par les Américains
Monsieur Joseph: *Joseph JOANOVICI,* homme d'affaires français
Monsieur Lettres: *Benjamin HANNUNA,* scrabbleur français
Monsieur Lotus: *Alain GÉRONDEAU,* homme d'affaires français
Monsieur Maximum: *Maximilien de ROBESPIERRE*
Monsieur Microsillon: *Eddie BARCLAY*
Monsieur Mille années de prison: *le juge MICHEL*
Monsieur Moi-de-Montherlant: *Henry de MONTHERLANT,* par Jules Rivet
Monsieur Moto: *Yves MOUROUSI*
Monsieur le Multiforme: *VOLTAIRE,* par d'Alembert
le **Monsieur Muscle de la chanson française**: *Bernard LAVILLIERS*
Monsieur Niet: *MOLOTOV*
Monsieur Opérette: *Georges GUÉTARY*

Monsieur Propre: *Rajiv GANDHI*
Monsieur Pub: *Jean-Claude DARMON,* homme d'affaires français
Monsieur 15 %: *Jean PIEROTTI,* faux banquier français
Monsieur Réclamier: *Édouard HERRIOT*

Des livres comme « Madame Récamier et ses amis », « La vie de Beethoven » et « Lyon n'est plus » font regretter tout ce que ce maître écrivain égaré dans la politique aurait pu nous laisser.

(Henry Coston)

Monsieur Régime: *Demis ROUSSOS*
Monsieur Rugby: *Jean PRAT*
Monsieur 3000 titres: *Pierre DELANOÉ*
Monsieur Un million de volts: *Henri LECONTE*
Monsieur Veto: *LOUIS XVI,* roi de France
Monsieur Vincent: *saint VINCENT DE PAUL*
Monsieur X: *Patrice DES MOUTIS*
la **Montagnarde**: *DURGA,* déesse hindoue
la **Montagne**: *Claude PÂRIS,* financier français
la **Montagne de Gorgonzola**: *Primo CARNERA*

Découvert dans une baraque de lutteurs forains, cet hercule italien (deux mètres, cent vingt kilos) devint champion du monde de boxe en 1933. L'Américain Max Baer le déposséda de son titre l'année suivante après l'avoir expédié onze fois au tapis.

Montmartel: *Jean PÂRIS,* financier français
le **Montreur de marionnettes**: *Licio GELLI,* politicien italien
Monty: *le maréchal MONTGOMERY*
le **Monument**: *Léon ZITRONE*
Mords-les: *l'abbé MORELLET,* écrivain et économiste français, par Voltaire
le **Mordu**: *FRÉDÉRIC 1er,* duc de Saxe
le **More**: *BENOÎT,* franciscain

le **More**: *Ludovic SFORZA,* duc de Milan

Motor City Cobra: *Thomas HEARNS,* boxeur américain

le **Moucheron**: *Charles GILLE,* chansonnier français

Mouchette: *Germaine MALORTHY,* personnage de Georges Bernanos

Moumoune: *Léonie VALLON,* personnage de Colette

Mouse [la Souris]: *Alvin BURROUGHS,* jazzman américain

Mouse: *Irving RANDOLPH,* jazzman américain

les **Mousquetaires**: *Jean BOROTRA, Jacques BRUGNON, Henri COCHET et René LACOSTE*

le **Mousquetaire de l'Anarchie**: *ZO D'AXA,* journaliste français, par Georges Clemenceau

Mousseline la Sérieuse: *MARIE-THÉRÈSE CHARLOTTE,* fille de Louis XVI et de Marie-Antoinette, par sa mère

Moustache de porc: *LAMOTTE-GONDRIN,* homme de guerre français

Moustache verte: *Michel LIS,* jardinier français

Moustique: *Tarik BENHABILES,* tennisman français, par Yannick Noah

Moutanabi [Qui se prétendait prophète]: *ABOU EL-TAYYIB AHMED IBN-HUSSEIN,* poète arabe

le **Moutard de Dijon**: *Robert POUJADE,* par Henri Jeanson

le **Moutardier du pape**: *le chanoine KIR*

Il fut longtemps député-maire de Dijon. « Vous êtes mal placé pour parler de politique familiale, Monsieur le Maire, lui dit un jour un contradicteur: vous n'avez pas d'enfants. — Qu'est-ce que tu en sais, mon gars? », répliqua le chanoine.

Mouve de Curville: *Maurice COUVE DE MURVILLE*

le **Mozart de Bakou**: *Garry KASPAROV,* joueur d'échecs soviétique

le **Mozart du ski nautique**: *Patrice MARTIN*

le **Mozart du walkman**: *Richard CLAYDERMAN*

el **Mozo** [le Jeune]: *Diego de ALMAGRO,* conquistador espagnol

le **Muet**: *Juan FERNANDEZ DE NAVARRETE,* peintre espagnol

le **Muet de Kampen**: *Hendrik AVERCAMP,* peintre hollandais

le **Muggsy**: *Francis SPANIER,* jazzman américain
le **Mulâtre de Murillo**: *Sébastien GOMEZ,* peintre espagnol
Müller du Diable: *Friedrich MÜLLER,* peintre et poète allemand
le **Mur d'airain**: *Gilbert STOCK,* boxeur français
Mur de pierre: *Thomas Jonathan JACKSON,* général sudiste américain
le **Murat de la statuaire**: *Auguste CLÉSINGER,* sculpteur français
Murzuphle [Sourcils épais]: *ALEXIS V,* empereur d'Orient
Musagète [Conducteur des Muses]: *APOLLON*
la **Muse**: *Louise COLET,* poètesse française

Elle veut des liaisons avec Victor Cousin, Flaubert, Musset, Vigny. Elle fut enceinte de l'un d'eux. Alphonse Karr écrivit que c'était une « piqûre de cousin ».

Elle lui donna un coup de couteau dans le dos. Il recueillit l'arme en disant: « Ces femmes de lettres sont de bien mauvaises femmes de ménage: en voilà une qui vient de dépareiller une demi-douzaine de couteaux. » Puis il le fixa au mur de son salon avec cette inscription:

« Donné par Madame Louise Colet, dans le dos. »

---

la **Muse**: *Mme LA POPELINIÈRE*
la **Muse de l'Encyclopédie**: *Julie de LESPINASSE*
la **Muse de l'Existentialisme**: *Juliette GRÉCO*
la **Muse limonadière**: *Charlotte BOURETTE,* poétesse et cabaretière française
la **Muse de la patrie**: *Delphine GAY,* femme de lettres française
la **Muse de la raison**: *Marie de SALM-DICK,* poétesse française
la **Muse de Saint-Germain-des-Près**: *Juliette GRÉCO*
la **Muse du second romantisme**: *Bettina von ARNIM,* femme de lettres allemande
le **Musicien tumultueux**: *BEETHOVEN*
le **Mutin de la mer rose**: *Michel ROCARD,* par André Ribaud

le **Mutin respectueux**: *André MARTY,* homme politique français
Mutt [Cabot]: *Thomas CAREY,* jazzman américain
le **Mystique**: *NICOLAS 1er,* patriarche de Constantinople
le **Mythe errant**: *François MITTERRAND*

N

le **Nabab**: *Bernard JANSOULET,* personnage d'Alphonse Daudet

Naboléon: *Philippe BOUVARD*

Naboléon: *Thierry LE LURON*

le **Nain**: *LADISLAS 1er,* roi de Pologne

> Alexandre, César, Henri IV, Louis XIV, Mozart, Kant, Napoléon... : aucun n'avait plus de cinq pieds de haut.
>
> La duchesse de Chevreuse disait d'un de ses amants: « Il est un peu petit, mais au lit cela ne se voit pas. »

---

le **Nain**: *Alain PROST*

le **Nain du bois de Boulogne**: *Philippe BOUVARD*

> Chaque après-midi depuis près de dix ans, Philippe Bouvard présente ses « Grosses Têtes »: l'Amiral , Moby Dick, Graine d'hospice, le Débris, la Diva...
>
> *(R.T.L.)*

---

le **Nain de Julie**: *Antoine GODEAU,* prélat et poète français

le **Nain de Lorraine**: *Raymond POINCARÉ,* par Léon Daudet

la **Naine**: *Thierry LE LURON*

Nana: *Anna COUPEAU,* personnage d'Émile Zola

Nanan Boigny: *Félix HOUPHOUËT-BOIGNY*

Nanni: *BANCO,* sculpteur et architecte italien

Napoléon: *Jacques FOUROUX*

le **Napoléon des apatrides**: *Joseph JOANOVICI,* homme d'affaires français, par Pierre Boutang

le **Napoléon des cabarets**: *Roger FERRÉOL,* chansonnier français

le **Napoléon du Cap**: *Leander Starr JAMESON,* médecin et agent politique anglais

le **Napoléon du Cap**: *Cecil RHODES,* colonisateur anglais

le **Napoléon égyptien**: *THOUTMOSIS III,* roi d'Égypte

le **Napoléon de la finance**: *le baron de NUCINGEN,* personnage d'Honoré de Balzac

le **Napoléon de la finance**: *Meyer Amschel ROTHSCHILD*

le **Napoléon du football**: *Raymond KOPA*

Napoléon le Petit: *NAPOLÉON III,* par Victor Hugo

le **Napoléon de la presse et de la parfumerie**: *François COTY*

le **Napoléon du roman**: *Honoré de BALZAC,* par Jules Barbey d'Aurevilly

le **Napolitain**: *Abraham BREUGHEL OU BRUEGEL ou BRUEGHEL,* peintre flamand

Naranjita [Petite Orange]: *Mary Carmen NAVARRO,* golfeuse espagnole

Narcisse: *Oskar Wilhelm FISCHER,* acteur autrichien

Natty [Coquet, chic]: *DOMINIQUE,* jazzman américain

le **Naturaliste**: *PLINE L'ANCIEN*

Il trouva la mort pendant l'éruption du Vésuve en voulant observer de trop près le phénomène. Un de ses biographes a écrit: « Il fut le plus illustre apôtre de la science romaine. »

---

le **Navigateur**: *ALBERT 1er,* roi de Monaco

le **Navigateur**: *HENRI,* prince portugais

Navigateur dans l'Inde: *COSMAS,* marchand d'Alexandrie

le **Nazaréen**: *JÉSUS*

Né d'un père illustre: *ANTIOCHOS V,* roi de Syrie

Né d'un père illustre: *MITHRIDATE VI,* roi du Pont

Né d'un père illustre: *PTOLÉMÉE VIII,* roi d'Égypte

le **Nègre blanc**: *Lionel JOSPIN*

les **Néréides** [les Filles de Nérée]: *AMPHITRITE, GALATÉE, THÉTIS...*

le **Néron des papes**: *ALEXANDRE VI*
Nerra [le Noir]: *FOULQUES III,* comte d'Anjou
le **Nerval du Midi**: *Paul ARÈNE,* par Léon Daudet
le **Nestor des monarques**: *FRANCOIS-JOSEPH 1er,* empereur d'Autriche
le **Nestor de la tragédie**: *Jean-François DUCIS*

Le premier il adapta pour la scène française des drames de Shakespeare. Il refusa les faveurs de Napoléon 1er, disant: « Il vaut mieux porter des haillons que des chaînes. »

---

le **Neveu de Diderot**: *Paul LÉAUTAUD,* par Robert Kemp
le **Neveu de Rameau**: *Jean-François RAMEAU,* personnage de Denis Diderot
le **Newton de la mécanique**: *Robert HOOKE,* savant anglais, par Lalande
le **Newton portugais**: *Bento de MOURA,* physicien portugais
Nez coupé: *JUSTINIEN II,* empereur d'Orient
Nez crochu: *ANTIOCHOS VIII,* roi de Syrie
Nez-de-cuir: *le colonel THOMAZO*
Nez-de-cuir: *Roger de TINCHEBRAYE,* personnage de La Varende
Nicolas 1er: *le maréchal SOULT*

Nicolas Soult, ayant conquis le Portugal, se voyait déjà ceint de la couronne des Bragance.

---

le **Nietzsche russe**: *Konstantin LEONTIEV,* philosophe et conteur russe
le **Nijinski du sifflet**: *Robert WURTZ,* arbitre de football français
Nikator [le Vainqueur]: *DÉMÉTRIOS II,* roi de Syrie
Nikator: *SÉLEUCOS 1er,* roi de Syrie
Nikator: *SÉLEUCOS V,* roi de Syrie
Nini Peau-de-chien: *Robert MILAN,* personnage de Roger Vailland
le **Noble**: *ALPHONSE V,* roi de Léon et des Asturies
le **Noble**: *ALPHONSE VIII,* roi de Castille
le **Noble**: *CHARLES III,* roi de Navarre
le **Noble**: *ROBERT II,* comte d'Artois

le **Noir**: *BENOÎT,* franciscain

le **Noir**: *CLITOS,* frère de lait et compagnon d'armes d'Alexandre

le **Noir**: *ERMOLD,* écrivain français

le **Noir**: *FOULQUES III,* comte d'Anjou

le **Noir**: *HENRI III,* empereur germanique

le **Noir**: *Chebbi MAHMOUT,* boxeur tunisien

le **Noir**: *Omar OSMANE,* boxeur français d'origine algérienne

le **Noir**: *Georges PETROVITCH,* prince serbe

le **Noir**: *Nicolas IV RADZIWILL,* homme de guerre lituanien

la **Noire**: *DURGA,* déesse hindoue

la **Noire**: *MARGUERITE DE CONSTANTINOPLE,*
comtesse de Flandre et de Hainaut

le **Nonchalant qui passe**: *Jean TISSIER,* par André Aubert

Nonnatus [Non né]: *saint RAYMOND*

la **Nonne chantante**: *sœur SOURIRE*

N'étant pas parisienne, mais belge, c'est sans rire qu'elle chantait: « Dominique nique nique. »

---

la **Nonne lieutenant**: *Catalina de ERAUSO,* aventurière espagnole

Non Papa: *CLEMENS,* compositeur flamand, par lui-même

Il prit ce surnom pour se distinguer de son compatriote le poète Clemens Papa.

---

le **Nonpareil**: *Jack DEMPSEY,* boxeur américain

le **Nord**: *COLBERT,* par Mme de Sévigné

Nothos [le Bâtard]: *DARIOS ou DARIUS II,* roi de Perse

Nothos: *PTOLÉMÉE XII,* roi d'Égypte

Notre Cadet: *Ange JASON,* personnage de Jean Giono

Notre-Dame d'Auteuil: *Mme HELVÉTIUS,* par Benjamin Franklin

Notre-Dame de Bon Secours: *Mme TALLIEN*

Notre-Dame de Germinal: *SÉVERINE,*
journaliste et romancière française, par Jules Guesde

Notre-Dame de la larme à l'œil: *SÉVERINE,* par Henri ROCHEFORT
Notre-Dame de Thermidor: *Mme TALLIEN*

Quand elle entrait dans un salon, elle faisait la nuit
et le jour: le jour pour elle, la nuit pour les autres.
(Esprit Auber)

Notre-Dame de la Vibration: *Juliette ADAM,*
femme de lettres française, par l'abbé Mugnier
Notre Maître: *DJALÂL AL-DÎN AL-RÛMÎ,* poète persan
Notre Père de Gand: *LOUIS XVIII,* roi de France
le **Nouveau Cicéron:** *Raymond POINCARÉ*
le **Nouveau Théologien:** *saint SIMÉON,* théologien byzantin
le **Nouvel Augustin:** *HUGUES DE SAINT-VICTOR,*
philosophe et théologien flamand
la **Nouvelle Champmeslé:** *Adrienne LECOUVREUR,* tragédienne française
la **Nouvelle Héloïse:** *Julie d'ÉTANGE,* personnage de Jean-Jacques Rousseau
la **Nouvelle Jézabel:** *MARIE STUART,* par John Knox
le **Numantin:** *SCIPION ÉMILIEN,* homme politique et général romain
le **Numidique:** *METELLUS,* homme politique romain

O

l'**Obscur**: *HÉRACLITE,* philosophe grec

l'**Obscur**: *Domingos VIEIRA,* peintre portugais

l'**Observateur nocturne**: *RESTIF ou RÉTIF DE LA BRETONNE,* écrivain français

l'**Obus**: *Michel LASSERRE,* rugbyman français

l'**Odieux visuel**: *Edgar SCHNEIDER,* journaliste français, par José Artur

l'**Ogre**: *NAPOLÉON 1er*

l'**Ogre de Billancourt**: *Louis RENAULT*

l'**Ogre de Corse**: *NAPOLÉON 1er*

Le 15 août 1769, vers midi, à Ajaccio, Letizia Ramolino voulut aller à la messe à cause de la solennité du jour; elle fut obligée de revenir en toute hâte, ne put atteindre sa chambre à coucher, et déposa son enfant sur un tapis.

(Mémorial de Sainte-Hélène)

---

l'**Ogre du scrabble**: *Michel PIALAT*

l'**Ogre-rossignol**: *Luciano PAVAROTTI,* par Jacqueline Cartier

---

On disait déjà au siècle dernier de la cantatrice italienne Marietta Alboni:

« C'est un hippopotame qui a avalé un rossignol. »

---

l'**Oiseau**: *Charlie PARKER,* jazzman américain

l'**Oiseleur**: *HENRI 1er,* roi de Germanie

Old Grog: *l'amiral VERNON*

Cet officier anglais était toujours habillé de « grogram » (gros grain). L'obligation qu'il faisait à ses marins d'étendre d'eau leur ration de rhum est à l'origine du mot « grog ».

Old Man: *Louis COTTREL,* jazzman américain

Olive: *Olivier MOLINIER,* personnage d'André Gide

l'Olonnais: *Jean-David NAU,* flibustier français

l'Olympien: *PÉRICLÈS*

l'Ombre de Cavour: *Luigi Carlo FARINI,* homme politique italien

l'Onagre: *VAHRAM ou BAHRAM V,* roi de Perse

l'Oncle: *Francisque SARCEY,* critique français

l'Oncle Jo: *STALINE*

l'Oracle danois: *Johann Hartwig BERNSTORFF,* homme politique danois

l'Orage: *AMILCAR ou HAMILCAR,* général carthaginois

l'Orage: *ASDRUBAL ou HASDRUBAL,* général carthaginois

Orange-Peel: *Robert PEEL,* homme politique anglais

l'Orang-Thailhade: *Laurent TAILHADE,* écrivain français, par Willy

l'Orateur: *Marc ANTOINE,* homme politique romain

l'Orateur du genre humain: *Anacharsis CLOOTS,* révolutionnaire d'origine prussienne, par lui-même

---

Quand on le guillotina, il voulut passer après ses compagnons, « pour avoir le temps de constater certains principes ». Quels principes ? Je n'en ai aucune idée, mais j'admire cette fantaisie.

(Gustave Flaubert)

---

l'Orateur de Priène: *BIAS,* philosophe grec

l'Orateur romain: *CICÉRON*

l'Orbetto: *Alessandro TURCHI,* peintre italien

l'Orchidée du ring: *Jim CORBETT,* boxeur américain

l'Ordinateur: *Niki LAUDA*

l'**Ordurier**: *CONSTANTIN V,* empereur d'Orient

l'**Oreste et le Pylade du bagne**: *Robert MACAIRE et BERTRAND,* personnages de mélodrame

l'**Organisateur de la victoire**: *Lazare CARNOT*

Originator of jazz [l'Inventeur du jazz]: *Jelly Roll MORTON,* par lui-même

Orinda l'Incomparable: *Mrs PHILIPS,* poétesse et traductrice anglaise

l'**Oronte de notre temps**: *Paul VALÉRY,* par Paul Léautaud

l'**Orphée belge**: *Roland de LASSUS,* compositeur belge

l'**Orphée des Français**: *Jean-Pierre GARAT,* chanteur et compositeur français

l'**Orphée du Pont-Neuf**: *PHILIPPOT,* chansonnier savoyard, par lui-même

l'**Orpheline du Temple**: *MARIE-THÉRÈSE CHARLOTTE*

Napoléon disait de la fille de Louis XVI et de Marie-Antoinette qu'elle était le seul homme de la famille.

Orrizonte: *Jan VAN BLOEMEN,* peintre flamand

le **Ouistiti des cimes**: *Lucien VAN IMPE,* coureur cycliste belge

l'**Ouragan**: *Mary MARQUET*

l'**Ouragan**: *MIRABEAU*

l'**Ours**: *ALBERT 1er DE BALLENSTÄDT,* premier margrave de Brandebourg

l'**Ours de la chanson**: *Georges BRASSENS*

Il souffrit toute sa vie de calculs urinaires. Quelqu'un fit cette épitaphe:

Brassens est au cimetière
Étendu sous une pierre
Taillée pendant l'autopsie
Quelle horreur dans sa vessie!

Outremer: *LOUIS IV,* roi de France

l'**Ouvrier Albert**: *Alexandre Martin ALBERT,* homme politique français

P

le **Pachyderme**: *Clyde LOVELETTE,* basketteur américain
le **Pachyderme**: *Alain POHER*
le **Pacificateur**: *AMÉDÉE VIII,* duc de Savoie
le **Pacificateur de la Vendée**: *le général HOCHE*
le **Pacifique**: *CONRAD,* roi de Bourgogne et de Provence
le **Pacifique**: *EDGAR,* roi d'Angleterre
Padma [Lotus]: *LAKSMI,* déesse hindoue
le **Padouan**: *Alessandro VAROTARI,* peintre italien
il **Padre Martini** [le Père Martini]: *Giambattista MARTINI,* historien de la musique et compositeur italien
il **Padre Pio**: *Francesco FORGIONE,* religieux italien stigmatisé
il **Padre Raimo**: *Erasmo de BARTOLO,* compositeur italien
Paetus [Un peu louche]: *AELIUS, CAECINA et PAPIRIUS,* familles de la Rome antique
le **Paganini de la litote et de l'euphémisme**: *Raymond BARRE,* par le Crapouillot
le **Paganini de la peinture**: *Giovanni BOLDINI,* peintre italien
le **Paillasse de la liberté**: *Camille DESMOULINS,* par Marat
le **Paille-au-nez**: *Napoléon BONAPARTE*

> Napoléon arriva à l'école militaire de Brienne à l'âge d'environ dix ans. Son nom, que son accent corse lui faisait prononcer à peu près « Napoilloné », lui valut de ses camarades le sobriquet de « la Paille au nez ».
>
> *(Mémorial de Sainte-Hélène)*
>
> « Napoléon » veut dire « Lion des forêts ».

Pain d'épice : *Robert VILLEMAIN,* boxeur français

le **Pain de glace**: *Dino ZOFF,* footballeur italien
le **Pâle**: *CONSTANCE 1er,* empereur romain
le **Palladio anglais**: *Inigo JONES,* architecte anglais
Pallas: *ATHÉNA,* déesse grecque
Palma: *Jacopo NEGRETTI,* peintre italien
la **Palme**: *Michel PALMIÉ,* rugbyman français
le **Palmier d'Égypte**: *ZÉNON DE CITIUM,* philosophe grec
Panama: *David FRANCIS,* jazzman américain
le **Pannonien**: *ORESTE,* homme politique romain

La Pannonie est une ancienne contrée d'Europe centrale.

---

le **Panopolitain**: *ZOSIME,* savant grec
Panoptès [Qui voit tout]: *ARGUS ou ARGOS,* prince argien
le **Panormite**: *Antonio BECCADELLI,* humaniste et poète italien

---

Il naquit en 1394 à Panorme, aujourd'hui Palerme.

---

le **Pantalon de la comédie militaire**: *le général BIGEARD,* par Yvan Audouard

---

Il passera à la postérité comme une sorte de Cardin des djebels pour avoir assuré la diffusion de la seule mode qui ait pu rivaliser avec le blue-jean en matière vestimentaire: la tenue léopard.

(le Crapouillot)

Pantalon-Phœbus: *ÉTIENNE,* chansonnier français
la **Panthère noire**: *Grace JONES,* chanteuse américaine
la **Panthère rose**: *Vitas GERULAITIS,* tennisman américain
la **Pantocrate** [la Toute-Puissante]: *Mme de MAINTENON*
Pantocrator: *ZEUS*

Papa: *Oscar CÉLESTIN,* jazzman américain

Papa Charlie: *Charlie JACKSON,* jazzman américain

Papa Doc: *François DUVALIER,* homme d'État haïtien

Papa trois cinquante: *Alfred VALLETTE,* directeur du « Mercure de France », par Lucien Monceau

---

Jusqu'à sa mort, survenue le 28 septembre 1935, il n'y eut au « Mercure » ni lumière électrique ni téléphone. Le fondateur de la célèbre revue littéraire était un homme libre, prudent et... économe. Il rédigea lui-même son épitaphe:

Ci-gît qui fut un esprit sage:
Il ne fut donc pas écouté
Et ne laissa dans la Cité
Nulle trace de son passage.

---

le **Pape**: *Michele GRECO,* chef de la maffia

le **Pape de l'antisémitisme**: *Édouard DRUMONT,* journaliste français

le **Pape de l'athlétisme**: *Gaston MEYER,* journaliste français

le **Pape du ballon ovale**: *l'abbé PISTRE*

le **Pape de la chaussure**: *Charles JOURDAN*

le **Pape de la diététique**: *Benjamin GAYELORD HAUSER*

le **Pape de l'eurocommunisme espagnol**: *Santiago CARRILLO,* homme politique espagnol

le **Pape des huguenots**: *DUPLESSIS-MORNAY*

le **Pape des incrédules**: *Ernest RENAN,* par André Billy

le **Pape des missions**: *PIE XI*

le **Pape du nouveau roman**: *Claude SIMON*

le **Pape des ouvriers**: *LÉON XIII*

Son encyclique « Rerum novarum », publiée le 15 mai 1891, traitait de la condition des ouvriers.

---

le **Pape pèlerin**: *PAUL VI*

le **Pape de la publicité cinématographique** : *Jean MINEUR*

le **Pape du reggae** : *Bob MARLEY*

le **Pape du roman policier**: *Michel LEBRUN*
le **Pape du saint-simonisme**: *le père ENFANTIN*
le **Pape au sourire**: *JEAN-PAUL 1er*
le **Pape du surréalisme**: *André BRETON*
le **Pape des ténors**: *Luciano PAVAROTTI*
la **Papesse Jeanne**: *JEAN VIII*

Selon une légende du XIIIe siècle reprise par Pétrarque et Boccace une femme aurait, sous le nom de JEAN VIII, obtenu le titre de pape par supercherie à la mort de Léon IV le 17 juillet 855.

Papète: *la duchesse de VILLARS*
le **Paphlagonien**: *MICHEL IV,* empereur d'Orient

La Paphlagonie est une ancienne contrée d'Asie Mineure.

---

le **Papivore**: *Robert HERSANT*
le **Parachutiste**: *Maurice SCHUMANN*
Parapinace: *MICHEL VII,* empereur d'Orient

« Parapinace » est le nom d'une fausse mesure que l'empereur employait pour vendre le blé au peuple.

---

le **Parfait**: *JEAN II,* roi de Portugal
le **Parfait**: *MUSTAFA ATATÜRK,* général et homme politique turc
le **Parfait Magicien des lettres françaises**: *Théophile GAUTIER,* par Charles Baudelaire
le **Parfait Ménétrier**: *Franz SCHUBERT,* par Frédéric Nietzsche
le **Parmentier de la pilule**: *Lucien NEUWIRTH,* par Clément Ledoux
le **Parmesan** : *Francesco MAZZOLA,* peintre italien
les **Parques** : *ATROPOS, CLOTHO et LACHÉSIS,* divinités grecques

les **Parques**: *DECIMA, MORTA et NONA,* divinités romaines
Parrocel des batailles: *Joseph PARROCEL,* peintre français
le **Parthe**: *saint ISAAC*
Parvati [la Montagnarde]: *DURGA,* déesse hindoue
Parviz [le Victorieux]: *CHOSROÈS ou KHOSRÔ II,* roi de Perse
le **Pascal danois**: *Sören KIERKEGAARD,* philosophe danois
il **Pascarola**: *Giovanni Tommaso BENEDICTIS,* musicien italien
la **Pasionaria**: *Dolorès IBARRURI,* militante espagnole
la **Pasionaria des animaux**: *Brigitte BARDOT*
la **Pasionaria des boules**: *Claudine LECOMTE*
la **Pasionaria du micro**: *Anne GAILLARD*
la **Pasionaria en minijupe**: *Judith MILLER,* militante gauchiste française, par Jean André Faucher
la **Pasionaria du spectacle**: *Silvia MONFORT,* par le Crapouillot
la **Pasionaria vendéenne**: *Marie CHEVET*
le **Passage des princes**: *Hortense SCHNEIDER,* chanteuse française, par Léa Silly
Passe-partout: *JEAN,* personnage de Jules Verne
le **Pasteur de Sodome**: *André GIDE,* par André Suarès
le **Pasteur volant**: *Bob RICHARDS,* athlète américain
le **Patriarche**: *Félix LECLERC*
le **Patriarche de l'audiovisuel**: *Léon ZITRONE,* par Philippe Bouvard
le **Patriarche de Ferney**: *VOLTAIRE*

En visite à Ferney, Monsieur de Saint-Ange voulut finir par un coup de génie: « Aujourd'hui, Monsieur, dit-il, je ne suis venu voir qu'Homère; je viendrai voir un autre jour Euripide et Sophocle, et puis Tacite, et puis Lucien... — Monsieur, coupa Voltaire, je suis bien vieux: si vous pouviez faire toutes ces visites en une fois. »

(Grimm)

---

le **Patriarche des rois**: *LOUIS XIV,* roi de France, par Frédéric II
le **Patriarche du théâtre espagnol** : *Juan del ENCINA,* poète-musicien castillan

le **Patron**: *Jean RENOIR,* cinéaste français

la **Patronne**: *Sidonie VERDURIN,* personnage de Marcel Proust

la **Patronne des journalistes**: *Mme de SÉVIGNÉ,* par Jules Lemaitre

le **Paul de Kock du crayon**: *CHAM,* caricaturiste français

Paul le Physicien: *TOSCANELLI,* physicien et astronome italien

Pauvre Lélian: *Paul VERLAINE*

> « Pauvre Lélian », comme il s'était surnommé lui-même, est l'anagramme de « Paul Verlaine ».

le **Pauvre des pauvres**: *saint JEAN DE DIEU*

le **Pavé du Nord**: *Pierre MAUROY*

le **Paysan**: *Pieter BREUGHEL ou BRUEGEL ou BRUEGHEL,* peintre flamand

le **Paysan**: *Egbert VAN HEEMSKERCK,* peintre hollandais

le **Paysan perverti**: *Jules RENARD*

> Il cultivait son jardin avec la persévérance du jardinier philosophe qui sait mélanger les guirlandes de fleurs aux choux du pot-au-feu.
>
> (Rachilde)

Peanuts: *Herbert Lee HOLLAND,* jazzman américain

le **Peau-Rouge**: *Paul GAUGUIN,* peintre français

le **Pêcheur**: *GEORGES,* chroniqueur byzantin

le **Pécheur**: *YAZDGARD 1er,* roi de Perse

les **Pédagogues de la chanson**: *GILLES et JULIEN,* par Jacques Copeau

le **Pédaleur de charme**: *Hugo KOBLET*

le **Pédant**: *HOLOPHERNE,* personnage de Shakespeare

le **Peintre des Alpes**: *Horace Benedict de SAUSSURE,* naturaliste et physicien suisse

le **Peintre des anges** [Fra Angelico]: *Guidolini di PIETRO,* peintre italien

le **Peintre des grâces**: *Francesco ALBANI,* peintre italien

le **Peintre Müller** : *Friedrich MÜLLER,* peintre et poète allemand

le **Peintre de la nature** : *Rémi BELLEAU,* poète français, par Ronsard.

le **Peintre des neiges**: *CULLEN,* peintre canadien

le **Peintre des ombres**: *APOLLODORE,* peintre grec

Il fut sans doute le premier à mélanger les couleurs, à employer le dégradé des ombres et à donner du relief aux figures.

(Ve siècle avant J.-C.)

---

le **Peintre à la plume**: *Willem VAN DE VELDE,* peintre hollandais

---

Sur de grandes toiles couvertes d'une couche d'enduit, il dessinait à la plume et avec beaucoup de précision les batailles navales de son temps.

---

le **Peintre turc**: *Jean-Étienne LIOTARD,* peintre genevois

le **Peintre de la vie moderne**: *Constantin GUYS,* dessinateur et aquarelliste français, par Charles Baudelaire

Peisithanatos [Qui conseille la mort]: *HÉGÉSIAS,* philosophe grec

le **Pelé blanc**: *ZICO,* footballeur brésilien

le **Pelé européen**: *José TOURÉ,* footballeur français

le **Pelé du rugby**: *Serge BLANCO*

le **Pèlerin de la paix**: *Aristide BRIAND*

le **Pèlerin de Plaisance**: *saint GEORGES*

le **Pèlerin qui porte un morceau de la vraie croix de Lorraine**: *Maurice SCHUMANN*

le **Péloponisiaque**: *Francesco MOROSINI,* doge de Venise

le **Pendeur de Lituanie**: *le comte MOURAVIEV,* général russe

le **Pénitent**: *saint THÉOPHILE*

le **Penseur mexicain**: *José Joachim FERNANDEZ DE LIZARDI,* écrivain mexicain

Pépé: *André PERSIANY,* pianiste de jazz français

Pépé: *Éric TABARLY*

le **Pépé du Quercy** : *Alfred ROQUES,* rugbyman français

Pépé-la-Bouteille: *Joseph BONAPARTE*

« Il n'y a pas un Espagnol qui se montre pour moi. Sire, votre gloire échouera en Espagne », écrivait-il à son frère qui l'avait fait monter contre son gré sur le trône de Madrid. Le sobriquet que lui donnaient les insurgés était peut-être injustifié.

Pépins le Long: *le général de GAULLE*

le **Percheron**: *Clyde LOVELETTE,* basketteur américain

le **Perclus**: *HERIMANN DE BEHRINGEN,* musicien allemand

Père: *Auguste-Sébastien BERNARDEL,* luthier français

Père: *Louis BOULLONGNE ou BOULOGNE,* peintre français

Père: *Jean COUSIN,* peintre français

Père: *Prosper Jolyot de CRÉBILLON,* auteur tragique français

Père: *Alexandre DUMAS*

Père: *Louis-Ferdinand ELLE,* peintre français

Père: *Giles FLETCHER,* poète anglais

Père: *Charles-François GAND,* luthier français

Père: *SÉNÈQUE LE RHÉTEUR,* écrivain latin

Père: *Johann STRAUSS*

le **Père de l'agriculture**: *Jules MÉLINE,* homme politique français

---

C'est lui qui lança dans un livre paru en 1905 la formule du « retour à la terre ».

---

le **Père de l'agronomie**: *Jean-Baptiste BOUSSINGAULT,* chimiste et agronome français

le **Père André**: *Yves-Marie ANDRÉ,* philosophe français

le **Père de l'anthropométrie**: *Alphonse BERTILLON*

le **Père de l'archéologie scientifique**: *Flinders PETRIE,* égyptologue anglais

le **Père de l'assyriologie**: *Henry RAWLINSON,* orientaliste anglais

le **Père de l'aviation**: *Clément ADER,* ingénieur français

le **Père de la batterie** : *Kenny CLARKE,* jazzman américain le **Père Bugeaud**: *le maréchal BUGEAUD*

En Algérie, une nuit d'alerte, il sortit précipitamment de sa tente, la tête couverte d'un simple bonnet de coton. « Ma casquette ! » (nom, alors, du képi), cria-t-il à son aide de camp, en s'apercevant de sa méprise. On disait (finement) : « Le Père Bugeaud porte une casquette depuis qu'il a fait raser Sétif. »

---

le **Père Caillebotis**: *le maréchal FAYOLLE*

le **Père la Cayorne**: *René PONSARD,* chansonnier français

le **Père de la chanson morale**: *Charles PANARD,* chansonnier français

le **Père des chanteurs**: *Gustav HAUG,* musicien suisse

le **Père des chars**: *le général ESTIENNE*

le **Père de la chirurgie moderne**: *Ambroise PARÉ*

« J'espère que tu vas mieux soigner le roi que les pauvres, lui disait Charles IX. — Impossible, sire. — Pourquoi donc ? — Parce que je les soigne comme des rois. »
Il disait aussi en parlant d'un malade qu'il avait arraché à la mort : « Je le pansai, Dieu le guérit. »

---

le **Père des communes**: *LOUIS VI,* roi de France

le **Père de la constitution**: *Henri WALLON,* historien et homme politique français

le **Père Corneille**: *Michel CORNEILLE,* peintre français

le **Père des croyants**: *ABRAHAM*

le **Père des dieux et des hommes**: *ZEUS,* par Homère

le **Père Divorce**: *Alfred NAQUET,* homme politique français

---

En 1884, il fit voter par le Sénat la loi sur le divorce.

---

le **Père Dodu**: *Raymond BARRE*

le **Père du droit des gens** : *GROTIUS,* jurisconsulte et diplomate hollandais le **Père Dupanloup**: *Mgr DUPANLOUP*

Il démissionna de l'Académie française en 1871 quand Littré y fut élu.

---

le **Père de l'éloquence française**: *Alain CHARTIER* écrivain français
le **Père de l'éloquence française**: *GUEZ DE BALZAC,* écrivain français
le **Père de l'éloquence française**: *Jean de MEUNG,* écrivain français
le **Père des enfants trouvés**: *saint VINCENT DE PAUL*
le **Père enfantin**: *Prosper Barthélemy ENFANTIN,* économiste français
le **Père de l'Europe**: *Jean MONNET*
le **Père de l'Europe**: *Robert SCHUMAN*
le **Père du Faubourg**: *Antoine SANTERRE,* révolutionnaire français
le **Père du feu**: *le général BONAPARTE*
le **Père de la Finlande moderne** : *Uhro KEKKONEN*
le **Père Fouettard**: *Maurice DRUON,* par Jean-Pierre Chevènement
le **Père du froid**: *Charles TELLIER,* ingénieur français - titre honorifique
le **Père des fusées**: *Wernher von BRAUN*
le **Père Gérard**: *Michel GÉRARD,* cultivateur et député français
le **Père Goriot**: *Jean-Joachim GORIOT,* personnage d'Honoré de Balzac
le **Père Grandet**: *Félix GRANDET,* personnage d'Honoré de Balzac
le **Père du gymnase**: *Griedrich Ludwig JAHN,* écrivain allemand
le **Père de l'histoire**: *HÉRODOTE,* par Cicéron
le **Père de l'histoire d'Angleterre**: *saint BÈDE LE VÉNÉRABLE*
le **Père de l'histoire ecclésiastique**: *EUSÈBE DE CÉSARÉE,* prélat et écrivain grec
le **Père de l'histoire de France**: *André DUCHESNE*
le **Père de l'histoire suisse**: *Aegidus TSCHUDI*
le **Père de l'humanité**: *ADAM*
le **Père Hyacinthe**: *Charles LOYSON,* prédicateur français
le **Père de l'indépendance algérienne**: *Ferhat ABBAS*
le **Père de l'instruction moderne**: *MORI ARINORI,* homme politique japonais
le **Père Joseph**: *François-Joseph LECLERC DU TREMBLAY,* capucin français, conseiller de Richelieu

le **Père Joseph de l'Élysée**: *Pierre JUILLET,* conseiller de Georges Pompidou
le **Père de la légion**: *le général ROLLET*
le **Père des lettres**: *FRANÇOIS 1er,* roi de France
le **Père de la lexicographie française**: *Robert ESTIENNE,* imprimeur et érudit français
le **Père de la littérature arménienne**: *MOÏSE DE KHORÈNE*
le **Père de la littérature russe**: *Mikhail LOMONOSSOV*
Père Luxure: *MALHERBE,* poète français

Il a eu beau se poser en lieutenant du Seigneur, du Roi et de la France, ce psalmiste n'en était pas moins un maniaque de la bagatelle.

(Julien Teppe)

---

le **Père du maïs**: *STALINE*
le **Père de la Malaysia**: *ABD AL-RAHMAN,* homme politique malais
le **Père Martini**: *Giambattista MARTINI,* historien de la musique et compositeur italien
le **Père de la médecine**: *HIPPOCRATE*

Les opinions de l'autre grand médecin de l'Antiquité grecque, Galien, sont souvent en désaccord avec celles d'Hippocrate. Pour marquer une opposition entre deux doctrines ou deux personnes, on cite souvent cet alexandrin:
Hippocrate dit oui, mais Galien dit non.

---

le **Père du mélodrame**: *PIXÉRÉCOURT,* auteur dramatique français
le **Père de la météorologie synoptique**: *Urbain LE VERRIER,* astronome français
le **Père du métro**: *Fulgence BIENVENÜE,* ingénieur français
le **Père des moines**: *saint OTHON ou OTTON*
le **Père des moines d'Occident**: *saint ANTOINE,* patriarche des cénobites
le **Père de la musique russe**: *Mikhail Ivanovitch GLINKA*
le **Père de la musique suédoise**: *Johan Helmich ROMAN*
le **Père de la musique symphonique**: *Joseph HAYDN*

le **Père de la nouvelle France:** *Samuel de CHAMPLAIN*
le **Père de la nouvelle histoire:** *Fernand BRAUDEL*
le **Père de la nouvelle République:** *Tancredo NEVES,* homme d'État brésilien
le **Père des orphelins:** *le père BROTTIER*
le **Père de la paléontologie:** *Georges CUVIER*

« Donnez-moi un seul os, voire un seul fragment d'os, et je reconstituerai l'animal tout entier », disait-il.

---

le **Père de la patrie:** *CICÉRON*
le **Père de la patrie:** *COSME DE MÉDICIS,* prince florentin
le **Père de la patrie:** *DENIS ou DENYS,* roi de Portugal
le **Père de la patrie:** *Vincenzo GIOBERTI,* philosophe et homme politique italien
le **Père de la patrie:** *Pascal PAOLI,* patriote corse
le **Père de la patrie:** *l'abbé SUGER,* homme politique français
le **Père la Pensée:** *le maréchal de CATINAT*
le **Père des petits rats:** *Edgar DEGAS*
le **Père du peuple:** *Pierre DES ESSARTS,* prévôt de Paris
le **Père du peuple:** *LOUIS XII,* roi de France
le **Père du peuple:** *François MIRON,* prévôt des marchands de Paris
le **Père de la philosophie:** *THALÈS*
le **Père la pilule:** *Lucien NEUWIRTH*
le **Père de la poésie épique:** *HOMÈRE*
le **Père de la poésie néerlandaise:** *Jacob VAN MAERLANT*
le **Père du positivisme:** *Auguste COMTE*
le **Père la Pudeur:** *René BÉRENGER,* homme politique français
le **Père la Pudeur:** *Jean ROYER*
le **Père de la République:** *Henri WALLON*

Son célèbre amendement, adopté à une voix de majorité le 30 janvier 1875, est considéré comme l'acte de naissance de la IIIe République.

---

le **Père des richesses:** *PLUTON*

le **Père du roman bengali**: *Bankin Chandra CHATTERJI,* écrivain indien
le **Père du roman policier**: *Émile GABORIAU*
le **Père des solitaires**: *Antoine LEMAISTRE,*
avocat français, premier « solitaire » de Port-Royal
le **Père des supermarchés français**: *Marcel FOURNIER*
le **Père de la Tchécoslovaquie**: *Tomas MASARYK*
le **Père du théâtre moderne**: *Erwin PISCATOR,* metteur en scène allemand
le **Père de la tragédie**: *Pierre CORNEILLE*
le **Père de la tragédie**: *ESCHYLE*
le **Père tranquille de la contestation**: *André BERGERON*

Sous cette apparence, il sait faire preuve d'un esprit acerbe. Surtout lorsqu'il s'agit de contrecarrer la C.G.T.

(le Crapouillot)

Il a dit: « L'alternative de M. Séguy est celle qui a conduit Zatopek à ramasser les ordures à Prague. »

---

le **Père tranquille du twist**: *Richard ANTHONY*
le **Père de tous les Turcs**: *MUSTAFA KEMAL*
le **Père du V2**: *Wernher von BRAUN*
le **Père la Victoire**: *Georges CLEMENCEAU*

« Ma formule est la même partout. Politique intérieure: je fais la guerre. Politique extérieure: je fais la guerre », disait-il, s'adressant aux Chambres.
Deux ans plus tard celles-ci lui préféraient Paul Deschanel à la présidence de la République. « Tiens! fit Lloyd Georges avec humour, voilà les Français qui brûlent Jeanne d'Arc à leur tour. »

---

le **Périégète**: *DENYS,* géographe grec
le **Périégète**: *PAUSANIAS,* géographe grec
le **Périégète**: *POLÉMON,* géographe grec

la **Perle noire**: *Joséphine BAKER*

Le 3 juin 1947, elle épousa en troisième noces le chef d'orchestre Jo Bouillon, ce qui fit dire: « Tout Paris pour Joséphine a les yeux de Bouillon. »

Des enfants de toutes races vivaient fraternellement dans sa maison des Milandes.

---

la **Perle noire**: *Larbi BEN BAREK,* footballeur marocain

le **Perrault de l'Allemagne**: *Auguste MUSAEUS,* conteur allemand

la **Perruche**: *Jacques MARINELLI,* coureur cycliste français

le **Perruquier poète**: *JASMIN*

Exerçant la profession de perruquier, il réunit ses poèmes sous le titre: « Les Papillotes ».

---

le **Perse**: *DARIOS ou DARIUS II,* roi des Perses

le **Pérugin** [De Pérouse]: *Pietro VANNUCCI,* peintre italien

le **Petit**: *AJAX,* héros grec

le **Petit**: *CONAN IV,* duc de Bretagne

le **Petit**: *DENYS,* écrivain scythe

le **Petit**: *NAPOLÉON III,* par Victor Hugo

le **Petit**: *PROCOPE,* chef hussite

le **Petit Belge**: *Hercule POIROT,* personnage d'Agatha Christie

le **Petit Bossuet**: *François RASPAIL,* savant et homme politique français

le **Petit Cagliostro du XXe siècle**: *André MALRAUX,* par Jean Palois

le **Petit Caporal**: *le général BONAPARTE*

le **Petit Caporal**: *Jacques FOUROUX,* rugbyman français

le **Petit Carré de l'Est**: *André BERGERON*

le **Petit Chacal**: *le général BONAPARTE,* par Henri Guillemin

le **Petit Champignon**: *Franz SCHUBERT*

le **Petit Charbonnier**: *Thomas BRITTON,* mécène anglais

le **Petit Chose**: *Daniel EYSSETTE,* personnage d'Alphonse Daudet

le **Petit Chose:** *Georges POMPIDOU,* par Jean-Paul Sartre
le **Petit Estropié:** *Antonio Francisco LISBOA,* architecte brésilien
le **Petit Feuillant:** *MONTGAILLARD,* prédicateur de la Ligue
le **Petit Fiancé de la France:** *Michel DRUCKER*
le **Petit Garçon qui ne voulait pas grandir:** *PETER PAN,* personnage de James Barrie
le **Petit Juge d'Épinal:** *Jean-Michel LAMBERT*
le **Petit Jupiter :** *ASCAGNE ou IULE,* personnage de la mythologie
le **Petit Marat :** *Jacques ROUX,* révolutionnaire français
le **Petit Marquis rouge :** *Enrico BERLINGUER*
le **Petit Mendiant :** *Giacomo CERUTI,* peintre italien
le **Petit Ministre du petit commerce :** *Jean ROYER* par André Wurmser
le **Petit Molière :** *Louis de MOLLIER,* musicien français
le **Petit Mozart des Champs-Élysées :** *Jacques OFFENBACH,* par Rossini
le **Petit Musset des familles :** *Octave FEUILLET*
le **Petit Napoléon du football :** *Michel PLATINI*
le **Petit Napoléon d'Issoudun :** *André LAIGNEL*
le **Petit Napoléon de Sydney :** *Alan BOND,* navigateur australien
le **Petit Parisien :** *Henri de LAGARDÈRE,* personnage de Paul Féval
le **Petit Pâtissier :** *Jacques DUCLOS*

Avant d'entrer en politique il avait été ouvrier pâtissier dans ses Hautes-Pyrénées natales, puis à Paris. Candidat du parti communiste à l'élection présidentielle de 1969 il lança son fameux slogan : « Poher et Pompidou, c'est blanc bonnet et bonnet blanc » et il obtint six fois plus de voix que... Michel Rocard !

---

le **Petit Pauvre :** *saint FRANÇOIS D'ASSISE*
le **Petit Père André :** *André BOULLANGER,* prédicateur français
le **Petit Père Combes :** *Émile COMBES*

La politique anticléricale de cet ancien séminariste, auteur d'une thèse sur saint Thomas d'Aquin, aboutit à la loi de séparation de l'Église et de l'État, le 7 juillet 1904.

---

le **Petit Père la Maraude** : *le maréchal de RICHELIEU*
le **Petit Père des Pauvres** : *l'abbé PIERRE*
le **Petit Père des peuples** : *STALINE*
le **Petit Père de la Révolution** : *LÉNINE*
le **Petit Poète** : *Roland BACRI,* humoriste français
le **Petit Poète des pauvres** : *Charles-Louis PHILIPPE,* écrivain français
le **Petit Prince** : *Patrice MARTIN,* skieur nautique français
le **Petit Prince** : *Michel PETRUCCIANI,* pianiste français
le **Petit Prince de la chanson** : *Gérard LENORMAN*
le **Petit Prince de la formule 1** : *Alain PROST*
le **Petit Prince de la moto** : *Christian SARRON*
le **Petit Prince du moto-cross** : *Jacky VIMOND*
le **Petit Prince des neiges** : *François BONLIEU*
le **Petit Prince de la pluie** : *Christian SARRON*
le **Petit Prophète** : *Antoine ANSELME,* prédicateur français
le **Petit qu'a le son court** : *Jean SABLON*

Il fut le premier chanteur français à employer le micro (1936).

---

le **Petit Ramoneur** : *Maurice GARIN,* coureur cycliste français
le **Petit Renau** : *Bernard RENAU d'ÉLIÇAGARAY ou d'ÉLISSAGARAY,* ingénieur naval et militaire français
le **Petit Roi** : *Clive Bernard CHURCHILL,* joueur à XIII australien
le **Petit Roi** : *HUSSEIN 1er,* roi de Jordanie
le **Petit Rouquin** : *Jean ALBERT,* « compagnon » de la chanson
le **Petit Sergent de Déroulède** : *Théodore BOTREL,* par lui-même
le **Petit Sucrier** : *Max LEBAUDY*
le **Petit Tambour d'Arcole** : *Étienne ANDRÉ,* soldat français
le **Petit Taureau d'Étretat** : *Guy de MAUPASSANT,* par Jean de La Varende
le **Petit Timonier** : *HU YAOBANG,* homme politique chinois
le **Petit Tondu** : *NAPOLÉON 1er*

Ses ennemis disaient : « le Petit Tordu ».

---

la **Petite Fadette** : *Fanchon FADET,* personnage de George Sand
la **Petite Fée de la glace** : *Sonja HENIE,* patineuse norvégienne
la **Petite Fée de Montréal** : *Nadia COMANECI,* gymnaste roumaine
la **Petite Fiancée de l'Amérique** : *Mary DECKER,* athlète américaine
la **Petite Fiancée du monde** : *Mary PICKFORD*
la **Petite Fiancée du tennis** : *Chris EVERT-LLOYD*
Petite Gueule : *Boris SERGUINE,* personnage de Jean-Paul Sartre
la **Petite Orange** : *Mary Carmen NAVARRO,* golfeuse espagnole
la **Petite Reine** : *ODETTE ou ODINETTE DE CHAMPDIVERS,* maîtresse de Charles VI
la **Petite Sainte** : *sainte PHILOMÈNE*
la **Petite Sirène de Charleville** : *Pascaline LOUVRIER,* nageuse française, par le Matin
Petit-Pain : *Paul PAINLEVÉ*
Pétounet : *Maurice TRINTIGNANT,* coureur automobile français
Pétrin le Bref : *Jacques DUCLOS*
la **Pétroleuse du Crédit Lyonnais** : *Arlette LAGUILLER,* par le Crapouillot

---

Si l'on mélange les lettres de son nom, on obtient : « Lutte, l'air allègre. »

Candidate à l'élection présidentielle de 1974, elle disait de ses deux principaux concurrents : « Giscard, Mitterrand, c'est bonnet blanc et rose bonnet. »

---

le **Pétrone du siècle** : *Jean-François HÉNAULT,* magistrat et écrivain français, par lui-même
le **Pétrone des temps modernes** : *RESTIF ou RÉTIF DE LA BRETONNE,* écrivain français
P'tite Tête de fromage : *Léo KOK,* artiste de music-hall d'origine hollandaise, par Mistinguett
Peu d'Argent : *MARTIN,* musicien français
Pferd [Cheval] : *Franz KRÜGER,* peintre allemand
le **Pharmacien de Sétif** : *Ferhat ABBAS*
le **Pharmacien de Villefranche** : *Robert FABRE*

le **Phénix** : *LOPE DE VEGA,* poète dramatique espagnol

Il prétendait avoir écrit près de deux mille pièces. Il mourut le 27 août 1635, bougonnant : « Dante m'emmerde. »

---

le **Phénix des érudits** : *Isaac CASAUBON,* érudit français

le **Phénix de France** : *Marc-Antoine CHARPENTIER,* compositeur français

---

Un fragment de son « Te Deum » sert d'indicatif à l'Eurovision.

Phidias : *James PRADIER,* sculpteur français

Philadelphe [Qui aime son frère ou sa sœur] : *ANTIOCHOS XI,* roi de Syrie

Philadelphe : *ATTALE II,* roi de Pergame

Philadelphe : *PTOLÉMÉE II,* roi d'Égypte

Philhellène : *ARISTOBULE 1er,* roi de Judée

Philhellène : *MITHRIDATE 1er,* satrape perse

Philippe-Égalité : *le duc d'ORLÉANS*

Philomêtôr [Qui aime sa mère] : *ANTIOCHOS VIII,* roi de Syrie

Philomêtôr : *ATTALE III,* roi de Pergame

Philomêtôr : *PTOLÉMÉE VI,* roi d'Égypte

Philopatôr [Qui aime son père] : *ANTIOCHOS IX,* roi de Syrie

Philopatôr : *NICOMÈDE III,* roi de Bithynie

Philopatôr : *PTOLÉMÉE IV,* roi d'Égypte

Philopatôr : *SÉLEUCOS IV,* roi de Syrie

le **Philosophe** : *ALPHONSE X,* roi de Castille et de Léon

le **Philosophe** : *CONSTANTIN DE KOSTENETS,* écrivain bulgare

le **Philosophe** : *saint CYRILLE*

le **Philosophe** : *HÉRON D'ALEXANDRIE,* ingénieur de l'Antiquité

le **Philosophe** : *LÉON VI,* empereur d'Orient

le **Philosophe** : *SÉNÈQUE,* philosophe latin

le **Philosophe :** *TIRMIDHI,* sûfi musulman
le **Philosophe allemand :** *Jakob BOEHME*
le **Philosophe des Arabes :** *Al KINDI*
le **Philosophe bienfaisant :** *STANISLAS LESZCZYNSKI*

Le roi de Pologne Stanislas avançait tous les jours l'heure de son dîner. M. de La Galaisière, lui dit à ce sujet : « Sire, si vous continuez, vous finirez par dîner la veille. »

(Chamfort)

---

la **Philosophe couronnée :** *CATHERINE II,* impératrice de Russie
le **Philosophe inconnu :** *Louis Claude SAINT-MARTIN*
le **Philosophe au masque :** *René DESCARTES*
le **Philosophe de Sans-Souci :** *FRÉDÉRIC II,* roi de Prusse, par lui-même
Phœbus : *GASTON DE FOIX*

Sa chevelure blonde le fit comparer au dieu du soleil.

Phryné [Crapaud] **:** *MNÉSARÈTE,* courtisane grecque
le **Physicien :** *STRATON,* philosophe grec
le **Physicien :** *TOSCANELLI,* physicien et astronome italien
le **Pianiste foudroyant :** *Vladimir HOROWITZ*
le **Pic de la Mirandole écossais :** *James CRICHTON*
Pickenoy : *Nicolas ELIAS,* peintre hollandais
Pickles [Cornichons] **:** *Charlie HOLMES,* jazzman américain
le **Picoleur trois-points :** *Édouard DALADIER,* par Henri Jeanson
le **Picrochole du microcosme :** *Raymond BARRE,* par Lionel Jospin
Pictor : *Quintus FABIUS,* historien romain
Pied de lièvre : *HAROLD 1er,* roi d'Angleterre
Pied d'or : *Vahid HALILHODZIC,* footballeur yougoslave
Pied nus : *MAGNUS III,* roi de Norvège
Piédalu : *Jean-Louis TIXIER-VIGNANCOURT,* par Pierre Poujade

le **Pied-noir de la chanson** : *Enrico MACIAS*
le **Pierre le Grand de l'Antiquité** : *MITHRIDATE VI,* roi du Pont
Pierre Loto, enseigne de vessie : *Pierre LOTI*

Le célèbre écrivain fut officier de marine pendant quarante-deux ans.

Pierre qui mouche : *Pierre COTTEREAU,* promoteur de la chouannerie
Pierrot : *MÉVISTO,* chansonnier français
Pierrot les Bretelles : *Pierre BELLEMARE*
Pierrot les Bretelles : *Pierre POUJADE*

A un congrès de l'U.D.C.A. il a déclaré : « A force de recevoir des coups de pied dans le cul, les idées vous montent à la tête. »

Pierrot le Fou : *Pierre LOTI*
Pierrot le Fou : *Pierre LOUTREL,* gangster français
Pierrot les Grandes Feuilles : *Pierre DEVAUX,* homme de lettres français
la **Pieuvre** : *John ROCKEFELLER*
le **Pieux** : *ALBERT,* archiduc d'Autriche et vice-roi de Portugal
le **Pieux** : *ALBERT IV,* duc d'Autriche
le **Pieux** : *ANTIOCHOS X,* roi de Syrie
le **Pieux** : *ANTONIN,* empereur romain
le **Pieux** : *AUGUSTE 1er,* électeur de Saxe
le **Pieux** : *Gino BARTALI*
le **Pieux** : *BAUDOUIN V,* comte de Flandre
le **Pieux** : *FRÉDÉRIC III,* électeur et comte palatin
le **Pieux** : *GORDIEN III,* empereur romain
le **Pieux** : *GUILLAUME 1er,* duc d'Aquitaine
le **Pieux** : *HENRI,* prince polonais
le **Pieux** : *JEAN III,* roi de Portugal
le **Pieux** : *LÉOPOLD III,* margrave d'Autriche
le **Pieux** : *LOUIS 1er,* empereur d'Occident

le **Pieux** : *LOUIS III,* landgrave de Thuringe
le **Pieux** : *Quintus Caecilius METELLUS,* homme politique romain
le **Pieux** : *ROBERT II,* roi de France
le **Pieux** : *RODOLPHE III,* roi de Bourgogne-Provence ou d'Arles
le **Pieux** : *saint SULPICE*
Pigeon pattu : *le cardinal de BERNIS*
Pindare : *LEBRUN,* poète français
le **Pindare de la Germanie** : *Melissus SCHEDE,* poète allemand
Pinochetski : *le général JARUZELSKI*
Pinturicchio : *Bernardino di BETTO,* peintre italien
la **Pipe** : *Bernard BLIER,* par Gérard Depardieu
la **Pipelette du Carlton Gardens** : *Maurice SCHUMANN*

Il fut le porte-parole de la France libre à la B.B.C. : « Ici Londres, les Français parlent aux Français... »

Pipendum : *Édouard HERRIOT*
Pipette : *Aubert PUIG,* joueur à XIII français
Pipo : *Philippe LAVILLE*
Pique-la-lune : *le général de GAULLE*
Piquette de la Mirandole : *Jean LECANUET,* par François Brigneau
le **Pirate parfumé** : *Jules BARBEY D'AUREVILLY,* par Élie Richard
le **Pisanello** : *Antoine PISANO,* peintre italien
Pisano [Né à Pise] : *Giunta CAPITINI,* peintre italien
Pisano : *NICOLA,* sculpteur et architecte italien
Pisano : *Andrea da PONTEDERA,* orfèvre sculpteur et architecte italien
Pisithanate [Qui conseille la mort] : *HÉGÉSIAS,* philosophe grec
le **Pithécanthrope galonné** : *le général BIGEARD,* par Arlette Laguiller

---

Il lui avait donné le conseil d'épouser un parachutiste.

---

il **Pitocchetto** [le Petit mendiant] : *Giacomo CERUTI,* peintre italien

le **Pitre de la bande du front populaire** : *Pierre COT,* par Emmanuel d'Astier
Pivolo : *Georges PELLETIER-DOISY,* aviateur français
Pixie : *GENEVIÈVE,* chanteuse française
le **Place-muraille** : *VAUBAN*
le **Placide** : *FRÉDÉRIC II,* électeur de Saxe
Plantagenêt : *GEOFFROY V,* comte d'Anjou

Il avait, dit-on, l'habitude de porter une branche de genêt à sa toque.

---

le **Platini du cœur** : *Alain CARPENTIER,* chirurgien français
la **Platini des neiges** : *Perrine PELEN*
le **Platon juif** : *Moïse MAIMONIDE,* savant juif
le **Plaute du Danemark** : *Ludwig HOLBERG,* écrivain danois
le **Play-boy de l'accordéon** : *Roberto MILESI*
le **Play-boy des champs de courses** : *André THÉRON*
le **Play-boy de l'Économie française** : *Bernard TAPIE*
le **Play-boy des nouveaux philosophes** : *Bernard-Henri LÉVY,* par le Crapouillot
le **Play-boy de l'opérette** : *Georges GUÉTARY*

Un critique écrivit : « Georges Guétary chante à l'Alhambra. Il entre en scène à cheval. Le cheval est très beau. »

---

le **Play-boy du peloton** : *Marc MADIOT*
le **Play-boy de la planche** : *Arnaud de ROSNAY*
Pléthon : *Georges GÉMISTE,* philosophe originaire de Constantinople
le **Pline du XVIIIe siècle** : *RÉAUMUR,* savant français
le **Pline et l'Aristote de la France** : *BUFFON*

J'admire M. de Buffon mettant des manchettes pour écrire. Ce luxe est un symbole.

(Gustave Flaubert)

---

le **Ploeske :** *Arie VAN VLIET,* coureur cycliste hollandais
Plon-Plon : *le prince JÉRÔME,* fils de Jérôme Bonaparte
Ploum : *René PLEIMELDING,* footballeur français
le **Ploutocrate démagogue :** *Joseph CAILLAUX,* par Aristide Briand
le **Plus beau en Israël :** *ABSALON*
le **Plus bel animal du monde :** *Ava GARDNER*
le **Plus bel homme du Nord :** *le prince ORLOV*
le **Plus bel homme du royaume :** *PHILIPPE 1er,* roi de France
la **Plus belle des savantes et la plus savante des belles :** *la duchesse d'ÉTAMPES,* par François 1er
le **Plus bref des laids :** *Michel JOBERT,* par Jean Boizeau
le **Plus corse des Corses :** *SAMPIERO CORSO*
le **Plus gourmand des lettrés et le plus lettré des gourmands :** *GRIMOD DE LA REYNIÈRE,* gastronome et écrivain français
le **Plus grand :** *Cassius CLAY*
le **Plus grand chansonnier de France :** *Jean AMADOU,* par lui-même

---

Il mesure un mètre quatre-vingt-dix-sept.

---

le **Plus grand des Comnènes :** *JEAN II,* empereur d'Orient
le **Plus grand des Magyars :** *le comte SZÉCHENY,* par Lajos Kossuth
le **Plus grand saint du siècle :** *saint VINCENT DE PAUL*
la **Plus grande voix du monde :** *ÈVE BRENNER*
le **Plus gros comédien de son temps :** *MONTFLEURY*

Gros homme, si tu joues,
Je vais être obligé de te fesser les joues !

(Cyrano)

---

le **Plus honnête homme de son temps : Dominique LARREY,** chirurgien militaire français, par Napoléon 1er
le **Plus jeune :** *MOTECUHZOMA II,* souverain aztèque
la **Plus petite beauté du monde :** *la princesse Narma HAWA*
le **Plus populaire de nos accordéonistes :** *AIMABLE*

le **Plus savant des Romains** : *VARRON,* polygraphe latin
le **Plus vieux coureur du monde** : *Alain MIMOUN*
P.M.F. : *Pierre MENDÈS FRANCE*
le **Poète des affaires** : *Jean-Baptiste PASCAL*
le **Poète boulanger** : *Jean REBOUL*
le **Poète brasseur d'affaires** : *FABRE D'ÉGLANTINE*

Sa cupidité le perdit : il fut guillotiné avec les dantonistes. Il avait écrit la jolie chanson : « Il pleut, il pleut bergère ! » et proposé l'appellation des mois du calendrier républicain.

---

le **Poète du ciel** : *CALDERON DE LA BARCA,* poète dramatique espagnol
le **Poète au compte-gouttes** : *Jean MORÉAS,* par Laurent Tailhade
le **Poète à la cravate rouge** : *Laurent TAILHADE,* par Rachilde
le **Poète crotté** : *MAILLET,* chansonnier français
le **Poète des espions et l'espion des poètes** : *Joseph ESMÉNARD*
le **Poète impeccable** : *Théophile GAUTIER,* par Charles Baudelaire

---

Sous le rapport de la langue, le seul Théophile Gautier, en notre siècle, a été impeccable.

(Émile Faguet)

---

le **Poète olympien** : *GOETHE*
le **Poète du regret** : *André HARDELLET*
le **Poète du socialisme** : *Clovis HUGUES*
les **Poètes maudits** : *Tristan CORBIÈRE, Stéphane MALLARMÉ* et *Arthur RIMBAUD,* par Paul Verlaine

---

On parlait de l'insomnie devant Mallarmé. « Moi, dit-il, il y a douze ans que je ne dors plus. » Quelqu'un crut avoir mal compris : « Vous voulez dire que vous dormez peu ou mal ? — Non, dit le poète, je ne dors pas du tout. Je suis éveillé vingt-quatre heures par jour. »

Pogonat [Barbe longue] : *CONSTANTIN IV,* empereur d'Orient
le **Poids de senteur** : *Jean de BONNEFON,* journaliste français, par Ernest La Jeunesse

---

Il pesait cent quarante-cinq kilos.

Poignatowski : *Michel PONIATOWSKI,* par Jean-Paul Grousset
Poil autour : *Robert BROUSSARD*
Poil de Carotte : *François LEPIC,* personnage de Jules Renard
le **Poil à gratter du cinéma** : *Jean-Luc GODARD,* par Michel Mardore
le **Poil à gratter de la politique française** : *Michel CRÉPEAU,* par lui-même
Poil de Vallès : *Jules RENARD,* par Léon Daudet
Poincaré-la-Guerre : *Raymond POINCARÉ*
Poing carré : *Raymond POINCARÉ*
le **Poisson-pilote de Pompidou** : *Marie-France GARAUD*
le **Poivrot taciturne** : *Édouard DALADIER*

« Un homme d'État... d'ébriété », disait Henri Jeanson.

Poliorcète [le Preneur de villes] : *DÉMÉTRIOS 1er,* roi de Macédoine
il **Poliziano** [Né à Montepulciano] : *Angelo AMBROGINI,* poète italien
le **Pollion du siècle** : *LA POPELINIÈRE ou LA POUPLINIÈRE,* financier français
le **Polonais** : *JACOB DE REYS,* luthiste et compositeur français
le **Polybe des Grisons** : *le baron de SALIS,* officier et littérateur suisse
Polyhistor [l'Érudit] : *ALEXANDRE,* écrivain grec
le **Polyphème du pathos** : *Victor HUGO,* par Jules Barbey d'Aurevilly
le **Pombal bavarrois** : *le comte de MONTGELAS,* homme politique allemand
la **Pompe funèbre** : *Madame STEINHEIL*

Félix Faure aima la beauté féminine jusqu'à sa mort, qui lui fut douce, et qu'il reçut des mains de la ravissante Madame Steinheil. « Le président a-t-il encore sa connaissance ? demanda l'aumônier appelé en hâte. — Non, monsieur l'abbé, répondit l'huissier, on l'a fait filer par une porte dérobée. »

(le Canard Enchaîné)

---

le **Pompeux** : *André MALRAUX*

le **Pompier rouge** : *Red ADAIR*

le **Pompier volant** : *Red ADAIR*

Pompon : *Georges POMPIDOU*

Ponce-Pidou : *Georges POMPIDOU,* par François Brigneau

Ponia : *Michel PONIATOWSKI*

le **Ponson du Terrail de la chronique** : *Léo LESPÈS,* par Victor Fournel

le **Pontique** : *ÉVAGRE,* ascète d'Asie Mineure

Il était né à Ibora dans le Pont, région d'Asie Mineure.

Pontormo [Né à Pontormo] : *Jacopo CARRUCCI,* peintre italien

Popeye : *Roger GODEAU,* coureur cycliste français

Pops : *Louis ARMSTRONG*

Pops : *George MURPHY FOSTER,* jazzman américain

le **Porc épique** : *Émile ZOLA,* par Charles Leconte de Lisle

Porcniatowski : *Michel PONIATOWSKI,* par le Canard Enchaîné

Pordenone [Né à Pordenone] : *Giovanni Antonio SACCHIS,* peintre italien

Porphyre : *MALCHUS,* philosophe grec

Porphyrogénète : *CONSTANTIN VII,* empereur d'Orient

le **Portugais** : *Antonio ABREU,* guitariste portugais

le **Posthume** : *JEAN 1er,* roi de France et de Navarre

Fils posthume de Louis X le Hutin et de Clémence de Hongrie, il ne vécut que cinq jours. Le bruit courut qu'il avait été enlevé et élevé en secret en Italie. Plus tard un soi-disant Jean vint réclamer la couronne de France.

le **Posthume** : *LADISLAS V,* roi de Hongrie et de Bohême
le **Potache prolongé** : *Gustave FLAUBERT,* par Léon Daudet
Pottekens [le Petit Pot] : *Jan Josef VERHAGEN,* peintre flamand
le **Poulidor de la gauche** : *Michel ROCARD,* par Francine Gomez
le **Poulidor hollandais** : *Joop ZOETEMELK*
la **Poulidor des neiges** : *Catherine PEILHE,* skieuse française
Pouponnet : *René LLENSE,* footballeur français
Poupou : *Raymond POULIDOR*
Poupou le Moutardier : *Robert POUJADE*
le **Pourceau vanillé** : *RESTIF ou RÉTIF DE LA BRETONNE,* écrivain français
le **Poursuiteur à lunettes** : *Roger RIOLAND,* coureur cycliste français
le **Poussah torpide** : *Théophile GAUTIER,* par Edmond et Jules de Goncourt
il **Poverello** [le Petit Pauvre] : *saint FRANÇOIS D'ASSISE*
Povoador [le Colonisateur] : *SANCHE 1er,* roi de Portugal
P.P.D.A. : *Patrick POIVRE-D'ARVOR*
Praeceptor Germaniae : *RABAN MAUR,* moine et savant allemand
la **Prêcheuse** : *Julie d'ÉTANGE,* personnage de Jean-Jacques Rousseau
le **Précieux Maître** : *PADMASAMBHAVA,* moine bouddhiste
le **Prédicateur des sans-culottes** : *Jacques ROUX,* révolutionnaire français
le **Préfet de la rue** : *Louis LÉPINE*
le **Préfet du Silence** : *André DUBOIS*

Il interdit aux automobilistes de klaxonner dans les rues de la capitale. Plus tard on fit son épitaphe :

Enfermé dans sa caisse en bois
Ci-gît l'ancien préfet Dubois.
Le silence qu'il a demandé
Pour toujours lui est accordé.

---

le **Précurseur** : *saint JEAN-BAPTISTE*
le **Premier Campionissimo** : *Constante GIRARDENGO*
le **Premier Capitaine du monde** : *CRILLON,* homme de guerre français
le **Premier Flic de France** : *Georges CLEMENCEAU,* par lui-même

le **Premier Grenadier de la République** : *LA TOUR D'AUVERGNE*

Il refusa ce « titre » que Bonaparte voulut lui donner en 1800 et que la postérité a consacré.

---

le **Premier Homme du monde** : *Pierre de FERMAT*, mathématicien français, par Blaise Pascal

le **Premier des modernes** : *Bernardino TELESIO*, philosophe italien, par François Bacon

le **Premier Piéton de l'espace** : *Alexis LEONOV*, cosmonaute soviétique

le **Premier Pitt** : *William PITT*, homme politique anglais

le **Premier Vigneron de France** : *Alphonse de LAMARTINE*, par lui-même

la **Première Dame de l'écran américain** : *Bette DAVIS*

la **Première Université russe** : *Mickhaïl LOMONOSSOV*, écrivain et savant russe, par Pouchkine

le **Preneur de villes** : *DÉMÉTRIOS 1er*, roi de Macédoine

le **Président** : *Charles de BROSSES*, écrivain français

le **Président** : *Louis COUSIN*, érudit français

le **Président** : *Charles Mercier DUPATY*, écrivain français

le **Président** : *Jean-François HÉNAULT*, écrivain français

le **Président** : *Pierre JEANNIN*, magistrat français

le **Président** : *Lester YOUNG*, jazzman américain

le **Président Faber** : *Antoine FAVRE*, jurisconsulte savoisien

le **Président de Provence** : *Jean LOUVET*, conseiller du futur Charles VII

le **Président-Soleil** : *Félix FAURE*

la **Présidente** : *Apollonie SABATIER*, par Gustave Flaubert et Théophile Gautier

---

Chaque dimanche dans son appartement de la rue Frochot, elle réunissait des écrivains et des artistes : Sainte-Beuve, Théophile Gautier, Flaubert, Baudelaire, Meissonier, le sculpteur Clésinger... Ce dernier la moula toute vive (à ce qu'on prétendit) pour la « Femme piquée par un serpent ». La statue fit scandale. On écrivit que c'était l'attitude de la femme « dans la suprême crispation de l'amour. »

---

la **Présidente secrète :** *Édith WILSON*

le **Prétendant :** *Charles Édouard STUART* prince écossais

le **Prétendant :** *Jacques STUART,* prince écossais

il **Prete genovese :** *Bernardo STROZZI,* peintre italien

le **Prêtre :** *CONSTANTIN DE PRESLAV,* écrivain bulgare

le **Prêtre :** *LAMPRECHT,* poète franconien

le **Prêtre :** *THÉOPHILE,* auteur latin médiéval

le **Prêtre roux :** *Antonio VIVALDI*

le **Prêtre des sans-culottes :** *Jacques ROUX,* révolutionnaire français

le **Prêtre de Savone :** *Bartolomeo GUIDOBONO,* peintre italien

le **Préville de la danse :** *DAUBERVAL*

Prez [le Président] **:** *Lester YOUNG,* jazzman américain

Prieur de la Côte-d'Or : *Claude Antoine PRIEUR DUVERNOIS,* homme politique français

Prieur de la Marne : *Pierre Louis PRIEUR,* homme politique français

le **Primat :** *HUGUES,* poète français

le **Prince :** *Valéry GISCARD D'ESTAING,* par Jean-Claude Gaudin

le **Prince :** *JUDAH,* docteur et homme politique juif

Prince Alexandre : *Georges CASTRIOTA,* homme de guerre albanais

le **Prince des amateurs :** *François VIÈTE,* mathématicien français

le **Prince des apôtres :** *saint PAUL*

le **Prince des apôtres :** *saint PIERRE*

le **Prince des bouffons :** *TABARIN*

Prototype du bateleur, il secondait le charlatan Mondor, son frère, dans ses opérations chirurgicales et la vente de son baume. On se pressait en foule autour de leurs tréteaux en plein vent du Pont-Neuf et de la place Dauphine. Tabarin suscita l'admiration du jeune Poquelin, futur Molière.

---

le **Prince de la chanson de charme :** *André CLAVEAU*

le **Prince des charlatans :** *BARNUM*

Il exhiba, entre autres curiosités, le nain Tom Pouce, l'éléphant Jumbo, un automate joueur d'échecs, la femme à crinière, un roi Louis XVII américain évadé de la prison du Temple, la jeune fille aux pieds de cinquante centimètres et la nourrice noire du général Washington âgée de cent soixante et un ans.

---

le **Prince des chroniqueurs :** *Jules LECOMTE* - d'abord titre honorifique

le **Prince des comédiens et le comédien des princes :** *Tiberio FIORELLI, dit SCARAMOUCHE,* comédien italien

---

Largement octogénaire il jouait encore et était assez souple pour faire sauter avec son pied le chapeau de son partenaire. On fit son épitaphe :

Cet illustre comédien
De son art traça la carrière ;
Il fut le maître de Molière
Et la nature fut le sien.

---

le **Prince des critiques :** *Jules JANIN* - d'abord titre honorifique

le **Prince de l'écho :** *Aurélien SCHOLL,* chroniqueur français

le **Prince errant :** *Charles Édouard STUART,* prince écossais

le **Prince des érudits :** *PIC DE LA MIRANDOLE,* philosophe italien

le **Prince des gaffeurs :** *NAPOLÉON III,* par Léon Daudet

le **Prince Gamelle :** *PHILIPPE,* duc d'Orléans

Banni par la loi d'exil de 1886, il vint se présenter au bureau de recrutement de Paris pour faire son service militaire.

---

le **Prince des gastronomes :** *CURNONSKY* - d'abord titre honorifique

le **Prince jaloux :** *DON GARCIE DE NAVARRE,* personnage de Molière

le **Prince de la jeunesse :** *Maurice BARRÈS,* par Paul Adam

le **Prince de la jeunesse :** *Caius CÉSAR, consul romain*

le **Prince de la jeunesse :** *Oscar WILDE,* par lui-même
le **Prince de Madrid :** *GOYA*
le **Prince des médecins :** *AVICENNE,* savant d'origine iranienne
le **Prince des médias :** *Bernard TAPIE*
le **Prince de la montagne :** *le prince JÉRÔME,* fils de Jérôme Bonaparte
le **Prince de Montparnasse :** *Moïse KISLING,*
peintre français d'origine polonaise
le **Prince de la musique :** *Roland de LASSUS,* compositeur wallon
le **Prince de la musique :** *Benedetto MARCELLO,* compositeur italien
le **Prince de la musique :** *PALESTRINA,* compositeur italien
le **Prince des musiciens :** *Josquin DES PRÉS,* polyphoniste français
le **Prince Nasone :** *FERDINAND IV,* roi de Naples et de Sicile

---

Il avait un nez énorme.

---

le **Prince noir :** *ÉDOUARD,* prince de Galles
le **Prince noir :** *NARESUEN,* roi de Siam
le **Prince de l'opérette :** *Luis MARIANO*

« Change tes tsiganes en gitans et je suis ton prince », dit un jeune chanteur basque espagnol à Francis Lopez. Et « La Belle de Budapest » devint « La Belle de Cadix. »

---

le **Prince de la paix :** *Manuel de GODOY,* homme politique espagnol
le **Prince des peintres :** *REMBRANDT*
le **Prince des philosophes :** *ARISTOTE*
le **Prince des poètes :** *Jean COCTEAU* - d'abord titre honorifique
le **Prince des poètes :** *Léon DIERX*
le **Prince des poètes :** *Paul FORT*
le **Prince des poètes :** *HOMÈRE*
le **Prince des poètes :** *Stéphane MALLARMÉ*
le **Prince des poètes :** *Pierre de RONSARD*

le **Prince des poètes** : *Paul VERLAINE*

le **Prince Ringard**: *Louis LEPRINCE-RINGUET,* par le Canard Enchaîné

le **Prince de la romance**: *Frédéric DORIA*

le **Prince des romanistes**: *Jacques CUJAS,* jurisconsulte français

le **Prince rouge**: *Adam SAPIEHA,* prince lituanien

le **Prince Rupert**: *ROBERT DE BAVIÈRE,* amiral anglais

le **Prince des sots**: *ANGOULEVENT,* fou du roi Henri IV, par lui-même

le **Prince sponsor**: *Yves MOUROUSI,* par Thierry Le Lurron

---

Les 27, 28 et 29 septembre 1985 Yves Mourousi et Véronique d'Alançon se sont mariés à Nîmes dans la plus stricte intimité. La presse n'en a pas soufflé mot. Quelques jours plus tôt Thierry Le Luron et Coluche étaient passés devant le maire du Vieux Montmartre qui les avait déclarés « unis pour le meilleur et pour le rire. »

---

le **Prince du tango**: *Jean RAPHAËL*

le **Prince des ténèbres**: *DRACULA*

le **Prince des troubadours**: *GUILLAUME IX,* duc d'Aquitaine

le **Prince des vignes**: *M. de SÉGUR*

le **Prince du violoncelle**: *Pierre FOURNIER*

la **Princesse Amande**: *Lucie DELARUE-MADRUS,* femme de lettres française

la **Princesse Brouhaha**: *la comtesse de RATTAZZI,* femme de lettres française

la **Princesse du chant français**: *Ninon VALLIN*

la **Princesse Palatine**: *CHARLOTTE-ÉLISABETH,* princesse de Bavière

la **Princesse Palatine**: *Anne de GONZAGUE*

la **Princesse de Paphlagonie**: *la marquise de SABLÉ,* femme de lettres française

Probus [le Probe]: *MARCUS AURELIUS VALERIUS,* empereur romain

le **Procureur général de la lanterne**: *Camille DESMOULINS,* par lui-même

le **Prodigue**: *ALBERT,* archiduc d'Autriche

le **Prométhée moderne**: *FRANKENSTEIN*

le **Prométhée de l'océan**: *Christophe COLOMB*

le **Prophète lauréat**: *Herbert George WELLS,* écrivain anglais le **Proscrit**: *Victor HUGO*

Il passa plus de dix-huit ans en exil, d'abord à Bruxelles, puis à Jersey, enfin à Guernesey. On lui offrit l'amnistie. Il la refusa: « Quand la liberté rentrera, je rentrerai. »

Prospépère: *Maurice CHEVALIER*
Prosper périmé: *Maurice CHEVALIER*
Prostichon: *Alain PROST*
le **Protecteur**: *CROMWELL* - titre
le **Protée de la peinture**: *Luca GIORDANO,* peintre italien
le **Protée de la peinture**: *David II TÉNIERS,* peintre flamand
la **Providence des soldats**: *Dominique LARREY*

Le fondateur de la chirurgie moderne suivit Napoléon dans toutes ses campagnes, montrant un dévouement inlassable, organisant partout des ambulances et des hôpitaux. Il fut lui-même blessé à Waterloo.

P'tit Louis: *Louis CAPUT,* coureur cycliste français
P'tit Louis: *Louis THIERRY,* boxeur français
Publicola [Ami du peuple]: *Publius VALERIUS,* homme politique et général romain
le **Puccini de l'opérette**: *Franz LEHAR*
la **Puce**: *Nathaly ODENT,* journaliste française
la **Puce du Celtic**: *John STONE,* footballeur anglais
la **Pucelle d'Orléans**: *JEANNE D'ARC*
Puddinghead: *Edgar BATTLE,* jazzman américain
Punch: *Ernest MILLER,* jazzman américain
le **Puncheur horizontal**: *Georges MARTIN,* boxeur français

la **Pupille de la nation**: *Michèle MORGAN*

« T'as d'beaux yeux, tu sais... », lui dit Gabin dans « Quai des brumes ». Son livre de souvenirs est plaisamment intitulé: « Mes yeux ont vu ». Elle est née un 29 février.

Puppchen [Petite Poupée]: *Joya HEYMAN,* compagne de Georges Brassens

le **Pur-Sang**: *Antoine BLOYÉ, personnage de Paul Nizan*

Q

les **Quatre Sergents de La Rochelle**: *BORIES, GOUDIN, POMMIER et RAOULX*

On désigne ainsi quatre sous-officiers du 45e régiment d'infanterie qui, simplement affiliés aux « carbonari » furent accusés à tort de participation à un complot, condamnés à mort et guillotinés le 21 septembre 1822. L'affaire fut exploitée par l'opposition libérale au gouvernement de la Restauration.

la **Quatrième Grâce**: *MARGUERITE D'ANGOULÊME,* reine de Navarre et écrivain français

le **Querelleur**: *EBERHARD II,* comte de Wurtemberg

le **Querelleur**: *FOULQUES IV,* comte d'Anjou

le **Querelleur**: *FRÉDÉRIC* 1er, électeur de Saxe

le **Querelleur**: *HENRI II,* duc de Bavière

le **Querelleur**: *LOUIS X,* roi de France

Quercetanus: *André DUCHESNE,* érudit français

la **Quinte Essence**: *ENTELECHIE,* personnage de Rabelais

Quirinus: *MARS,* divinité romaine

Quirinus: *ROMULUS,* fondateur légendaire de Rome

R

le **Rabbi**: *JUDAH,* docteur et chef politique juif

Rabbit [Lapin]: *Johny HODGES,* jazzman américain

le **Rabelais de l'Angleterre**: *John SKELTON*

le **Rabelais de l'Angleterre**: *Jonathan SWIFT,* par Voltaire

Raboliot: *Pierre FOUQUES,* personnage de Maurice Genevoix

la **Rabouilleuse**: *Florence BRAZIER,* personnage d'Honoré de Balzac

le **Raccommodeur de vaillances**: *BOGOMOLETZ*

Son sérum de rajeunissement fit couler à peu près autant d'encre que les greffes d'organes de singes de son confrère Voronov.

---

la **Rachel du peuple**: *Rosa BORDAS,* chanteuse française

le **Racine juif**: *Georges de PORTO-RICHE*

le **Racine pictural des Japonaises**: *UTAMARO ou OUTAMARO,* peintre japonais, par Léon Daudet

le **Racoleur d'affiche**: *Michel POLNAREFF*

On disait:

« L'avant-garde ne consiste pas à montrer son arrière-train. »

---

le **Raimu d'Oran**: *Roger HANIN*

Raminagrobis: *Georges MARCHAIS,* par Alain Peyrefitte

Raminagrobis: *Georges POMPIDOU,* par François Mauriac

Rangabé: *MICHEL 1er,* empereur d'Orient

le **Rapace italien**: *CONCINI,* aventurier italien

De sa maison située tout à côté du Louvre il fit jeter un pont de bois sur le fossé pour se rendre aisément chez Marie de Médicis. On appelait cette passerelle le « pont d'amour ».

---

le **Raphaël espagnol**: *Vincente Juan MACIP OU MASSIP*
le **Raphaël flamand**: *Michiel COCXIE ou COXIE*
le **Raphaël des fleurs**: *Pierre Joseph REDOUTÉ,* peintre belge
le **Raphaël hollandais**: *Maerten VAN HEEMSKERCK*
le **Raphaël du Nord**: *Nicolaï ABILGAARD,* peintre danois
Raspoutine [Débauché]: *Grigori Iefimovitch NOVYKH,* aventurier russe
Rastignac en jupon: *Marie-France GARAUD,* par Georges Pompidou
le **Rastignac du prêt-à-porter**: *Daniel HECHTER,* par le Crapouillot
Raymond Cœur de Lyon: *Raymond BARRE,* par le Canard Enchaîné
Raymond la Science: *Raymond CALLEMIN,* anarchiste de la bande à Bonnot
Raymond la Science infuse: *Raymond BARRE,* par le Canard Enchaîné
le **Rebelle sans cause**: *James DEAN*
le **Réchin** [le Hargneux]: *FOULQUES IV,* comte d'Anjou
le **Reclus**: *Remy de GOURMONT,* écrivain français, par André Rouveyre

---

Il avait été défiguré par un lupus tuberculeux.

Réédite Piaf: *Mireille MATHIEU*
le **Regard**: *Lauren BACALL*
le **Régent**: *Georges POMPIDOU,* par André Ribaud
la **Régente**: *Édith WILSON*
la **Reine de l'accordéon**: *Yvette HORNER*
la **Reine des bois**: *la déesse DIANE*
la **Reine Christine**: *Christine OCKRENT*
la **Reine des cieux**: *la déesse JUNON*
la **Reine des cœurs**: *ÉLISABETH STUART,* reine de Bohême

la **Reine de Cythère**: *la déesse VÉNUS*
la **Reine des diseuses**: *Esther LEKAIN,* chanteuse française
la **Reine des enfers**: *la déesse PROSERPINE*
la **Reine galante**: *MARIE D'ANGLETERRE,* reine de France
la **Reine Margot**: *MARGUERITE DE VALOIS,* reine de Navarre, par Charles IX

Il n'y a sorte ou qualité d'iceux en toute la France avec qui cette dépravée n'ait exercé sa lubricité.

(le Divorce satyrique)

---

la **Reine des mers**: *la déesse AMPHITRITE*
la **Reine de Naples**: *MARIE-SOPHIE-AMÉLIE,* reine des Deux-Siciles
la **Reine de Naples**: *la princesse MURAT*
la **Reine de Nîmes**: *Yves MOUROUSI,* par Thierry Le Luron
la **Reine noire** : *CATHERINE DE MEDICIS*
la **Reine de la nuit**: *RÉGINE*
la **Reine du rock and roll**: *LITTLE RICHARD,* chanteur américain
la **Reine des valses lentes**: *Paulette DARTY,* chanteuse française
la **Reine vierge**: *ÉLISABETH 1re,* reine d'Angleterre

Elle demanda un jour au duc de Villa-Mediana de lui montrer le portrait de sa maîtresse. Ce seigneur lui tendit... un miroir.

---

le **Renard**: *le général DALLA CHIESA*
le **Renard chinois**: *Catherine GRIS,* voyante parisienne
le **Renard du désert**: *le maréchal ROMMEL*
Renault l'arrière-garde: *le général RENAULT*
René la Canne: *René GIRIER,* malfaiteur français
le **Renforcé**: *HUMBERT II,* comte de Savoie
le **Rénovateur**: *CASIMIR 1er,* duc de Pologne
le **Restaurateur**: *CASIMIR 1er,* duc de Pologne
le **Restaurateur de la langue française**: *GUEZ DE BALZAC,* écrivain français

le **Restaurateur des lettres**: *FRANÇOIS 1er*, roi de France
le **Retors**: *André GIDE*, par André ROUVEYRE
le **Rêve blond**: *Lilian HARVEY*
le **Révélateur du globe**: *Christophe COLOMB*, par Léon Bloy
le **Révérend Père de la T.V.**: *Roger GICQUEL*
le **Révolté d'eau douce**: *Georges BRASSENS*, par Henri Jeanson
Rex tertius [le Troisième Roi]: *Pedro Gonzalez de MENDOZA*, prélat espagnol, conseiller des « rois catholiques »
le **Rhéteur**: *SÉNÈQUE*, écrivain latin
Rhinotmède [Nez coupé]: *JUSTINIEN II*, empereur d'Orient

Détrôné en 695 il eut le nez coupé par les insurgés et fut ensuite déporté.

Rhyndacenus: *Jean LASCARIS ou LASKARIS*, érudit grec
Richard en tonneau: *Richard ANTHONY*
le **Riche**: *Marcus Licinius CRASSUS*, général et homme politique romain
le **Riche**: *Antoine CROZAT*, mécène français
le **Riche**: *Jakob II FUGGER*, banquier allemand
Richelieu en jupon: *Marie-France GARAUD*, par Philippe Alexandre
le **Ridé de fer**: *Konrad ADENAUER*

Le grand âge, les manières cassantes et le caractère autoritaire du chancelier allemand lui valurent ce sobriquet. Il se démit de ses fonctions en octobre 1963, âgé de quatre-vingt-sept ans.

Rien et Danube: *Pierre MESSMER*, par Jean Manan
Rika Zéro: *Rika ZARAÏ*
Rikikissinger: *Michel JOBERT*, par André Ribaud
le **Rimbaud du roman**: *Raymond RADIGUET*
Riquet à la houppe: *Henri PATENIER*, peintre flamand
Riton: *Henri LECONTE*
Robert le Diable: *Robert CHARRON*, boxeur français

Robert le Diable: *ROBERT,* duc légendaire de Normandie

Robert Machère: *Robert de MONTESQUIOU,* poète français

Robert le Rouge: *ROB ROY,* aventurier écossais

Robespaul: *Paul QUILÈS*

le **Robespierre des Tropiques:** *Éloi MACHORO,* par Jean-Noël Fournier

le **Robespierre de Valence:** *Paul QUILÈS*

Robespierrot: *Joseph PAUL-BONCOUR,* homme politique français, par Guy Desgeorges

le **Robin des bois de la chanson:** *Georges GUÉTARY*

le **Robin des bois du cinéma:** *Errol FLYNN*

le **Robin des bois de la politique:** *Jean-Jacques SERVAN-SCHREIBER,* par Paul Dehême

le **Robinet d'eau tiède:** *AMIEL,* écrivain suisse d'expression française, par ses élèves

Robinson Crusoé: *Edgard PISANI,* par Michel Jobert

Rocard destin: *Michel ROCARD*

Rochefaible: *Jean GALTIER-BOISSIÈRE,* par Robert Treno

le **Rodin des rois africains :** *LIYOLO,* sculpteur zaïrois

Roger Bontemps: *Roger de COLLERYE,* poète et acteur français

Roger-la-Honte: *Roger LAROQUE,* personnage de Jules Mary

le **Roi:** *Adam ADENET,* trouvère brabançon

le **Roi:** *BARRAS,* homme politique français

le **Roi:** *PELÉ*

le **Roi:** *John PYM,* homme politique anglais

le **Roi:** *VOLTAIRE*

Voltaire louait en ces termes le grand savant suisse Haller: « C'est un homme de premier ordre, il est anatomiste, botaniste, philosophe, romancier, poète... » Quelqu'un l'interrompit: « Savez-vous qu'il est loin d'être aussi juste à votre égard? — Peut-être nous trompons-nous tous les deux », riposta aussitôt Voltaire.

---

le **Roi de l'allumette:** *Ivar KREUGER,* industriel suédois

le **Roi Arthur**: *Arthur SCARGILL,* syndicaliste britannique
le **Roi des barricades**: *LOUIS-PHILIPPE 1er,* roi des Français
le **Roi de la bière**: *Alfred HEINEKEN*
le **Roi Bomba**: *FERDINAND II,* roi des Deux-Siciles
le **Roi du boulevard**: *Aurélien SCHOLL,* chroniqueur français
le **Roi de Bourges**: *CHARLES VII,* roi de France

L'historien Mézeray prétend que « Charles le petit roi de Bourges » fut un moment si pauvre qu'un bottier berrichon refusa de lui faire crédit d'une paire de bottes qu'il venait d'essayer.

---

le **Roi des braves**: *HENRI IV,* roi de France
le **Roi de la cavale**: *Michel VAUJOUR*
le **Roi de la chanson**: *Jules PACRA*
le **Roi des chemins de fer**: *Cornelius VANDERBILT,* financier américain
le **Roi des ciels**: *Eugène BOUDIN,* peintre français
le **Roi du contre-ut**: *Luciano PAVAROTTI*
le **Roi des cotonnades**: *Marcel BOUSSAC*
le **Roi des dieux**: *JUPITER*
le **Roi de l'édition**: *Gaston GALLIMARD*
le **Roi de l'évasion**: *Bruno SULAK*
le **Roi de fer**: *PHILIPPE IV,* roi de France
le **Roi du fer**: *Andrew CARNEGIE,* manufacturier et philanthrope américain
le **Roi du fil de fer**: *Alexander CALDER,* sculpteur américain
le **Roi fou**: *LOUIS II,* roi de Bavière
le **Roi François**: *François MITTERRAND*
le **Roi galant homme**: *VICTOR-EMMANUEL III,* roi d'Italie
le **Roi gentilhomme**: *VICTOR-EMMANUEL II,* roi d'Italie
le **Roi des Halles**: *le duc de BEAUFORT,* chef de la Fronde des princes
le **Roi Jean**: *le maréchal de LATTRE DE TASSIGNY*

le **Roi lépreux**: *BAUDOUIN IV,* roi de Jérusalem

Il était déjà atteint de la terrible maladie quand, à l'âge de quatorze ans, il monta sur le trône. Il ne cessa pourtant de combattre contre les musulmans.

---

le **Roi de mai**: *HUMBERT II,* roi d'Italie

le **Roi de la mode**: *BRUMMELL,* dandy anglais

le **Roi de Naples**: *Michele ZAZA,* trafiquant italien

le **Roi de l'opérette**: *Charles LECOCQ*

le **Roi de l'opérette**: *Jacques OFFENBACH*

le **Roi des ours**: *Jean-Jacques ROUSSEAU,* par Madame d'Epinay

---

On disait à Jean-Jacques Rousseau, qui avait gagné plusieurs parties d'échecs au prince de Conti, qu'il ne lui avait pas fait sa cour, et qu'il fallait lui en laisser gagner quelques-unes: « Comment ! dit-il, je lui donne la tour. »

(Chamfort)

---

le **Roi des pastellistes**: *Maurice QUENTIN DE LA TOUR*

le **Roi du pétrole**: *John Davison ROCKEFELLER*

le **Roi des pourris**: *BARRAS,* homme politique français, par Napoléon Bonaparte

le **Roi des prédicateurs et le prédicateur des rois**: *Louis BOURDALOUE*

le **Roi de la publicité**: *Marcel BLEUSTEIN-BLANCHET*

le **Roi René de la piste**: *René PIJNEN,* coureur cycliste hollandais

le **Roi romantique**: *FRÉDÉRIC-GUILLAUME IV,* roi de Prusse

le **Roi des Suisses**: *Ludwig PFYFFER,* chef du parti catholique

le **Roi du swing**: *Benny GOODMAN*

le **Roi Théodore**: *NEUHOF ou NEUHOFF,* aventurier allemand

le **Roi très chrétien**: *saint LOUIS*

le **Roi de la Vendée**: *CHARETTE*

le **Roi des violons**: *Jean-Pierre GUIGNON,* compositeur et violoniste français

les **Rois fainéants**: *CHILDEBERT III, CHILDÉRIC III, CHILPÉRC II, DAGOBERT III, THIERRY III, THIERRY IV,* derniers rois mérovingiens

les **Rois de la République**: *les ROTSCHILD,* par Jules Guesde

le **Roi-Bourgeois**: *LOUIS-PHILIPPE 1er,* roi des Français

le **Roi-Chevalier**: *ALBERT 1er,* roi des Belges

le **Roi-Chevalier**: *FRANÇOIS 1er,* roi de France

le **Roi-Citoyen**: *LOUIS-PHILIPPE 1er,* roi des Français

Daumier ayant représenté Louis-Philippe en Gargantua écopa d'une condamnation à six mois de prison, peine qu'il purgea à Sainte-Pélagie.

---

le **Roi-Poète**: *Adam ADENET,* trouvère brabançon

le **Roi-Sergent**: *FRÉDÉRIC-GUILLAUME 1er,* roi de Prusse

le **Roi-Soldat**: *ALBERT 1er,* roi des Belges

le **Roi-Soleil**: *LOUIS XIV,* roi de France

On disait par plaisanterie: « Le Roi-Soleil s'est éclipsé avec sa favorite. »

---

le **Roi-Soleil**: *Gilbert TRIGANO*

le **Roland de l'armée**: *le maréchal LANNES*

Un boulet lui brisa les deux jambes à la bataille d'Essling le 22 mai 1809. Il expira neuf jours plus tard en chuchotant à l'Empereur venu le saluer: « Écoute, Napoléon, c'est un mourant qui te le dit: ton ambition te perdra. »

---

le **Roland serbe**: *Marko KRALJEVIC,* prince serbe

le **Romain**: *Jean ALAUX,* peintre français

le **Romain**: *Giulio CACINI,* chanteur et compositeur français

le **Romain**: *Jean-Baptiste DESHAYS,* peintre français

le **Romain**: *Jean LE HOUX,* chansonnier français

le **Romain**: *Pierre MIGNARD,* peintre français

le **Romain**: *Giulio PIPPI,* peintre italien

le **Romain**: *Jean-Baptiste TUBI ou TUBY,* sculpteur français d'origine italienne
la **Romanina** [la Petite Romaine]: *Marianna BENTI-BULGARELLI,* chanteuse italienne
Ronnie: *Ronald REAGAN*
le **Ronsard du symbolisme**: *Jean MORÉAS,* par Anatole France
le **Roquet à la houppe**: *Félix GALIPAUX,* comédien français
la **Rose d'Angleterre**: *la reine VICTORIA*
Rose de Pindare: *RONSARD*
Rosé de Lisle: *Jean-Pierre CHEVÈNEMENT*
le **Rossignol du music-hall**: *Élyane CÉLIS*

Atteinte de claudication, elle ne portait que des robes longues et chantait toujours assise sur le piano de son accompagnateur.

---

le **Rossignol suédois**: *Jenny LIND,* cantatrice suédoise
le **Rossignol à la voix d'or**: *JOSELITO*
le **Rouge**: *ÉRIC ou ERIK,* explorateur norvégien

Banni à la suite d'un meurtre, il découvrit l'Amérique cinq siècles avant Christophe Colomb: une île immense qu'on appela plus tard « Groenland », c'est-à-dire « Terre verte ». Il tenta d'y attirer des colons.

---

le **Rougeaud**: *le maréchal NEY*
Rougeaud de Lille: *Pierre MAUROY*
Rouletabille: *Joseph JOSÉPHIN,* personnage de Gaston Leroux
le **Rouletabille de Budapest**: *Roger GARAUDY,* par André Faucher
Roulio Essuie-glace: *Julio IGLESIAS*
la **Rousse universelle**: *Rita HAYWORTH*
le **Rousseau du ruisseau**: *RESTIF ou RÉTIF DE LA BRETONNE,* écrivain français
le **Roux**: *BOLESLAV,* duc de Bohême

le **Roux**: *ESAÜ,* personnage biblique

le **Roux**: *GUILLAUME II,* roi d'Angleterre

le **Roux**: *JEAN 1er,* duc de Bretagne

le **Roux**: *JOSCELIN,* philosophe français

le **Roy René**: *René VIETTO,* coureur cycliste français

le **Rubinstein de la litote**: *Valéry GISCARD D'ESTAING,* par Jean-Christian Harvet

le **Rugisseur de la Comédie-Française**: *MOUNET-SULLY*

le **Rustique**: *Pieter BREUGHEL ou BRUEGEL ou BRUEGHEL,* peintre flamand

S

Sabalkanski [Dominateur des Balkans]: *le feld-maréchal DIEBITSCH*
le **Sabre de la religion**: *MÂLIK,* sultan ayyûbide
Sac d'argent: *IVAN 1er,* grand-prince de Moscou et de Vladimir
Sacha, disent-elles: *Sacha DISTEL*
al **Saffah** [le Sanguinaire]: *ABU AL-ABBAS ABD-ALLAH,* calife arabe
la **Sagan du cinéma**: *Isabelle ADJANI,* par Philippe Bouvard
le **Sage**: *ALBERT II,* duc d'Autriche
le **Sage**: *ALBERT IV,* duc de Bavière
le **Sage**: *ALPHONSE V,* roi d'Aragon
le **Sage**: *ALPHONSE X,* roi de Castille et de Léon
le **Sage**: *CHARLES V,* roi de France
le **Sage**: *ÉPIPHANE,* hagiographe russe
le **Sage**: *FERDINAND VI,* roi d'Espagne
le **Sage**: *FRÉDÉRIC II,* électeur et comte palatin
le **Sage**: *FRÉDÉRIC III,* électeur de Saxe
le **Sage**: *Siddhârta GAUTAMA,* fondateur du bouddhisme
le **Sage**: *saint GILDAS*
le **Sage**: *IAROSLAV,* grand-prince de Kiev
le **Sage**: *JEAN VI,* duc de Bourgogne
le **Sage**: *Caius Nepos LAELIUS,* consul romain
le **Sage**: *LÉON VI,* empereur d'Orient
le **Sage**: *NATHAN,* personnage de Lessing
le **Sage**: *OLEG,* grand-prince de Kiev
le **Sage**: *ROBERT D'ANJOU,* roi de Naples
le **Sage**: *Maurice ROEMERSPACHER,* personnage de Maurice Barrès

le **Sage**: *SALOMON,* roi d'Israël

Il donna la plus belle preuve de sa sagesse dans le fameux jugement auquel son nom est attaché. Deux femmes se disputaient un enfant. Le roi ordonna d'apporter une épée, de couper l'enfant en deux et de donner la moitié à l'une et la moitié à l'autre. Celle qui était la véritable mère s'y opposa, préférant renoncer à son fils et qu'il fût vivant.

---

le **Sage**: *SANCHE IV,* roi de navarre

le **Sage de l'Afrique**: *Félix HOUPHOUËT-BOIGNY*

le **Sage de la Grande Armée**: *le général DROUOT*

le **Sage de Maillane**: *Frédéric MISTRAL*

le **Sage de la Perse**: *APHRAATE,* Père de l'Église syriaque

le **Sage de Priène**: *BIAS,* philosophe grec

le **Sage de Saint-Chamond**: *Antoine PINAY*

le **Sage des Sakya**: *Siddhârta GAUTAMA,* fondateur du bouddhisme

le **Sage de Tournefeuille**: *Gaston DOUMERGUE*

Après avoir quitté l'Élysée, il gagna... le gros lot de la Loterie nationale.

---

le **Sage de Weimar**: *GOETHE*

le **Sage d'Ygrande**: *Émile GUILLAUMIN,* écrivain français

le **Sage-homme**: *SOCRATE,* par Montaigne

Socrate, fils de sage-femme, se flattait d'accoucher les esprits des pensées qu'ils contiennent sans le savoir.

---

le **Sagittaire**: *Jules BARBEY D'AUREVILLY*

le **Saint**: *CANUT ou KNUT ou KNUD IV,* roi de Danemark

le **Saint**: *ÉRIC ou ERIK IX,* roi de Suède

le **Saint**: *FERDINAND III,* roi de Castille

le **Saint**: *HENRI II,* empereur germanique

le **Saint**: *HUMBERT III,* comte de Savoie

le **Saint**: *LOUIS IV,* landgrave de Thuringe

le **Saint**: *OLAV II,* roi de Norvège

le **Saint**: *Simon TEMPLAR,* héros des romans d'aventures de Leslie Charteris

le **Saint**: *VLADIMIR 1er,* grand-duc de Russie

le **Saint de l'Anjou**: *Jacques CATHELINEAU,* chef vendéen

le **Saint François des Assises**: *François MAURIAC,* par Henri Jeanson

le **Saint gai**: *saint PHILIPPE NÉRI*

le **Saint Infant**: *FERDINAND DE PORTUGAL,* prince portugais

le **Saint du Poitou**: *le marquis de LESCURE,* chef vendéen

le **Saint volant**: *saint JOSEPH DE COPERTINO*

le **Saint-Arnaud de café-concert**: *le général BOULANGER,* par Jules Ferry

le **Saint-bernard des entreprises en péril**: *Bernard TAPIE*

le **Saint-bernard des gosses perdus**: *Joël WEISS,* éducateur français

le **Saint-bernard de la mer**: *Olivier MOUSSY,* navigateur français

Saint-Ex: *Antoine de SAINT-EXUPÉRY*

le **Saint-Just de la consommation**: *Édouard LECLERC*

Le général de Gaulle qui, dès le début, accueillit son initiative avec faveur, lui avait dit: « Appelez-moi quand vous voudrez: je vous répondrai et je vous aiderai. » Un jour Leclerc fit appel à lui. L'Etat voulait l'exproprier de sa propriété bretonne pour construire un hôpital psychiatrique à Saint-Divy. « Dites de ma part au préfet, répondit le général avec son humour acide, que cette opération est inutile et qu'un fou y habite déjà. »

(le Crapouillot)

---

le **Saint-Just de la mondaine**: *André SOLERE*

le **Saint-Just du P.S.**: *Jean-Pierre CHEVÈNEMENT*

le **Saint-Père du super**: *Édouard LECLERC,* par le Canard Enchaîné

le **Saint-Simon de notre époque**: *Jean GALTIER-BOISSIERE,* journaliste français, par Marcel Pagnol

la **Sainte des bas-fonds**: *mère TERESA*

la **Sainte de Calcutta**: *mère TERESA*

Sainte-Bave: *SAINTE-BEUVE,* par Victor Hugo

L'amant d'Adèle Foucher avait écrit: « Lamartine règne et plane, Hugo patauge. »

Sainte-Bévue: *SAINTE-BEUVE,* par Alfred de Musset

Sainte-Opportune: *Anna de NOAILLES,* par Jean Cocteau

Sainte-Suzanne la réservée: *Marie-Suzanne SIMONIN,* personnage de Denis Diderot

Sakyamuni [le Sage des Sakya]: *Siddhârta GAUTAMA,* fondateur du bouddhisme

Saladier: *Édouard DALADIER*

Nous l'appelions « Saladier », car il vendait vraiment une drôle de salade. Ses phrases sentaient l'huile. De noix.

(Henri Jeanson)

---

le **Salien**: *CONRAD II,* empereur germanique

le **Salique**: *CONRAD II,* empereur germanique

le **Salomon des Francs**: *DAGOBERT 1er*

le **Salomon du Nord**: *FRÉDÉRIC II,* roi de prusse, par Voltaire

le **Salomon sarmate**: *le prince LUBOMIRSKI*

le **Saltimbanque de la mer**: *Arnaud de ROSNAY*

le **Salvador Dali de la place du Colonel-Fabien**: *Georges MARCHAIS,* par le Crapouillot

Sa **Majesté le Cogneur**: *Jim JEFFRIES,* boxeur américain

Sa **Majesté Cotillon II**: *la marquise de POMPADOUR,* par Frédéric II

Mme Le Normant d'Étioles, née Jeanne Poisson, était une des femmes les plus belles et les plus spirituelles de Paris: « un morceau de roi », disait-on.

Sancho Pansu: *Raymond BARRE,* par le Canard enchaîné

la **Sanglante**: *MARIE TUDOR*

François de Guise lui ayant repris le port de Calais que les Anglais occupaient depuis près de deux cents ans, la reine dit en mourant: « Si l'on ouvrait mon cœur, on y trouverait écrit le nom de Calais. »

---

le **Sanglier des Ardennes**: *Guillaume de LA MARCK,* homme de guerre français
le **Sanglier des Ardennes**: *Roger MARCHE,* footballeur français
le **Sanguinaire**: *ABU AL-ABBAS ABD ALLAH,* calife arabe
le **Sanguinaire**: *OTHON ou OTTON II,* empereur germanique
Sans Avoir: *GAUTIER,* chevalier et croisé français
Sans Gêne: *Marie-Thérèse FIGUEUR,* femme soldat de la Révolution et de l'Empire
Sans Peur: *JEAN,* duc de Bourgogne
Sans Peur: *RICHARD 1er,* duc de Normandie
Sans Terre: *JEAN,* roi d'Angleterre
la **Sanseverina**: *Gina VALSERRA,* personnage de Stendhal
il **Sansovino**: *Andrea CONTUCCI,* sculpteur italien
il **Sansovino**: *Jacopo TATTI,* sculpteur et architecte italien
la **Sapho anglaise**: *Mary ROBINSON,* actrice et femme de lettres anglaise
Sapiens [le Sage]: *Caius Nepos LAELIUS,* consul romain
la **Sarah Bernhardt de la chanson**: *DAMIA*
la **Sarah Bernhardt du music-hall**: *MISTINGUETT*
la **Sartreuse de charme**: *Simone de BEAUVOIR,* par le Matin
S.A.S. [Son Altesse Sérénissime]: *Malko LINGE,* personnage de Gérard de Villiers
Sa **Solidité**: *Mme de MAINTENON,* par Louis XIV

Un jour, au cours d'un conseil, Louis XIV lui dit: « On appelle les papes Votre Sainteté; les rois, Votre Majesté; les princes, Votre Gracieuseté; pour vous, Madame, on devrait vous appeler Votre Solidité. » Comme il était assez content du mot qu'il avait trouvé, il ne la nomma plus qu'ainsi. On imagine la tête que pouvaient faire les ambassadeurs étrangers en visite officielle, lorsque, après une discussion, le roi tournait la tête vers Mme de Maintenon et lui demandait: « Qu'en pense Votre Solidité? » (Guy Breton)

Sa **Suffisance**: *Valéry GISCARD D'ESTAING,* par André Ribaud

il **Sassetta**: *Stefano di GIOVANNI,* peintre italien

il **Sassoferrato** [Né à Sassoferrato]: *Giovanni Battista SALVI,* peintre italien

il **Sassone** [le Saxon]: *Johann Adolf HASSE,* chanteur d'opéra et compositeur allemand

Satchmo: *Louis ARMSTRONG*

« Satchmo » est l'abréviation de « Satchelmouth », qui signifie à peu près: « bouche en forme de cartable, de sacoche. »

Satyr: *Cornelis VAN POELENBURGH,* peintre hollandais

le **Sauteur**: *LOUIS,* fondateur de la Thuringe

Il s'était évadé du château de Giebichenstein en sautant sur son cheval dans la Saale.

---

le **Sauveur**: *ANTIOCHOS 1er,* roi de Syrie

le **Sauveur**: *ATTALE 1er,* roi de Pergame

le **Sauveur**: *DÉMÉTRIOS 1er,* roi de Syrie

le **Sauveur**: *JÉSUS-CHRIST*

le **Sauveur**: *PTOLÉMÉE 1er,* roi d'Égypte

le **Sauveur**: *PTOLÉMÉE IX,* roi d'Égypte

le **Sauveur**: *SÉLEUCOS III,* roi de Syrie

le **Sauveur de l'Égypte**: *JOSEPH,* personnage biblique, ministre du « pharaon »

le **Sauveur de la France**: *BAYARD*

le **Sauveur de la patrie**: *François HANRIOT,* révolutionnaire français, par Marat

le **Sauveur de la patrie**: *le général PICHEGRU*

le **Savant**: *ALPHONSE X,* roi de Castille et de Léon

le **Savonarole de l'érotisme**: *Jean ROYER,* par Hervé Terrasse

le **Saxon**: *Johann Adolf HASSE,* chanteur d'opéra et compositeur allemand

le **Saxon**: *LOUIS III,* roi de Germanie

Scaevola [le Gaucher]: *MUCIUS,* héros légendaire romain

Scanderbeg ou Skanderberg [Prince Alexandre]: *Georges CASTRIOTA,* homme de guerre albanais

le **Scaramouche de la politique**: *Pierre LAVAL,* par Paul Soupiron

---

« Quand vous aurez compris que je fais monnaie de mon impopularité pour mon pays, vous aurez compris beaucoup de choses », déclara-t-il un jour.

Mais bien peu lui pardonnèrent une autre de ses déclarations: « Je souhaite la victoire de l'Allemagne... »

Scarface: *AL CAPONE*

le **Scarron de la musique**: *Jacques OFFENBACH,* par Henri Céard

le **Sceau de tous les Pères**: *saint CYRILLE D'ALEXANDRIE*

Schiavone [l'Esclavon]: *Andrea MELDOLLA,* peintre et graveur italien

Schmoll: *Eddy MITCHELL*

Schoolmester [le Maître d'école]: *Gerrit VAN DE LINDE,* écrivain néerlandais

le **Schubert suédois**: *Adolf Fredrik LINDBLAD*

la **Scie attique**: *Georges GUÉTARY*

Georges Guétary (de son vrai nom Lambros Worloou) est d'origine grecque comme plusieurs autres chanteurs de variétés célèbres: Reda Caire, Georges Moustaki, Demis Roussos, Nana Mouskouri...

Du répertoire de cette dernière on a dit plaisamment: « Chants mignons à la grecque ».

---

le **Scolastique**: *AGATHIAS,* écrivain grec

le **Scolastique**: *ÉVAGRE,* historien grec

le **Scolastique**: *JEAN III D'ANTIOCHE*

le **Scolastique**: *saint JEAN CLIMAQUE*

le **Scolastique**: *saint SÉRAPION,* catéchiste de l'école d'Alexandrie

le **Scolastique**: *SOCRATE,* historien ecclésiastique originaire de Constantinople

Scrapper: *Francis Hilmer BLACKWELL,* chanteur de blues et guitariste américain

Scribouillette: *Eugène SCRIBE,* auteur dramatique français

Ce peintre de bonbonnières, qui fit croire aux bourgeois de son temps que ses petits dessus de boîtes étaient des tableaux de mœurs.

(Jules Barbey d'Aurevilly)

---

le **Sculpteur qui parlait au vent**: *Alexander CALDER*
le **Sec à malices**: *Jean LACROIX,* chansonnier français
Second: *Didier LUPI,* compositeur français
le **Second Africain**: *SCIPION ÉMILIEN,* homme politique et général romain
le **Second Fondateur de Rome**: *le général CAMILLE*
le **Second Gustave**: *Johan Gustafson BANÈR,* général suédois
le **Second Pitt**: *William PITT,* homme politique anglais
le **Second Sage**: *MENCIUS,* philosophe chinois
le **Secrétaire florentin**: *MACHIAVEL*
le **Seigneur du chant**: *HOMÈRE*
le **Seigneur du Désert**: *KAHDAFI*
le **Seigneur de Fleuranges**: *le maréchal de BOUILLON*
le **Seigneur des jeux de Berlin**: *Jesse OWENS*

Le public allemand acclama l'athlète noir américain. Hitler s'arrangea pour ne pas avoir à lui serrer la main.

---

le **Seigneur du rugby**: *Yves BERGOUGNAN*
le **Seizième Homme du quinze de France**: *Roger COUDERC*
la **Sémiramis de Lucques**: *Élisa BONAPARTE*
la **Sémiramis moderne**: *CATHERINE II,* impératrice de Russie
la **Sémiramis du Nord**: *CATHERINE II,* par Voltaire

Pour les fourrures qu'elle envoyait aux rhumatismes de Voltaire, celui-ci lui renvoyait des flatteries...

(Jules Barbey d'Aurevilly)

la **Sémiramis du Nord**: *MARGUERITE DE VALDEMAR,* reine de Danemark, de Norvège et de Suède

les **Sept Sages de la Grèce**: *BIAS, CHILON, CLÉOBULE, PÉRIANDRE, PITTACOS, SOLON et THALÈS*

Certains auteurs en remplacent un ou deux par *ANACHARSIS, ÉPIMÉNIDE, MYSON ou PHÉRÉCYDE.*

---

le **Séquoia**: *Clyde LOVELETTE,* basketteur américain

le **Sergent Belle-Jambe**: *le maréchal BERNADOTTE*

Napoléon avait de bonnes raisons de se méfier de ce « merle qui se croyait un aigle ».

---

le **Sergent la Tempête**: *le général JUNOT*

Serious [Sérieux]: *Wilson MYERS,* jazzman américain

le **Serpent**: *Charles SOBHRAJ,* criminel eurasien

le **Serpent à lunettes**: *Adolphe THIERS*

le **Serpent à sonnets**: *Jean MARSAC*

Chansonnier « mordant », il eut maille à partir avec Mistinguett, puis avec Cécile Sorel. Par la suite, elles sont devenues ses amies.

Serre-la-louche: *Jacques CHIRAC*

le **Serviteur de la paix**: *LANZA DEL VASTO*

le **Serviteur des serviteurs de Dieu**: *saint GRÉGOIRE 1er, pape*

le **Sévère**: *HARALD III,* roi de norvège

le **Sévère**: *LOUIS II,* duc de Bavière

la **Sévigné de Sannois**: *la comtesse d'HOUDETOT,* inspiratrice de Jean-Jacques Rousseau

Sforza [le Fort]: *Giacomuzzo ATTENDOLO,* condottiere italien

le **Shakespeare du dessin animé**: *Tex AVERY*

le **Shakespeare français**: *Pierre CORNEILLE*

Un plaisant, ayant vu exécuter en ballet, à l'Opéra, le fameux « Qu'il mourût » de Corneille, pria Noverre de faire danser les « Maximes » de La Rochefoucauld.

(Chamfort)

---

le **Shakespeare de la publicité**: *BARNUM*

le **Shakespeare du roman**: *Walter SCOTT*

le **Sherlock Holmes venu d'Asie**: *Thomas NOGUCHI,* médecin légiste de Los Angeles

le **Shérif**: *le juge RENAUD*

le **Sherpa à grand-chose** : *Jacques ATTALI*

Sherry Wine: *Henry COKER,* jazzman américain

Shorty: *Harold BAKER,* jazzman américain

Shorty: *Maurice Mc CONNELL,* jazzman américain

la **Sibylle du Rhin**: *sainte HILDEGARDE*

el **Siddikh** [le Véridique]: *ABOU-BAKR,* calife arabe

le **Siennois**: *Francesco BERNARDI,* chanteur castrat italien

le **Silencieux**: *Calvin COOLIDGE,* homme d'État américain

le **Silène**: *Paul VERLAINE*

Sacha Guitry possédait une lettre de Verlaine commençant par ces mots: « Ma chère Hortense... » et qui se terminait ainsi: « Au revoir, ma chère Adèle... »

---

le **Silentiaire** [Dignitaire byzantin]: *ANASTASE 1er,* empereur d'Orient

le **Silentiaire**: *JEAN,* ermite de Palestine

le **Silentiaire**: *PAUL,* poète byzantin

le **Sillographe**: *TIMON*

Le poète grec écrivait des « silles », c'est-à-dire des parodies.

Sim Connerie: *SIM,* par lui-même
le **Simenon de l'Histoire**: *Philippe ERLANGER,* par Marcel Pagnol
le **Simone Veil de la gauche**: *Michel ROCARD,* par Alexandre Minkowski
le **Simple**: *CHARLES III,* roi de France
le **Simple**: *FRÉDÉRIC III,* roi de Sicile
le **Simple**: *PAUL,* martyr
le **Sinaïte**: *saint ANASTASE*
le **Sinaïte**: *saint JEAN CLIMAQUE*
le **Sinatra français**: *François DEGUELT*
le **Sinatra des sourds**: *Philippe CASTELLI,* par Philippe Bouvard
le **Sindonite**: *SÉRAPION,* ermite égyptien

Il portait un « sindon », c'est-à-dire une chemise de mortification.

---

le **Singe de Virgile**: *SILIUS ITALICUS,* poète latin
le **Sinistre de l'information**: *Louis TERRENOIRE,* homme politique français
le **Sinistre Pantin de l'Élysée**: *Félix FAURE,* par Laurent Tailhade
le **Sire de Gambais**: *LANDRU*

Les cruciverbistes connaissent bien ce « partisan de la femme au foyer » qui « brûla ses poules parce qu'il manquait de coke ».

---

la **Sirène à voix de violoncelle**: *Aristide BRIAND*
les **Sirènes**: *LEUCOSIA, LIGIA, PARTHÉNOPÉ, etc.,* divinités grecques
Sissi: *ÉLISABETH DE WITTELSBACH,* impératrice d'Autriche-Hongrie
Sitting Bull [le Taureau assis]: *TATANKA YOTANKA,* chef sioux
le **Skiagraphe** [le Peintre des ombres]: *APOLLODORE,* peintre grec
Sleepy [Somnolent]: *John ESTES,* chanteur et guitariste de blues américain
Slick [Adroit, Rusé]: *Wilmore JONES,* jazzman américain
Slim: *Bulee GAILLARD,* jazzman américain
Slim: *Alton MOORE,* jazzman américain

le **Socialiste grincheur**: *Jean-Jacques ROUSSEAU,* par Lautréamont
le **Sociétaire imaginaire**: *RAIMU,* par Henri Jeanson

Il joua « Le Bourgeois gentilhomme » à la Comédie-Française en 1944.

---

le **Socratique**: *EUCLIDE*
il **Sodoma**: *Giovanni Antonio BAZZI,* peintre italien
le **Soldat laboureur**: *le maréchal BUGEAUD*

Voulant être agriculteur autant que soldat, il avait pris pour devise: « Ense et aratro », « Par l'épée et par la charrue ».

Soleil couchant: *LOUIS XIV,* roi de France, âgé

Il n'avait pas encore cinq ans lorsqu'il devint roi. Il mourut à l'âge de soixante-dix-sept ans. Son règne est le plus long de l'histoire de France.

---

le **Soleil invaincu**: *Flavius HONORIUS,* empereur d'Occident
Soliman-pacha: *Octave de SÈVES,* officier français
le **Solitaire de Croisset**: *Gustave FLAUBERT*
le **Solitaire de Fontenay-aux-Roses**: *Paul LÉAUTAUD*
le **Solitaire de Francfort**: *SCHOPENHAUER*

Par testament il réserva un capital de trois cents florins pour l'entretien de son caniche Atma.

---

le **Solitaire de Saint-Benoît-sur-Loire**: *Max JACOB*
el **Solitario** [le Solitaire]: *Serafin ESTEBANEZ CALDERON,* érudit et écrivain espagnol

le **Sombre**: *Jan Josef HOREMANS,* peintre flamand
Sonny: *William CRISS,* jazzman américain
Sonny: *William GREER,* jazzman américain
le **Sophiste**: *LONGUS,* romancier grec
le **Sophocle de la danse**: *Gaetano GIOIA,* chorégraphe italien
le **Sophocle de nos jours**: *VOLTAIRE,* par Grimm

Le lendemain de la première représentation d'« Oreste », la maréchale de Luxembourg envoya à Voltaire quatre grandes pages de réflexions critiques sur sa tragédie. L'écrivain ne lui répondit qu'une seule ligne: « Madame la Maréchale, Oreste ne s'écrit pas avec un H. »

---

le **Sophocle de la Pléiade**: *Étienne JODELET*
le **Sorcier**: *Thomas EDISON*
le **Sorcier**: *Amédée GORDINI*
le **Sorcier de Blackpool**: *Stanley MATTHEWS,* footballeur anglais
le **Sorcier de Melun** : *Daniel REVENU,* escrimeur français
le **Sorcier de Menlo-Park**: *Thomas EDISON*
Sosthène: *Philippe de GAULLE,* amiral français
le **Sot pleureur**: *Albert LEBRUN*
Sôter [le Sauveur]: *ANTIOCHOS 1er,* roi de Syrie
Sôter: *ATTALE 1er,* roi de Pergame
Sôter: *DÉMÉTRIOS 1er,* roi de Syrie
Sôter: *PTOLÉMÉE 1er,* roi d'Égypte
Sôter: *PTOLÉMÉE IX,* roi d'Égypte
Sôter: *SÉLEUCOS III,* roi de Syrie
Souen Wen: *SUN YAT-SEN,* homme d'État chinois
le **Souffle-douleur de l'histoire**: *ROLAND*

Le neveu de Charlemagne est bien connu aussi des cruciverbistes pour être « le Diable au cor ».

Sourcils épais: *ALEXIS V,* empereur d'Orient

la **Souris**: *Benoît FAURE,* coureur cycliste français

la **Souris blanche**: *Charles de FREYCINET,* homme politique français

le **Sournois**: *HENRI,* poète satirique alsacien

le **Sous-Homais**: *Georges de LA FOUCHARDIÈRE,* journaliste français, par Jean Quéval

le **Sous-préfet aux chants**: *Louis AMADE*

lo **Spagnoletto**: *José de RIBERA,* peintre espagnol

Né près de Valence, il partit très jeune pour l'Italie et ne revint jamais en Espagne. Ses origines et sa petite taille le firent appeler « Spagnoletto ».

---

lo **Spagnolo**: *Giuseppe Maria CRESPI,* peintre italien

lo **Spagnolo**: *Vicente MARTIN Y SOLER,* compositeur italien

Specs [Spectacles]: *Gordon POWELL,* jazzman américain

le **Spectre**: *Jimmy WILDE,* boxeur gallois

le **Spectre toqué**: *Ann RADCLIFFE,* romancière anglaise, par Lautréamont

le **Sphinx**: *Pierre DESGRAUPES*

le **Sphinx**: *Robert HERBIN*

le **Sphinx**: *François MITTERRAND*

le **Sphinx**: *le maréchal PÉTAIN*

le **Sphinx de la coiffure**: *ALEXANDRE,* coiffeur du « Tout-Paris », par Jean Cocteau

le **Sphinx incompris**: *TALLEYRAND,* par Jean Orieux

Un auditeur du conseil d'État, parlait devant Talleyrand de sincérité et de franchise. « Vous êtes jeune, lui dit Talleyrand; apprenez que la parole a été donnée à l'homme pour dissimuler sa pensée. »

---

le **Spielberg du Châtelet**: *Maurice LEHMANN*

Spike: *Patrick HUGUES,* jazzman américain

la **Splendeur**: *LAKSMI,* déesse hindoue

Splendeur de Dieu: *MIRZA HUSSEIN ALI NOURI,* chef religieux perse

le **Squelette d'Yves Montand**: *Philippe CLAY*

Stagirite [Né à Stagire]: *ARISTOTE*

Staline [l'homme d'acier]: *Joseph Vissarionovitch DJOUGATCHVILI*

la **Star de la charité**: *Bob GELDOF,* chanteur de rock and roll irlandais, par le Point

la **Star du musette**: *Maurice LARCANGE*

la **Star des potagers**: *Rika ZARAÏ,* par le Meilleur

Socrate, Platon, Léonard de Vinci, Newton, Lamartine étaient partisans du végétarisme.

---

la **Star des stars**: *Marilyn MONROE*

Stesichore [Maître de chœur]: *TISIAS,* poète grec

Stonewall [Mur de pierre]: *Thomas Jonathan JACKSON,* général sudiste américain

le **Stratiotique**: *MICHEL VI,* empereur d'Orient

le **Strauss français**: *Émile WALDTEUFEL*

Streambine: *John EWING,* jazzman américain

le **Studite**: *saint THÉODORE*

Stump: *EVANS,* jazzman américain

le **Stupide**: *BENOÎT X,* antipape

le **Stylite**: *saint DANIEL*

le **Stylite**: *saint SIMÉON*

Un Stylite est un ascète installé par mortification sur une colonne. Siméon vécut dans la contemplation près de quarante années au sommet de la sienne qui était haute d'une vingtaine de mètres. Il attirait des foules de pèlerins.

---

le **Successeur**: *PROCLUS,* philosophe grec

Sugar: *Ray ROBINSON*

le **Suicidé pour pleurer**: *GOETHE,* par Lautréamont

Goethe n'était point un ami des lunettes. Il disait: « A peine un étranger, les lunettes sur le nez, entre-t-il chez moi qu'il me vient une mauvaise humeur dont je ne suis plus maître. Je pense aussitôt: il n'a pas lu mes dernières poésies. »

---

le **Suicidé pour rire**: *SAINTE-BEUVE,* par Lautréamont

le **Suif errant**: *GABRIELLO*

Il a publié « Souvenirs d'un homme de poids ». On disait: « C'est le seul chansonnier qui ne se dégonfle pas. »

---

le **Sultan de l'épithète**: *Théophile GAUTIER*

le **Sultan juste**: *le général DESAIX,* par les Égyptiens

le **Sultan el Kébir** [le Grand Sultan]: *le général BONAPARTE,* par les Égyptiens

la **Sultane des fleurs**: *Suzanne GRAVET DE LIGNY,* amie de Voltaire

le **Superbe**: *HENRI,* duc de Saxe et de Bavière

le **Superbe** : *SIMÉON,* grand-prince de Moscovie

le **Superbe**: *TARQUIN,* roi de Rome

Super Brat: *John Mc ENROE*

Super Mac: *John Mc ENROE*

Swann: *Howard JOHNSON,* jazzman américain

Sweets: *Harry EDISON,* jazzman américain

la **Sylphide**: *Jules PERROT,* danseur français

le **Syncelle**: *GEORGES,* chroniqueur byzantin

le **Syrien**: *saint ÉPHREM*

Szczodry [le Généreux ou le Hardi]: *BOLESLAS II,* roi de Pologne

le **Taciturne**: *GUILLAUME D'ORANGE-NASSAU,* stathouder de Hollande

le **Taciturne d'Abo**: *Paavo NURMI,* coureur à pied finlandais

Tadpole [Têtard]: *Alain PROST*

le **Taglioni mâle**: *Jules PERROT,* danseur français, par Théophile Gautier

Taille-Fer: *GUILLAUME III,* comte de Toulouse

Taillevent: *MICHAUT,* poète français

le **Talleyrand de la crotte**: *Aristide BRIAND,* par Léon Daudet

le **Talma du boulevard**: *Frédérick LEMAÎTRE*

« Pour se rendre aux Folies-Dramatiques, raconte Théodore de Banville, il se traînait, était forcé de s'appuyer. Arrivé au théâtre, agile, effréné, insaisissable il jouait avec une furie de gaieté la longue farce de « Robert Macaire », puis s'en retournait comme il était venu, faible et chancelant. »
Mille fois mieux qu'Antée en touchant la terre, le comédien retrouve sa force et sa vertu en touchant les planches de la scène.

le **Tambour d'Arcole**: *Étienne ANDRÉ,* soldat français

Tanagra-double: *Béatrice BRETTY,* comédienne française

Tanagra-double: *Félia LITVINE,* cantatrice russe

Tanagra-double: *Sybil SANDERSON,* chanteuse américaine

le **Tank**: *Abraham APPEL,* footballeur néerlandais

le **Tanneur de Saint-Chamond**: *Antoine PINAY*

Tante Yvonne: *Mme de GAULLE*

Tape-dur: *Stanislas-Marie MAILLARD,* révolutionnaire français

le **Tapie volant**: *Jacques MAILLOT,* homme d'affaires français le **Tapissier de Notre-Dame**: *le maréchal de LUXEMBOURG*

On pendait dans la cathédrale de Paris les nombreux drapeaux qu'il prenait à l'ennemi.

Taps: *Marion-Joseph MILLER,* jazzman américain

Tartare: *PLUTON*

Tarzan: *Michaël HESELTINE,* homme politique britannique

le **Tarzan boxeur**: *Cyrille DELANNOIT,* boxeur belge

le **Tarzan de Buzenval**: *Laurent DAUTHUILLE,* boxeur français

le **Tarzan de Grammont**: *Cyrille DELANNOIT*

Tatane: *Antoine CUISSARD,* footballeur français

le **Taureau assis**: *TATANKA YOTANKA,* chef sioux

le **Taureau de Bavière**: *Franz Josef STRAUSS,* homme politique allemand

le **Taureau du Bronx**: *Jake LAMOTTA,* boxeur américain

le **Taureau insatiable**: *FRANÇOIS 1er,* roi de France

Deux ou trois demoiselles, parfois davantage, étaient appelées chaque soir dans la chambre royale, où un page les déshabillait.

Elles devaient s'attendre à passer une rude nuit blanche, car François 1er n'aimait pas rester inactif.

Et il n'était pas rare que chacune des jouvencelles eût droit à plusieurs hommages, tant le roi était vif à renaître de ses cendres. « Ce pourquoi, nous dit un historien du temps, ce n'est pas la salamandre qu'il eût dû choisir comme emblème, mais le phénix. »

(Guy Breton)

---

le **Taureau du Vaucluse**: *Édouard DALADIER*

Taxandeau: *Louis MEXANDEAU,* par le Canard enchaîné

il **Tedesco** [l'Allemand]: *Lorenzo ALLEGRI,* luthiste italien d'origine allemande le **Téméraire**: *CHARLES,* duc de Bourgogne

---

Charles le Téméraire avait pris pour son modèle dans la guerre, Annibal, qu'il citait sans cesse. Après la bataille de Morat, où ce prince fut battu, le fou de cour qui l'accompagnait dans sa fuite disait de temps en temps: « Nous voilà bien annibalés! »

(Chamfort)

Tempesta: *Pieter MOLYN,* peintre hollandais

la **Tempête**: *le général JUNOT*

le **Templier de la plume**: *Jules BARBEY D'AUREVILLY,* par Jean Lorrain

le **Temporisateur**: *FABIUS,* homme politique romain

le **Tendre maudit**: *Paul VERLAINE,* par Rachilde

le **Ténor à la voix d'or**: *André DASSARY*

Terranova: *Willem VAN NIEULANDT,* peintre flamand

le **Terre-neuve des journaux populaires**: *Émile RICHEBOURG*

Lorsqu'en 1873, Émile de Girardin, devenu l'un des propriétaires du « Petit Journal », entreprit de relever le niveau intellectuel de cette feuille, et remplaça la prose de Richebourg par celle de Jules Verne, la vente baissa de quatre-vingt mille exemplaires en une semaine. Il fallut rappeler celui que Jules Claretie avait surnommé « le Terre-neuve des journaux populaires ».

(Albert Cim)

---

la **Terreur des mouches**: *Antoine MONTERO,* boxeur français

le **Terrible**: *IVAN IV,* tsar de Russie

le **Terrible**: *le pape JULES II*

Michel-Ange ne travaillant pas assez vite à la décoration de la voûte de la chapelle Sixtine et s'obstinant à lui cacher son travail, Jules II, furieux, le frappa un jour de son bâton et menaça de le faire jeter en bas de son échafaudage.

Testa: *Caius TREBATIUS,* jurisconsulte romain

Têtard: *Alain PROST*

Tête d'âne: *RAOUL II*, seigneur de Vassy

Tête de carotte: *Marlène JOBERT*

Tête d'étoupe: *GUILLAUME III*, duc d'Aquitaine

Tête d'étoupe: *RAIMOND BÉRANGER 1er*, comte de Barcelone

Tête de fer: *EMMANUEL-PHILIBERT*, duc de Savoie

Tête de fer: *PANDOLFE*, prince lombard

Tête d'or: *Simon AGNEL*, personnage de Paul Claudel

Tête d'or: *Josef BOZSIK*, footballeur hongrois

Tête d'or: *Sandor KOCSIS*, footballeur hongrois

le **Tétrarque**: *HÉRODE PHILIPPE*, gouverneur de Judée

Teufels Müller [Müller du Diable]: *Friedrich MÜLLER*, peintre et poète allemand

Teutonicus [l'Allemand]: *JULIEN DE SPIRE*, compositeur d'origine germanique

Teutonicus: *NOTKER DE SAINT-GALL*, écrivain suisse de langue allemande

Texas: *ALEXANDER*, chanteur de blues et guitariste américain

T.G.V.: *Alain ESTÈVE*, rugbyman français, par Roger Couderc

Thaddée: *saint JUDE*, apôtre

Thaddée ou « Jude de Jacques », c'est-à-dire « Fils d'un Jacques non déterminé ».

---

le **Thaumaturge**: *saint GRÉGOIRE*, évêque de Néo-Césarée

le **Thaumaturge**: *LUC*, moine en Grèce

le **Théocrite écossais**: *Allan RAMSAY*, poète écossais

le **Théologien**: *saint GRÉGOIRE DE NAZIANZE*

le **Théolologue**: *saint JEAN*, apôtre

Théophraste [le Divin Parleur]: *TYRTAMOS*, philosophe grec

Théos [Dieu]: *ANTIOCHOS II*, roi de Syrie

Thomas de Londres: *saint THOMAS BECKET*

la **Thrace**: *DENYS*, grammairien grec

la **Thrace**: *LÉON 1er*, empereur d'Orient

la **Thrace**: *MAXIMIN,* empereur romain

le **Tibulle français**: *le vicomte de PARNY,* poète français

le **Tigre**: *Georges CLEMENCEAU,* par Émile Buré

Octogénaire il quitta l'arène politique et consacra ses dernières années aux voyages. Au cours d'un séjour en Asie, il tomba gravement malade. Au médecin qui lui recommandait de regagner la France au plus vite, il répondit: « Je ne vous demande pas de me donner des conseils, je vous demande de me guérir. »

---

le **Tigre édenté**: *Georges CLEMENCEAU,* par Léon Daudet

le **Tigre de la Malaisie**: *Tomoyuki YAMASHITA,* général japonais

le **Tigre des neiges**: *TENSING NORKEY,* alpiniste népalais

le **Tigre du papier**: *Robert HERSANT*

le **Tigre qui rugit**: *Mikhaïl LERMONTOV,* poète russe, par Lautréamont

le **Tino Rossi de Bab-el-Oued**: *Enrico MACIAS,* par le Crapouillot

le **Tino Rossi du pauvre**: *Jean RAPHAËL,* par Guy Noël

le **Tino Rossi du twist**: *Richard ANTHONY*

Tintin: *Valentin ANGELMANN,* boxeur français

Tintin: *Laurent BROOMHEAD*

le **Tintin de la politique**: *Michel ROCARD*

Le Canard enchaîné ayant mélangé les lettres de « François Mitterrand » a obtenu: « Feras tintin, M. Rocard ».

---

le **Tintoret**: *Jacopo ROBUSTI,* peintre italien

Son père était teinturier de tissus de soie.

---

la **Tintoretta**: *Marietta ROBUSTI,* fille du précédent

le **Tireur d'élite**: *Henri LECONTE*

le **Tischbein de Goethe**: *Wilhelm TISCHBEIN,* peintre allemand

---

Ami du célèbre écrivain allemand, Tischbein avait exécuté un très beau portrait: « Goethe dans la campagne romaine ».

---

le **Titan**: *DANTON*

le **Titan du labour**: *Jean IRAÇABAL,* rugbyman français

le **Tite-Live de l'Espagne**: *Juan de MARIANA,* théologien espagnol

le **Titi de Pantin**: *Emmanuel CLAVEL,* boxeur français

le **Titien**: *Tiziano VECELLIO,* peintre italien

le **Titien français**: *Jacques BLANCHARD,* peintre français

le **Tombeur de ministères**: *Georges CLEMENCEAU*

Tom Pouce: *Scott HAMILTON,* patineur américain

le **Tonkinois**: *Jules FERRY*

Tonnant: *JUPITER*

Tonton: *François MITTERRAND*

Tonton Bibi: *André BIBAL,* reporter sportif français

Tonton Macoute: *Romain GARY*

Tonton Mégahertz: *Jacques TRÉMOLO,* animateur de radio français

Tony Sirop: *Tino ROSSI*

la **Torche de Provence**: *MIRABEAU*

On connaît la fameuse apostrophe de Mirabeau: « Allez dire à votre maître... ». Selon Fabre d'Olivet, le marquis de Dreux-Brézé aurait répondu à mi-voix: « Mais Monsieur le Comte avez-vous donc la fièvre? »

Torquatus [Collier]: *MANLIUS,* consul romain

Torquefada: *Jean ROYER,* par Jean-Paul Grousset

le **Tors**: *CONAN 1er,* comte de bretagne

le **Tory socialiste**: *Richard Austen BUTLER,* homme politique anglais

Toto: *Jacques BRUGNON,* tennisman français

Toto: *Louis GÉRARDIN,* coureur cycliste français

Toto: *Robert GRASSIN,* coureur cycliste français

Tojo et Juju: *Victor HUGO et Juliette DROUET*

Leur liaison dura cinquante ans. Elle lui écrivit plus de dix-sept mille lettres, dont celle-ci: « Que votre volonté soit faite, ô Toto, et tenez-moi compte, par tout votre amour, de l'abnégation entière que je fais de ma volonté, de ma vie et de mes plaisirs. »

Toujours Bon: *ÉRIC ou ERIK 1er,* roi de Danemark

le **Toulonnais de génie**: *Joseph-Fidèle LAUGIER,* poète français

Tourniquet: *Jean RAMEAU,* personnage de Jean Giono

les **Tourtereaux littéraires**: *Charles et Mary CLARKE,* écrivains anglais

le **Tousseux**: *Janotus de BRAGMARDO,* personnage de François Rabelais

Tout-en-Or: *Louis LOUCHEUR,* par Léon Daudet

La loi Loucheur, votée le 13 juillet 1928, permit l'accès à la propriété d'une foule de petites gens.

Toutoubon: *Jacques TOUBON,* par le Canard enchaîné

la **Tragédienne de la chanson**: *DAMIA*

la **Tragédienne de la chanson**: *Yvonne GEORGE*

la **Tragédienne lyrique**: *DAMIA*

le **Tragique**: *SÉNÈQUE*

le **Tranquille**: *OLAV III,* roi de Norvège

la **Transe combattante**: *Maurice SCHUMANN*

le **Traumatisé des alcôves**: *Charles AZNAVOUR*

« Avant Charles Aznavour, le désespoir était impopulaire », a écrit Jean Cocteau.

---

le **Trembleur**: *GARCIA III,* roi de Navarre

Malgré sa bravoure, il avait été surnommé « le Trembleur » parce que toutes les fois qu'il revêtait son armure un frisson involontaire le saisissait. « Mon

corps tremble, disait-il, du péril où mon courage va le porter. »
A rapprocher du mot de Turenne: « Tu trembles, carcasse; si tu savais où je te mènerai tout à l'heure, tu tremblerais davantage. »

---

le **Très-Haut**: *le général de GAULLE*
la **Tresse**: *ALBERT III,* duc d'Autriche
Tria Fata [les Trois Destinées]: *les PARQUES*
Triboulet: *LE FLEURIAL ou FEURIAL,* bouffon de Louis XII et de François 1er
le **Tribun**: *Léon GAMBETTA*
Triguano: *Gilbert TRIGANO*
Tringlot: *Jean RAMEAU,* personnage de Jean Giono
Triolette et Larangon: *Elsa TRIOLET et Louis ARAGON,* par Louis-Ferdinand Céline
Trissotin gentilhomme: *Alfred de VIGNY,* par Sainte-Beuve
Trognon de chou: *le maréchal MURAT*

Il paradait dans des costumes splendides et fantaisistes et portait souvent un uniforme vert.

---

les **Trois Grâces**: *AGLAÉ, EUPHROSYNE et THALIE,* divinités grecques
les **Trois Grasses**: *les PETER SISTERS*
les **Trois Horaces**: *les frères CORBINEAU,* officiers français
le **Troisième Roi**: *Pedro Gonzalez de MENDOZA,* prélat espagnol, conseiller des « rois catholiques »
le **Trombone**: *Cesare NEGRI,* danseur et chorégraphe italien
Trompe-la-mort: *Jacques COLLIN, alias VAUTRIN,* personnage d'Honoré de Balzac
Trou du Quai: *Georges BIDAULT,* par André Mutter
le **Troubadour de Montpellier**: *André-Auguste TANDON,* poète de langue d'oc
Truck: *Charles PARHAM,* jazzman américain
la **Truie verticale**: *Gustave TÉRY,* journaliste français, par Léon Daudet
Trummy: *James YOUNG,* jazzman américain

le **Tsar de la baguette**: *Riccardo MUTI,* chef d'orchestre italien
le **Tsar d'Hollywood**: *Will HAYS,* homme politique américain
le **Tsar libérateur**: *ALEXANDRE 1er,* empereur de Russie
le **Tsar petit-maître**: *ALEXANDRE 1er,* par lord Byron

C'est un brave garçon.
Dommage qu'il ait tué son père.

(Napoléon 1er)

---

le **Tsar rouge** : *STALINE*
la **Tsarine de Paris**: *Mme GEOFFRIN,* par la marquise du Deffand
le **Tueur de Bulgares**: *BASILE II,* empereur d'Orient
le **Tueur fou de l'Ardèche**: *Pascal BLANC*
le **Tueur à gags**: *Alphonse ALLAIS*

On lui attribue de nombreuses inventions: l'aquarium en verre dépoli pour poisson timide, la tasse avec anse à gauche pour les gauchers, la casserole carrée pour empêcher le lait de tourner, le pal d'entraînement avec repose-pied...

---

le **Tueur à gages**: *Thomas HEARNS,* boxeur américain
la **Tulipe**: *Louis GABRILLARGUES,* footballeur français
Turlupin: *Jean-Jacques SERVAN-SCHREIBER,* par Jacques Chirac
Tveskaegg [Barbe fourchue]: *SVEN 1er,* roi de Danemark
le **Tyran de l'Europe**: *NAPOLÉON 1er*
le **Tyrtée italien**: *Giovanni BERCHET,* poète italien

U

Uccello [l'Amateur d'oiseaux]: *Paolo di DONO,* peintre italien
Udine [Né à Udine]: *Giovanni RICAMATORE,* peintre italien
l'**Ulysse**: *ALBERT III,* électeur de Brandebourg
l'**Ulysse du cuissage**: *CASANOVA*

Ironisant sur la réussite de l'aventurier vénitien dans la littérature (quatorze volumes de mémoires), Stefan Zweig a écrit : « Ce charlatan fameux est entré dans le Panthéon de l'esprit créateur d'une manière aussi injustifiée que Ponce Pilate dans le Credo. »

---

l'**Unique**: *FRÉDÉRIC II,* roi de Prusse

Voltaire avait accepté sa flatteuse hospitalité. Mais l'entente dura peu entre ces deux esprits d'élite qui se jalousaient. Au moment de la rupture on rapporta à Voltaire ce mot du roi: « On presse l'orange, et on la jette quand on a avalé le jus. » Mot que le philosophe qualifia de « bel apophtegme, digne de Denys de Syracuse ».

---

l'**Universelle « Aragne »**: *LOUIS XI,* roi de France

Le peintre Alphonse de Neuville a représenté « Louis XI, l'Universelle Aragne, méditant les pièges qu'il tendra à ses ennemis. »

---

l'Usurpateur : *NAPOLÉON 1er*

Le serment du maréchal Ney rallié à Louis XVIII est célèbre : « Je ramènerai l'Usurpateur dans une cage de fer. »

V

la **Vache à encre**: *George SAND,* par Frédéric Nietzsche

Trois heures de sommeil lui suffisaient. Elle écrivait la nuit, régulièrement, se raturant très peu, quelquefois treize ou quatorze heures de suite sans être incommodée.

le **Vagabond de la charité**: *Raoul FOLLEREAU,* juriste français

le **Vagabond de l'Europe**: *LOUIS XVIII*

A une lettre que le comte de Provence lui avait adressée de Varsovie, Bonaparte, premier consul, répondit: « Vous ne devez pas souhaiter votre retour en France. Il vous faudrait marcher sur cinq cent mille cadavres. »

le **Vagabond des lettres**: *Jean GENET*

le **Vaillant**: *ALPHONSE VI,* roi de Léon et de Castille

le **Vaillant**: *BOLESLAS 1er,* roi de Pologne

le **Vaillant**: *JEAN V,* duc de Bretagne

le **Vaillant**: *RAOUL 1er,* comte de Vermandois

le **Vaillant**: *ROBERT 1er,* comte d'Artois

le **Vain de Bordeaux**: *Jacques CHABAN-DELMAS*

Ses amis précisent: « Ce vain de Bordeaux n'est pas un grand sot terne. »

le **Vainqueur**: *DÉMÉTRIOS II,* roi de Syrie

le **Vainqueur**: *SÉLEUCOS 1er,* roi de Syrie

le **Vainqueur**: *SÉLEUCOS V,* roi de Syrie

Valentin le Désossé: *Jacques RENAUDIN,* danseur amateur français

Valy: *Valéry GISCARD D'ESTAING*

le **Vampire du Soleil Levant**: *Yoko ONO,* épouse japonaise de John Lennon

le **Van Dyck de l'Allemagne**: *Anton GRAF ou GRAFF,* peintre suisse

la **Vaporeuse**: *Mme de MONTALEMBERT*

le **Varron de son siècle**: *Jérôme BIGNON,* érudit français

le **Varron toscan**: *Antonio MAGLIABECCHI,* érudit florentin

le **Vasari espagnol**: *Antonio PALOMINO Y VELASCO,* peintre et biographe espagnol

le **Vauban hollandais**: *le baron VAN COEHOORN,* ingénieur militaire hollandais

le **Vaugelas du pataquès**: *Guy LUX*

le **Végèce français**: *Jean-Charles de FOLARD,* homme de guerre français

le **Veinard**: *Lucky LUCIANO,* gangster américain

la **Vendée**: *Pierre MERCIER,* chef chouan

le **Vénérable**: *saint BÈDE,* érudit anglo-saxon

le **Vénérable**: *PIERRE DE CLUNY,* religieux français

le **Vénérable Directeur**: *Jean GALTIER-BOISSIÈRE,* journaliste français

---

Son grand-père, Pierre Galtier-Boissière, se disait comte Pierre Galtier de la Boissière-Mazarin de Montagnol-Rivesalte, baron de Versols !

---

le **Veneur**: *Hugues 1er de LUSIGNAN,* homme de guerre français

le **Vengeur**: *ALPHONSE XI,* roi de Léon et de Castille

le **Vénitien**: *ANDRÉ III,* roi de Hongrie

le **Vénitien**: *SEBASTIANO DEL PIOMBO,* peintre italien

Ventre d'argent: *le général de GALLIFFET*

la **Vénus en marbre chaud**: *Louise COLET,* poétesse française, par Alfred de Musset

la **Vénus de mille os**: *Audrey HEPBURN*

la **Vénus noire**: *Jeanne DUVAL,* maîtresse de Charles Baudelaire

le **Vercingétorix de la baguette**: *Albert RODRIGUEZ,* boulanger français le **Véridique**: *ABOU-BAKR,* calife arabe

le **Vermeer français**: *Maurice LOBRE,* peintre français, par Léon Daudet

Véronèse [Né à Vérone]: *Paolo CALIARI,* peintre italien

le **Vert**: *HAYNE DE GUIZEGHEM,* musicien flamand

le **Vert**: *HENRI,* personnage de Gottfried Keller

le **Vert Galant**: *HENRI IV,* roi de France

Henri IV demandant à une jeune personne de la Cour qui lui plaisait beaucoup, par où il fallait passer pour arriver dans sa chambre: « Par l'église, sire », répondit-elle.

---

le **Vertueux**: *MUSTAFA KUPRULI,* grand vizir de l'empire ottoman

le **Vertueux**: *Jérôme PETION DE VILLENEUVE,* homme politique français

le **Vertueux**: *Maximilien de ROBESPIERRE*

le **Vésuve**: *la comtesse de NOAILLES*

la **Veuve d'Auteuil**: *Edmond de GONCOURT*

Il ne se consola jamais de la mort de son jeune frère Jules à qui il survécut vingt-six ans.

---

la **Veuve du Corse**: *Mlle GEORGE,* actrice français

Elle fut la maîtresse du Premier Consul. « Il m'a quittée pour se faire empereur », disait-elle. Elle eut ensuite une liaison avec... le tsar Alexandre.

---

la **Veuve joyeuse**: *Louis ARAGON*

la **Veuve qui clôt**: *Marthe RICHARD,* par Henri Jeanson

« La tolérance, il y a des maisons pour cela! », répondit Paul Claudel à Jules Renard pendant l'affaire Dreyfus. Ce qui n'est plus vrai... L'Assemblée Constituante a adopté le 13 avril 1946 la fameuse « loi Marthe Richard ».

la **Veuve rouge**: *Mme STEINHEIL*

Sa mère et son mari (le peintre Adolphe Steinheil) ayant été assassinés dans leur hôtel de l'impasse Ronsin, la dernière amie du président Félix Faure défraya une seconde fois la chronique. Elle fut acquittée le 13 novembre 1909.

V.G.E.: *Valéry GISCARD D'ESTAING*

le **Vicaire de Solidarité**: *le père POPIELUSZKO*

Défendant avec la plus grand conviction le syndicat de Lech Walesa, il était très populaire dans toute la Pologne. L'annonce de son assassinat en octobre 1984 fit grand bruit.

le **« Vice » président**: *André LE TROQUER*

Il termina sa carrière politique dans une affaire de mœurs dite des « ballets roses ».

le **Vicomte chèque postal**: *Olivier de KERSAUSON*

Victor: *Claude PERRIN,* maréchal de France

Victoria la Scandaleuse: *Victoria WOODHULL,* femme politique américaine

le **Victorieux**: *ABD AL-RAHMÂN II,* émir de Cordoue

le **Victorieux**: *ABOU-DJA' FAR-ABDULLAH IBN-MOHAMMED,* calife arabe

le **Victorieux**: *AHMED IV,* sultan du Maroc

le **Victorieux**: *CHARLES VII,* roi de France

le **Victorieux**: *CHOSROÈS ou KHOSRÔ II,* roi de Perse

le **Victorieux**: *MOHAMMED IBN-ABI-AMER,* homme politique arabe

le **Victorieux**: *MOUKHTAR PACHA,* général et diplomate turc

le **Victorieux**: *ORKHAN,* sultan ottoman

le **Victorieux**: *OSMAN PACHA,* général et homme politique turc

le **Victorieux**: *PERÔZ ou FIRÛZ*, roi de Perse
le **Victorieux**: *VALDEMAR II*, roi de Danemark
le **Victorieux**: *YOUSOUF YAKOUB*, souverain berbère
le **Vidangeur**: *Ernest CONSTANS*, homme politique français, par Henri Rochefort
le **Vidangeur lyrique**: *Léon DAUDET*, par Henri Jeanson
Vide-Gousset: *l'abbé TERRAY*

Aux fêtes du mariage de Louis XVI, encore dauphin, Louis XV demanda à l'abbé Terray, contrôleur général des Finances, comment il trouvait les fêtes de Versailles: « Impayables, Sire », répondit l'abbé.

(Bachaumont)

---

le **Vieillard**: *STREMUCHOV*, moine russe, théoricien de la musique russe
le **Vieillard d'Ascra**: *HÉSIODE*, poète grec
le **Vieillard de Cos**: *HIPPOCRATE*
le **Vieillard de la mer**: *NÉRÉE*, divinité grecque
le **Vieillard de Téos**: *ANACRÉON*, poète grec
la **Vieille Ponche**: *Raoul PONCHON*

Le poète resta fidèle à l'absinthe jusqu'à quatre-vingt-dix ans... et mourut des suites d'un accident. Comme il assistait un jour à une conférence antialcoolique où l'orateur, à l'appui de son dire, injectait à d'inoffensifs cochons d'Inde une goutte d'absinthe qui les foudroyait raide, Ponchon de sa place s'écria: « Eh bien! ça prouve que l'absinthe n'est pas faite pour les cochons. »

(Curnonsky)

---

la **Vieille Sorcière**: *Mme de MAINTENON*, par la Princesse Palatine

---

Les lettres de la Palatine abondent en gracieusetés à l'endroit de l'épouse morganatique de Louis XIV: « Méchant diable, Vieille ratatinée, Vieille guenipe, Vieille ripopée, Vieille ordure... »

la Vierge: *DURGA,* déesse hindoue

la Vierge d'Italie: *le maréchal SÉRURIER*

Il se distingua pendant la première campagne d'Italie. C'est peut-être sa probité qui lui valut ce curieux sobriquet.

---

la Vierge rouge: *Louise MICHEL,* révolutionnaire française

la Vierge sage du roman: *Jules SANDEAU,* par Jules Barbey d'Aurevilly

la Vierge séraphique: *sainte THÉRÈSE D'AVILA*

le Vieux: *Pierre AVELINE,* graveur français

le Vieux: *Hans BOCK,* peintre suisse

le Vieux: *Ambrosius BOSSCHAERT,* peintre flamand

le Vieux : *Louis BOULLONGNE ou BOULOGNE,* peintre français

le Vieux: *Jörg BREU,* peintre flamand

le Vieux: *Pieter BREUGHEL ou BRUEGEL ou BRUEGHEL,* peintre flamand

le Vieux: *Bartholomäus BRUYN,* peintre allemand

le Vieux: *Cornelis BUYS,* peintre hollandais

le Vieux : *Jean COUSIN,* peintre français

le Vieux: *John CROME,* peintre anglais

le Vieux: *ECHAVE,* peintre mexicain

le Vieux: *Mateo FLECHA,* compositeur espagnol

le Vieux: *Ambrosius FRANCKEN,* peintre flamand

le Vieux: *Cornelis GALLE,* graveur flamand

le Vieux: *GALLOT D'ANGERS,* luthiste français

le Vieux: *GALLOT DE PARIS,* luthiste français

le Vieux: *le général de GAULLE*

le Vieux: *Ennemond GAULTIER DE LYON,* luthiste dauphinois

le Vieux: *GAVAUDAN,* troubadour provençal

le Vieux: *GIROLAMO DA TREVISO,* peintre italien

le Vieux: *Vincenzo GRANDIS,* compositeur italien

le Vieux: *GUILLAUME IX,* duc d'Aquitaine et troubadour

le Vieux: *Josef HEINTZ,* peintre et architecte allemand

le Vieux: *Francisco HERRERA,* peintre hollandais

le Vieux: *Gérard HOET,* peintre hollandais

le **Vieux**: *Gérard HOET,* peintre hollandais
le **Vieux**: *Hans HOLBEIN,* peintre allemand
le **Vieux**: *Pieter HOLSTEYN,* graveur hollandais
le **Vieux**: *Jan Josef HOREMANS,* peintre flamand
le **Vieux**: *Jacob HUMMEL,* personnage de Strindberg
le **Vieux**: *Justus HUYSUM,* peintre hollandais
le **Vieux**: *André 1er KELDERMANS,* architecte flamand
le **Vieux**: *Antoine 1er KELDERMANS,* architecte flamand
le **Vieux**: *Martino LUNGHI,* architecte italien
le **Vieux**: *Hugues IX de LUSIGNAN,* homme de guerre français
le **Vieux**: *MARTIN,* roi d'Aragon et de Sicile
le **Vieux**: *Johannes MEURSIUS,* philologue hollandais
le **Vieux**: *MILIJA,* chantre serbe
le **Vieux**: *Pieter de MOLYN,* peintre hollandais
le **Vieux**: *MONTEZUMA ou MOCTEZUMA 1er,* roi de Mexico
le **Vieux**: *Francis MOORE,* astronome anglais
le **Vieux**: *Pieter MULIER,* peintre hollandais
le **Vieux**: *Daniel MYTENS,* peintre hollandais
le **Vieux**: *Martinus MYTENS,* peintre hollandais
le **Vieux**: *Pieter NEEFS,* peintre flamand
le **Vieux**: *Jacopo PALMA,* peintre italien
le **Vieux**: *Robert PEAKE,* peintre anglais
le **Vieux**: *PÉPIN DE LANDEN,* maire du palais
le **Vieux**: *Franz POURBUS ou PORBUS,* peintre flamand
le **Vieux**: *Artus 1er QUELLIN,* sculpteur flamand
le **Vieux**: *RAIMOND BÉRANGER II,* comte de Barcelone
le **Vieux**: *Anthony RAVESTEYN,* peintre hollandais
le **Vieux**: *Hugues de SADE,* mari de la « Laure » de Pétrarque
le **Vieux**: *Hans SCHÖPFER,* peintre allemand
le **Vieux**: *Giuseppe SERASSI,* facteur d'orgues italien
le **Vieux**: *Christoffel SICHEM,* graveur hollandais
le **Vieux**: *SIGISMOND 1er,* roi de Pologne
le **Vieux**: *saint SIMÉON STYLITE*
le **Vieux**: *Charles Louis SIMONNEAU,* graveur français
le **Vieux**: *David 1er TENIERS,* peintre flamand

le **Vieux**: *Nicodemus TESSIN,* architecte suédois
le **Vieux**: *Willem VAN DE VELDE,* peintre hollandais
le **Vieux**: *Jan VAN DER MEER,* peintre hollandais
le **Vieux**: *Egbert VAN HEEMSKERCK,* peintre hollandais
le **Vieux**: *Franz VAN MIÉRIS,* peintre hollandais
le **Vieux**: *Jacob VAN OOST,* peintre flamand
le **Vieux**: *Henrick VAN STEENWYCK,* peintre hollandais
le **Vieux**: *VENCESLAS II,* roi de Bohême et de Hongrie
le **Vieux**: *VERGARA,* sculpteur espagnol
le **Vieux**: *Claude VIGNON,* peintre français
le **Vieux**: *Heinrich VOGHTERR,* peintre allemand
le **Vieux**: *Herman WAGHEMACKERE,* maître d'œuvre flamand
le **Vieux Chien**: *Félix GRANDET,* personnage d'Honoré de Balzac
le **Vieux Continent**: *René BÉRENGER,* homme politique français

---

Il mena d'actives campagnes contre l'immoralité.

---

le **Vieux Constructeur**: *Mi'mar SINAN,* architecte turc
le **Vieux Crocodile**: *LOUIS,* personnage de François Mauriac
le **Vieux Dessau**: *LÉOPOLD 1er,* prince Anhalt-Dessau
le **Vieux Gaulois**: *Eugène CHRISTOPHE,* coureur cycliste français

---

Il portait une superbe moustache en guidon de bicyclette.

---

le **Vieux de la montagne**: *ALA AL DIN ou ALADIN,* chef ismaélien
le **Vieux de la montagne**: *HASAN IBN AL-SABBAH,* chef ismaélien
le **Vieux de la montagne**: *RASHID ED-DIN EL SINAN,* chef ismaélien
le **Vieux de la montagne**: *VOLTAIRE*
le **Vieux Sage d'Ermenonvielle**: *Jean RICHARD*
Vignola [Né à Vignola]: *Giacomo BAROZZI,* architecte italien
le **Viking des poids et haltères**: *Arnold SCHWARZNENEGGER,* acteur américain d'origine autrichienne

Vinegar Joe [Joe Vinaigre]: *le général STILLWELL*
del **Violino** [du Violon]: *Michel Angelo ROSSI,* compositeur italien
le **Violoncelle**: *Aristide BRIAND*

Ses pires ennemis lui ont accordé une éloquence entraînante et surtout une voix de bronze enchanteresse.

---

la **Vipère lubrique**: *Paul LÉAUTAUD,* par Auriant
le **Virgile chrétien**: *Jacopo SANNAZZARO,* peintre italien
le **Virgile des insectes**: *Jean Henri FABRE,* entomologiste français
le **Virgile au rabot**: *Adam BILLAUT,* menuisier-poète français
le **Virgile du siècle**: *FRÉDÉRIC II,* roi de Prusse, par Voltaire
Vitalis: *Carlo BALZANI,* personnage d'Hector Malot
el **Viti**: *Santiago MARTIN,* torero espagnol
la **Voisin**: *Catherine MONTVOISIN-DESHAYES,* aventurière française
la **Voix**: *Frank SINATRA*
la **Voix d'or**: *Tino ROSSI*

A un journaliste qui, non sans perfidie, insistait sur les sommes, considérables qu'il avait gagnées, Tino répondit: « C'est vrai... mais toute peine mérite salaire. »

(Claude Dufresne)

---

la **Voix de Paris**: *Colette RENARD,* par Paul Guth
la **Voix la plus haute du monde**: *Ève BRENNER*
la **Voix la plus haute du monde**: *Mado ROBIN*
la **Voix sans visage**: *Charles BASSOMPIERRE,* speaker français
la **Voix de son maître**: *Laurent FABIUS*
le **Volontaire français**: *Louis DUMUR,*
écrivain suisse de langue française, par Rachilde
la **Volpe** [le Renard]: *le général DALLA CHIESA*
le **Voltaire de l'Allemagne**: *Christoph Martin WIELAND,*
écrivain allemand

le **Voltaire des femmes de chambre**: *RESTIF ou RÉTIF DE LA BRETONNE,* écrivain français

le **Voltaire des Halles**: *RESTIF ou RÉTIF DE LA BRETONNE*

le **Voltaire latin**: *ÉRASME,* humaniste hollandais

On lui reprochait de ne pas observer le carême: « J'ai l'âme catholique, mais mon estomac est luthérien », répliqua-t-il.

---

le **Voltairianet des bourgeois**: *Edmond ABOUT,* écrivain français, par Jules Barbey d'Aurevilly

Voyageur dans l'Inde: *COSMAS,* marchand d'Alexandrie

le **Voyant musical**: *Franz SCHUBERT*

le **Voyou de charme**: *Jean-Paul BELMONDO,* par le Crapouillot

WXYZ

Waldeck-Roquet: *Michel ROCARD*
la **Walkyrie armée d'un rouleau à pâtisserie**: *Anne GAILLARD*
la **Walkyrie des banquises**: *Diane DUFRESNE*
la **Walkyrie de la politique**: *Marie-France GARAUD*

Une « tigresse », dit Jacques Chaban-Delmas qui n'a pas oublié ses morsures. En 1972 elle le fit chasser de l'hôtel Matignon, puis, quand mourut le président Pompidou, lui préféra le candidat Valéry Giscard d'Estaing.

---

le **Walt Whitman belge**: *Émile VERHAEREN*
le **Warwick du journalisme**: *Émile de GIRARDIN,* par Victor Fournel
le **Washington de l'Amérique du Sud**: *Simon BOLIVAR*
le **Watt de l'Amérique**: *Olivier EVANS,* ingénieur américain
le **Watteau à vapeur**: *Paul César HELLEU,* par Edgar Degas

---

Il dessinait très vite et ne se renouvelait guère. Léon Daudet, qui ne pouvait supporter son bavardage et ses médisances, l'appelait « le Père Cancan-Cyanure » et disait: « Je m'attends toujours à apprendre qu'Helleu s'est empoisonné en avalant par mégarde sa salive. »

Wild Bill: *William DAVIS,* jazzman américain
Wild Bill: *DAVISON,* jazzman américain
Xocoyotzin [le Plus jeune]: *MOTECUHZOMA II,* souverain aztèque

Yardbird: *Charlie PARKER,* jazzman américain

Yildirim [l'Éclair]: *BAJAZET 1er,* sultan ottoman

la **Zazie des neiges**: *Marielle GOITSCHEL*

Zeeman [le Marin]: *Rainier NOOMS,* peintre et graveur hollandais

le **Zélé**: *saint SIMON,* apôtre

le **Zélote**: *saint SIMON,* apôtre

Zéro tonne, 115: *Léon ZITRONE,* par Jacques Martin

lo **Zingaro** [le Bohémien]: *Antonio SOLARIO ou SOLARI,* peintre italien

le **Zola anglais**: *Charles READE,* écrivain anglais

le **Zola de son époque**: *RESTIF ou RÉTIF DE LA BRETONNE,* écrivain français, par Léon Daudet

Zorro: *Jean ROYER,* par Jean-Marie Le Pen

le **Zorro de l'industrie**: *Bernard TAPIE*

le **Zorro des supermarchés**: *Anne GAILLARD*

INDEX

E

Bibliographie

Petit Larousse illustré
Larousse universel en 2 volumes
Larousse en 3 volumes en couleurs
Larousse de la musique
Petit Larousse de la peinture
Les dictionnaires de l'homme du XXe siècle (Larousse)
Petit Robert 2
Dictionnaire usuel Quillet-Flammarion
Dictionnaire Hachette
Dictionnaire d'histoire universelle Michel Mourre (Éditions universitaires)
Dictionnaire national Bescherelle
Dictionnaire des littératures (Presses universitaires de France)
Encyclopédie des arts (Éditions Sequoia)
Dictionnaire des philosophes (Collection Seghers)
Dictionnaire des architectes (Collection Seghers)
Dictionnaire des noms propres de la Bible (Éditions du Cerf, Desclée de Brouwer)
Guide mythologique de la Grèce et de Rome (Classiques Hachette)
Cent ans de chanson française (Éditions du Seuil)
Dictionnaire du jazz (Éditions Albin Michel)
Dictionnaire historique des personnages célèbres de l'Antiquité (Chez Le Normand Père, libraire)
Dictionnaire de la politique française (Publications Henry Coston)
Dictionnaire des figures et des personnages (Éditions Garnier frères)
Dictionnaire des personnages Lafont-Bompiani
Dictionnaire des injures politiques (Le Crapouillot)
Dictionnaire des contemporains (Le Crapouiillot)
Dossiers du Canard (Le Canard enchaîné)
Dictionnaire des noms de rues (Éditions Mengès)
Dictionnaire des mots croisés (Éditions de l'Homme)
Quid des présidents de la République (Éditions Robert Laffont)
Histoire libertine des grands écrivains français (Éditions Belleville)
Bonaparte (Libraire académique Perrin)
L'Annuaire du ring
Miroir Sprint
Histoire de l'opérette (Éditions Fernand Nathan)
300 héros et personnages du roman français (Éditions Balland)
Les Jeux olympiques des origines à nos jours (Bibliothèque Marabout)
Dictionnaire rose et noir (Éditions du Scorpion)
Le Tout-Antenne (Éditions Ciné-Revue)
Dictionnaire du ballet moderne (Fernand Hazan)
Dictionnaire des aéronautes célèbres (Larousse)
Dictionnaire encyclopédique d'anecdotes (Dorbon-Aîné)
Histoires d'amour de l'histoire de France (Éditions Noir et Blanc)
Dictionnaire du cinéma (Éditions Robert Laffont)

Imprimé en France par l'Imprimerie Nouvelle
45800 Saint-Jean-de-Braye - N° 9674 - 10-1986